Matthias Vonken

Handlung und Kompetenz

Matthias Vonken

Handlung und Kompetenz

Theoretische Perspektiven für die Erwachsenen- und Berufspädagogik

VS VERLAG FÜR SOZIALWISSENSCHAFTEN

VS Verlag für Sozialwissenschaften
Entstanden mit Beginn des Jahres 2004 aus den beiden Häusern
Leske+Budrich und Westdeutscher Verlag.
Die breite Basis für sozialwissenschaftliches Publizieren

Bibliografische Information Der Deutschen Bibliothek
Die Deutsche Bibliothek verzeichnet diese Publikation in der Deutschen Nationalbibliografie; detaillierte bibliografische Daten sind im Internet über <http://dnb.ddb.de> abrufbar.

Zugl.: Diss., Univ. Erfurt 2004

1. Auflage Mai 2005

Lektorat: Monika Mülhausen / Katrin Schmitt

Der VS Verlag für Sozialwissenschaften ist ein Unternehmen von Springer Science+Business Media.
www.vs-verlag.de

Umschlaggestaltung: KünkelLopka Medienentwicklung, Heidelberg
Druck und buchbinderische Verarbeitung: Rosch-Buch, Scheßlitz
Gedruckt auf säurefreiem und chlorfrei gebleichtem Papier
Printed in Germany

ISBN 3-531-14573-8

Inhaltsverzeichnis

Einleitung

Der Begriff der Kompetenz ist in aller Munde. Wann immer zur Zeit eine menschliche oder organisationelle Eigenschaft besonders hervorgehoben werden soll, wird sie mit dem Prädikat „kompetent“ versehen. Insbesondere innerhalb der letzten Jahre ist die Verwendung des Kompetenzbegriffes ausgesprochen populär geworden. Deutlich wird das vor allem in den Bereichen Werbung[1] und Politik, in beiden ist „Kompetenz“ als allgegenwärtiges Schlagwort kaum noch wegzudenken. Besondere Aufmerksamkeit hat der Begriff auch dadurch erfahren, dass der Spitzenpolitiker einer großen Volkspartei im deutschen Bundestagswahlkampf 2002 sein Wahlkampfteam mit dem Titel „Kompetenzteam“ schmückte.

Die Verwendungsweisen in Werbung und Politik haben gemein, dass sie mit dem Kompetenzbegriff eine Dualität kennzeichnen: Es wird davon ausgegangen, dass als besonders ausgeprägt empfundene Fähigkeiten und Fertigkeiten auf einem oder mehreren Gebieten vorhanden sind, bspw. eine besondere Tüchtigkeit in einem handwerklichen Sektor oder besonderes politisches Geschick in Bezug auf bestimmte Sachgebiete. Bedingt durch diese besonderen Fähigkeiten oder Tüchtigkeiten wird dann eine Zuständigkeit der Bearbeitung dieser Gebiete reklamiert. Es lässt sich annehmen, dass der Zuständigkeitsanspruch dabei aus dem angegebenen besonderen Können abgeleitet wird. Das bedeutet, dass die Befähigung eine Befugnis erzeugt, man nennt sich „kompetent“ und verbindet das Gebiet, für das man sich kompetent erklärt, mit dem Kompetenzbegriff: „Familienkompetenz“, „Wirtschaftskompetenz“, „Kompetenz in Holz“ usw. Kompetenz steht so als generelles Chiffre für (berufliche) Leistungsfähigkeit. Eine solche Verwendung des Begriffs „Kompetenz“ rekurriert auf die lexikalische Bedeutung, die Kompetenz als „Befähigung“ und als „Zuständigkeit“ übersetzt, allerdings ohne die oben konstatierte Verbindung der beiden Begriffe herzustellen.

Während der Begriff in der Alltagssprache erst in den letzten Jahren an Popularität gewonnen hat, ist er im wissenschaftlichen Sprachgebrauch schon seit dem 19. Jhd. verankert, im erziehungswissenschaftlichen seit dem Ende der 60er Jahre

---

[1] Als Werbeslogan sind solche Stilblüten zu finden wie „Kompetenz in Holz“, „Kompetenz in Edelstahl“, „Kompetenz in Schrott“, „Kompetenz in Stein“, „Bildkompetenz“ (bei einem Fotofachgeschäft), „Venenkompetenzzentrum“ (bei einem Orthopädiefachgeschäft) oder „Fassadenkompetenz“, was wohl auf die Besonderheiten eines Baubetriebes hinweisen soll.

(vgl. Kapitel 1). Besonders diejenigen Wissenschaften, die sich mit beruflicher Bildung beschäftigen – vor allem die Berufs- und Erwachsenenpädagogik –, haben den Begriff in ihr Repertoire übernommen. Dabei wird er kaum in der oben beschriebenen Dualität verwendet, sondern zumeist in Bezug auf den Aspekt der Befähigung gebraucht. Aus der Perspektive der beruflichen Bildung betrachtet geht es bei der Entwicklung von Kompetenz um die Ermöglichung der Befähigung zu komplexem (beruflichem) Handeln.

Dabei ist die ursprünglich vor allem im wissenschaftlichen Diskurs[2] gebrauchte Bedeutung als die eines Regelsystems zur Erzeugung und Bewältigung von Sprache, die Noam Chomsky dem Kompetenzbegriff beigegeben hatte (vgl. Kapitel 1.2) und auf die sich viele wissenschaftliche Ansätze explizit oder implizit stützen, im berufs- und erwachsenenpädagogischen sowie im bildungs- und wirtschaftspolitischen Diskurs weitgehend verloren gegangen. Es geht nicht länger um ein solches Regelsystem, sondern um Persönlichkeit: „Anknüpfend an Humboldts Unterscheidung von allgemeiner und spezieller Bildung, bezeichnen Kompetenzdefinitionen häufig das Ziel und Ergebnis allgemeiner, politischer und persönlichkeitsbildender Bildungs- und Lernprozesse" (Ludwig 2002: 95).

Der im beruflichen Kontext verwendete Qualifikationsbegriff, der verstanden wird als „Fähigkeits- und Fertigkeitsbündel für geplante und weitgehend überschaubare Arbeitszusammenhänge, die gegenüber dem Subjekt und seiner konkreten betrieblich-gesellschaftlichen Handlungssituation verselbständigt sind" (Ludwig 2002: 96), wird um die Einbeziehung der Persönlichkeit des beruflich Handelnden ergänzt. Es werden über Qualifikationen hinausgehende Fähigkeiten der selbständigen Steuerung und Gestaltung einer sozialen und arbeitsweltlichen Umwelt, deren steigende Komplexität nicht mehr anders als mit einem Zugriff auf die Persönlichkeit des Einzelnen zu bewältigen zu sein scheint, als notwendig angesehen. Die Hintergründe für die zunehmende wissenschaftliche Diskussion um Kompetenz ergeben sich also wesentlich aus betrieblichen und gesellschaftlichen Anforderungen (vgl. Kapitel 4).

Dabei formuliert das Beschäftigungssystem – ganz analog zur Schlüsselqualifikationsdiskussion der 70er und 80er Jahre des letzten Jahrhunderts – Anforderungen an Persönlichkeitseigenschaften, die sie in das kommunikative Konstrukt „Kompetenz" kleidet. Die Berufs- und Erwachsenenpädagogik versucht, diese im Rahmen beruflicher Bildungsprozesse zu „produzieren" und konstruiert Didaktiken zu ihrer Entwicklung sowie Messverfahren zur Überprüfung des Entwicklungserfolgs. Problematisch scheint in diesen Prozessen allerdings zu sein, dass ein Aspekt weitgehend diffus bleibt: Das Ziel dieser Bemühungen. Es wird

[2] „Kompetenz" wurde bereits im 19. Jhd. als Begriff für Zuständigkeit/Befugnis verwendet (vgl. Kapitel 1.1). Diese Bedeutung spielt im beruflichen Kontext eine eher untergeordnete Rolle.

der Eindruck erweckt, betrachtet man die verschiedenen und zum Teil disparaten Kompetenzkataloge und -beschreibungen sowie die durchaus divergierenden Anforderungen, mit denen Unternehmen „Kompetenz“ verbinden, dass die Protagonisten einer „kompetenzorientierten Wende“ in der beruflichen Arbeit und Bildung bislang den Gegenstand ihrer Anstrengungen nicht recht deutlich gemacht haben. Denn der Kompetenzbegriff ist alles andere als klar umrissen. Weder wird in betrieblichen Forderungen einigermaßen präzise beschrieben, welche Aspekte der Persönlichkeit es denn sind, die benötigt werden, noch hat die Berufs- und Erwachsenenpädagogik bisher deutlich machen können, was sie unter dem Stichwort „Kompetenz“ entwickeln möchte (vgl. Kapitel 2 und 3). Dabei können wir nicht sagen, dass nicht genügend Beschreibungen von Kompetenz existierten, im Gegenteil liegt das Problem eher darin, dass es eine große Vielfalt an Kompetenzbegriffen und damit verbundenen Beschreibungen der verschiedensten Persönlichkeitseigenschaften und Qualifikationen gibt.

Die begrifflichen Unklarheiten sind dabei nur ein Aspekt unter einigen anderen, die zu kritisieren sind. Als einen Grund für die Probleme können wir annehmen, dass die Diskussion durch eine gewisse Theorieferne gekennzeichnet ist. Bislang gibt es nur wenige Ansätze im Rahmen von Kompetenz und Kompetenzentwicklung, die über gelegentliche Verweise auf arbeits- oder lernpsychologische Kompetenztheorien hinaus einen theoretischen Zugang zu dem Phänomen „Kompetenz“ versuchen. Die Verquickung von gesellschafts- und wirtschaftspolitischen mit pädagogischen Aspekten in der Kompetenzdiskussion erschwert eine Theoriebildung zusätzlich. Die vorliegende Arbeit versucht, diesem Problem ein Stück weit zu begegnen und einen Beitrag zur Theoriebildung in diesem Bereich zu leisten.

Dabei werden wir die Diskussion um den Kompetenzbegriff in zwei größeren Blöcken führen. Im ersten Teil (Kapitel 1-3) untersuchen wir die Grundlagen des Kompetenzbegriffes und seiner Historie sowie seine Entwicklung und Verwendung innerhalb des Bildungsbereichs der Weiterbildung und in der Berufspädagogik. Dazu gehen wir im ersten Kapitel zunächst auf die verschiedenen Bedeutungen des Begriffs selbst und seine Herkunft ein. In einem weiteren Schritt stellen wir einige allgemeinere theoretische Ansätze von Kompetenz vor. Wir finden solche vornehmlich in den Bereichen der Soziologie, Erziehungswissenschaft und Psychologie. Diese Darstellung berücksichtigt nur einen Teil der existierenden Theorien, vor allem solche, von denen wir annehmen können, dass sich Teile der aktuellen Diskussion auf sie beziehen. Mit Hilfe dieser begrifflichen und theoretischen Grundlagen untersuchen wir dann im zweiten Kapitel die Verwendungsweise von Kompetenz im Rahmen der Weiterbildung. Wir werden versuchen zu zeigen, dass das, was dort unter Kompetenz weitgehend programmatisch behandelt wird, einige Parallelen zum Bildungsbegriff aufweist. Wir werden diese Parallelen und einige theoretische Probleme verdeutlichen, die die Art der Einbeziehung von Kompetenz in die Diskussion insbesondere der beruflichen Weiterbildung betreffen. Die Untersuchung gibt uns erste Anhaltspunkte für eine theoretische Betrachtung des Kompetenzbegriffes.

In einem weiteren Schritt behandeln wir im dritten Kapitel „Kompetenz“ im Rahmen der Berufspädagogik. Während in der Weiterbildung ein mehr politisch motivierter Zugang zu Kompetenz zu verzeichnen ist, versteht der berufspädagogische Kontext den Begriff eher als eine Möglichkeit, zu einem ganzheitlichen Verständnis beruflicher Arbeit und darauf bezogener Entwicklungsprozesse zu gelangen. Wir werden auch dort die bisherige Entwicklung des Begriffs innerhalb dieser Disziplin und seine aktuelle Verwendung kritisch betrachten und versuchen, Perspektiven für seine Weiterentwicklung aufzuzeigen.

Das in den ersten drei Kapiteln gewonnene Begriffs- und Theorieverständnis dient als Grundlage für eine genauere Untersuchung von Kompetenz. Im Ergebnis zeigt sich eine enge Verbindung zwischen „Handeln“ und dem Kompetenzbegriff. Für die weitere Analyse nimmt daher der Handlungsbegriff eine prominente Stellung ein. Wir werden die weitere Untersuchung auf drei Ebenen führen: auf einer Makroebene der Gesellschaft, einer Mesoebene der Organisation und einer Mikroebene des Individuums. Diese Unterteilung soll dem Problem der Verquickung von gesellschaftlichen bzw. wirtschaftlichen Aspekten des Kompetenzbegriffs und erziehungswissenschaftlichen Betrachtungen begegnen. Wir werden daher in Kapitel 4 auf der Makroebene zunächst die Hintergründe explizieren, die zur Beschäftigung mit einem Konzept wie Kompetenz im wissenschaftlichen Bereich beigetragen haben. Wir finden diese in der gesellschaftlichen Entwicklung sowie insbesondere in den Veränderungen der Arbeitswelt. Ausgehend von diesem Punkt geben wir einen kurzen Überblick über die Geschichte der Arbeit und gehen dann zur Darstellung der jüngeren Veränderungen in der Arbeitswelt und zu korrespondierenden Entwicklungen in der Gesellschaft unter der Perspektive neu gestalteter Anforderungen an das Individuum über. Im Ergebnis zeigt sich zum einen deutlicher, anhand welcher Entwicklungen die Kompetenzdiskussion verstehbar wird, zum anderen wird durch die Identifizierung der Anforderungsdimensionen an das Individuum der Rahmen zur Untersuchung von Kompetenz enger gesteckt. Insbesondere verdeutlichen die Ergebnisse, dass kompetentes Handeln neben dem Kompetenzbegriff eine zentrale Stellung einnimmt. Wir werden daher im Anschluss eine analytische Trennung von „Kompetenz“ und „kompetentem Handeln“ vornehmen, deren Begründung sich aus den Untersuchungen zu den Grundlagen des Kompetenzbegriffs ergibt. Diese Trennung wird im Weiteren leitend sein für eine theoretische Verortung des Phänomens „Kompetenz“.

Die Ergebnisse der Untersuchung auf der Makroebene präzisieren wir im fünften Kapitel auf einer Mesoebene der Organisation im Hinblick auf kompetentes Handeln. Wir betrachten einige Organisationstheorien und untersuchen dabei, welche Rolle unser bis dahin entwickeltes Verständnis der zentralen Begriffe in ihnen spielen kann. Es zeigt sich, dass das, was nach unserer Untersuchung auf der Makroebene als Grundlagen von Kompetenz und kompetentem Handeln deutlich geworden ist, in 'klassischen' Organisationstheorien nur eine untergeordnete Stellung einnimmt. Erst mit Hilfe einer systemtheoretischen Betrachtung von Organisationen lassen sich die Implikationen kompetenten Handelns genauer fassen und in einem ersten Beschreibungsversuch konkretisieren.

Die dort gewonnene Beschreibung kompetenten Handelns ist im Weiteren leitend für eine handlungstheoretische Untersuchung der Phänomene „Kompetenz" und „kompetentes Handeln" im sechsten Kapitel. Die Entwicklung eines theoretischen Zugangs geht dabei in mehreren Schritten vor sich. Wir beginnen mit grundlegenden Untersuchungen zu verschiedenen Handlungstheorien und wenden uns dann einigen Aspekten von Handlungen zu, die für eine Beschreibung kompetenten Handelns konstitutiv erscheinen. Zentrale Begriffe in diesem Zusammenhang sind „Absicht" und „Situation". Die Argumente für unsere handlungstheoretische Untersuchung entnehmen wir dabei im Wesentlichen der analytischen Philosophie, die in Bezug auf diese Aspekte eine lange Tradition aufweist. Über den Absichts- und den Situationsbegriff des Handelns gelangen wir dann zur Analyse verschiedener Handlungstypen bei Jürgen Habermas und legen seine Erkenntnisse über insbesondere kommunikatives Handeln dar. Die Ergebnisse werden wir schließlich nutzen, um mit Hilfe des gewonnenen Vokabulars kompetentes Handeln und Kompetenz handlungstheoretisch zu beschreiben.

Das Hauptaugenmerk dieser Arbeit ist dabei auf zwei Aspekte gelegt: Erstens ist es unser Bestreben, die unterschiedlichen Zugänge zu und Verwendungsweisen von Kompetenz darzustellen und damit verbundene Problemfelder aufzudecken. Des Weiteren nutzen wir diese Erkenntnisse und die handlungstheoretischen Diskussionen, um zu einem erweiterten Verständnis von Kompetenz und kompetentem Handeln zu kommen. Dieses bietet weitgehend ohne die Berücksichtigung der gesellschaftlichen und politischen Implikationen ein Analyseraster für die Beurteilung kompetenten Handelns auf der Grundlage von Handlungstheorien und stellt eine alternative, handlungstheoretisch begründete Deutung des Kompetenzbegriffs vor, die den Ähnlichkeiten zwischen einem Bildungs- und einem Kompetenzbegriff Rechnung trägt.

1 Zum Kompetenzbegriff und seiner Historie

Zu Beginn unserer Untersuchung werden wir versuchen, der Geschichte des Kompetenzbegriffes und einigen seiner theoretischen Grundlagen und Definitionen ein Stück weit auf die Spur zu kommen. Ziel dieses Kapitels ist es, den Begriff in seiner Vielfältigkeit darzustellen und die unterschiedlichen Konnotationen, die mit dem Kompetenzbegriff verbunden sind, aufzuzeigen. Einige der hier skizzierten Konzepte werden uns im Weiteren als Grundlage für die Analyse der Verwendung des Kompetenzbegriffs in der Weiterbildung und in der Berufspädagogik dienen, wir werden uns auf den einen oder anderen Ansatz dieses Kapitels rückbeziehen, einige wieder aufnehmen und andere kritisieren.

Für eine genauere Untersuchung des Kompetenzbegriffs ist es unerlässlich, sich zunächst mit seiner Historie auseinander zusetzen. Wie die meisten wissenschaftlichen Termini so hat auch dieser seine eigene (Theorie-)Geschichte, die es für ein tiefergehendes Verständnis zu reflektieren gilt. Insbesondere für einen solchen Begriff wie „Kompetenz", der sich zwar weithin in der Diskussion[3] befindet, in dieser aber selten einheitlich benutzt wird, kann ein historisch-klärender Vorspann hilfreich sein. Arnold (1997: 256) stellt bspw. fest: „Der 'Kompetenzbegriff' ist keineswegs 'frei' verfügbar, er entstammt vielmehr unterschiedlichen Theorietraditionen, die zunächst einmal rekonstruiert und kritisch im Hinblick auf ihre Kompatibilität mit der aktuellen weiterbildungspolitischen Begriffsverwendung analysiert werden müssen".

Angesichts der Mannigfaltigkeit, mit der der Kompetenzbegriff in den unterschiedlichsten Wissenschaftsdisziplinen Eingang gefunden hat, ist jedoch eine wissenschaftshistorische Analyse von vornherein auf Reduktion angewiesen. Der folgende Abriss erhebt daher keinen Anspruch auf Vollständigkeit, sondern ist bemüht, diejenigen Aspekte einzelner Diskurse herauszugreifen, die für das heutige Verständnis als grundlegend angesehen werden können, sowie solche, die für die spätere Behandlung des Kompetenzbegriffes im berufs- und erwachsenenpädagogischen Zusammenhang einen gewissen Erklärungswert haben.[4]

---

[3] So ist er z. B. in der Biologie, Soziologie, Kommunikationswissenschaft, Linguistik und in diversen Richtungen der Psychologie und der Wirtschaftswissenschaften in unterschiedlichen Ausprägungen zu finden.

[4] Für eine sehr ausführlich Untersuchung des Begriffs und seiner Verwendung in verschiedenen Disziplinen verweise ich auf die Arbeit von Max (1999), die zwar ihren Schwerpunkt auf den

Dabei zeigt sich im Gang durch die Theoriegeschichte, dass sich die Kontexte sowie die Zielsetzungen, in denen und für die Kompetenz beschrieben wird, zunächst analog der doppelten Bedeutung des Begriffs in fähigkeits- und tätigkeitsbezogene sowie in zuständigkeits- und berechtigungsbezogene unterscheiden lassen. Letztere werden wir erwähnen, jedoch nicht näher betrachten. Sie sind im erziehungswissenschaftlichen Sinne unproblematischer und berühren die aktuellen Diskussionen um Kompetenz nur am Rande. Die fähigkeits- bzw. tätigkeitsbezogenen Kontexte finden sich dagegen in der weit überwiegenden Mehrzahl der neueren Kompetenzdiskurse wieder, ihnen gilt die Aufmerksamkeit dieser Arbeit.

Diese lassen sich wiederum grob unterscheiden in solche Ansätze, die Kompetenz im weitesten Sinne als Fähigkeit zur Bewältigung von Situationen beschreiben, und solche, die die Erzeugung von Situationen mit einbeziehen. Erstere finden wir vor allem in der psychologischen Theoriebildung (Aebli, Baacke, Frei et al. etc.), letztere haben einen mehr gesellschaftskritischen Hintergrund (Habermas, Geißler, auch Bourdieu), womit auch schon die Zielsetzungen dieser Ansätze angedeutet sind. Während psychologische und die meisten aktuellen erziehungswissenschaftlichen Theorien (hier vor allem die berufspädagogischen Konzepte und solche aus dem Bereich Weiterbildung/Erwachsenenbildung, aber auch die frühen Diskussionen um pädagogische Handlungskompetenz) Kompetenz primär als in Erziehungs- bzw. Bildungsprozessen zu erzeugende resp. zu entwickelnde Handlungsfähigkeiten und z.T. als Persönlichkeitsmerkmale betrachten, dient in den Ansätzen mit eher gesellschaftskritischen Bezügen Kompetenz als Medium zur Beschreibung der gesellschaftlichen Veränderungspotentiale durch das Individuum.

Trotz dieser hier vorgenommenen Klassifizierung werden wir die einzelnen Ansätze nicht gemäß dieser Einteilung, sondern weitestgehend chronologisch und in ihrem Erstehungszusammenhang darstellen, um die Entwicklung des Begriffes und seiner einzelnen Ausprägungen nicht zu sehr einer nachträglich vorgenommenen Einteilung zu unterwerfen. Doch bevor wir uns den hier angerissenen Theorien im einzelnen (und in der gebotenen Kürze) widmen, soll zunächst die Herkunft des Begriffs selbst im Mittelpunkt stehen.

1.1 Wortgeschichtliche Grundlagen

Der Begriff „Kompetenz" hat seine Wurzeln im Lateinischen. Dort finden wir zum einen den Begriff „competens", was „angemessen" bedeutet, und des weite-

französischsprachigen Raum legt, jedoch auch für den deutschen Kontext von Kompetenz einen hohen Erklärungswert besitzt.

ren „competere" mit der deutschen Bedeutung „zusammentreffen". Im Sinne des ersteren Begriffes ist Kompetenz zunächst vor allem als Synonym für „Zuständigkeit" verwendet worden. In dieser Art wurde er bspw. in der Rechtsphilosophie im 19. Jhd. gebraucht (vgl. z.B. Gauvain 1868). Auch bei Max Weber findet sich ein entsprechender Kompetenzbegriff, hier im Zusammenhang mit der Untersuchung von Typen der Herrschaft. Dabei bedeutet Kompetenz „a) einen kraft Leistungsverteilung sachlich abgegrenzten Bereich von Leistungspflichten, - b) mit Zuordnung der etwa dafür erforderlichen Befehlsgewalten und c) mit fester Abgrenzung der eventuell zulässigen Zwangsmittel und der Vorraussetzungen ihrer Anwendung" (Weber 1980: 125). In der Organisationslehre ist dieser Gebrauch von Kompetenz nach wie vor aktuell (vgl. Kirchhöfer 1998: 16), ebenso wie im Bereich der öffentlichen Verwaltung.

Die Übersetzung des zweiten Begriffs „competere" mit „zusammentreffen" scheint auf den ersten Blick keinen unmittelbaren Bezug zu aktuellen Verwendungsweisen des Kompetenzbegriffes zu haben. Wollersheim meint dazu: „Der Wortstamm gibt einen deutlichen Hinweis auf konstitutive Faktoren des Begriffs 'Kompetenz': Wenn die Erfordernisse der Situation mit dem individuellen Konglomerat von Fähigkeiten und Fertigkeiten eines Menschen 'zusammentreffen', so besitzt dieser also die 'Kompetenz' zur Bewältigung der Situation" (Wollersheim 1993: 89). In dieser Deutung allerdings finden wir den Begriff bei zahlreichen Ansätzen wieder.

Im Englischen bedeutet „competence" einerseits „the ability to do something well" und „a skill that you need in a particular job or for a particular task" sowie andererseits „the power that a court, an organization or a person has to deal with something".[5] Er bedeutet also sowohl Befähigung, Tüchtigkeit und Können als auch Zuständigkeit und Befugnis. Mitunter wird im Englischen von „competence" noch der Begriff „competency" unterschieden, so bspw. bei Charles Woodruffe: „A competency is the set of behaviour patterns that the incumbent needs to bring to a position in order to perform its tasks and functions with competence" (Woodruffe 1992: 17). Und weiter: „An essential distinction (zwischen competence und competency, M.V.) is between aspects of the job at which the person

[5] Die Definitionen entstammen dem Oxford Dictionary: http://www.oup.com/elt/oald/. Weitere Definitionen für den Begriff rekurrieren auf biologische und auf linguistische Aspekte, bspw.: „1 : a sufficiency of means for the necessities and conveniences of life. 2 : the quality or state of being competent : as a : the properties of an embryonic field that enable it to respond in a characteristic manner to an organizer; b : readiness of bacteria to undergo genetic transformation. 3 : the knowledge that enables a person to speak and understand a language" (aus Merriam-Webster Online: http://www.m-w.com). Letzteres nimmt den weiter unten erläuterten Kompetenzbegriff von Noam Chomsky mit in die Definition auf.

is competent, and aspects of the person that enable him or her to be competent" (ebd.).

In den wissenschaftlichen Sprachgebrauch insbesondere der Erziehungswissenschaft ist „competence" vor allem in der Bedeutung von Befähigung und Können eingegangen. Roth (1971: 291) spricht von „competence motivation" als „einem allgemeinen Bedürfnis des Menschen nach Bewältigung und Bemeisterung seiner Umwelt". Dabei lehnt er sich an einen entwicklungspsychologischen Begriff von Kompetenz an, wie ihn White (1965) vertreten hat. Ähnlich beschreiben 1972 auch Hersey und Blanchard Kompetenz: „...one of the mainsprings of action in a human being is a desire for competence. Competence implies control over environmental factors – both physical and social. People with this motive do not wish to wait passively for things to happen; they want to be able to manipulate their environment and make things happen" (Hersey und Blanchard 1972: 34). [6]

In diversen anderen Wissenschaftsdisziplinen findet sich der Kompetenzbegriff in einer wechselnden Kombination von Zuständigkeit/Dürfen und Fähigkeit/Können; so z. B. in der Arbeitswissenschaft als Verbindung von Dürfen und Können, in der Managementlehre als Fähigkeit einer Organisation, im Personalmanagement als „Verhalten generierende Kompetenzen" sowie in der Personalentwicklung als Kombination von Wissen und Können, also im Sinne von Qualifikation (vgl. dazu Becker und Rother 1998: 11f.). Arnold und Schüßler (2001: 61ff.) unterscheiden zwischen 6 „Konnotationen", die der Kompetenzbegriff in den verschiedenen fachwissenschaftlichen Disziplinen bekommt: (1.) Die soziologische Konnotation, die Kompetenz als Zuständigkeit im Sinne Max Webers beschreibt, (2.) die arbeitswissenschaftliche Konnotation, die Kompetenz als Kombination von „Dürfen" und „Können" sieht, (3.) die psychologische Konnotation, die verschiedene Wissensebenen wie deklaratives und prozedurales Wissen, Metawissen sowie „Wollen" und „Werte" zu Kompetenz zusammenbindet. Die (4.) betriebswirtschaftliche Konnotation entspricht den bereits konstatierten „Verhalten generierenden Kompetenzen", während die (5.) linguistische Konnotation Chomskys die noch zu erläuternde Differenzierung von Sprachkompetenz und -performanz bedeutet. Schließlich beschreiben sie noch (6.) eine pädagogische

[6] In der Psychologie wird Kompetenz anknüpfend an White auch als Teil intrinsischer Motivation betrachtet (vgl. Deci und Ryan 1991: 240), und zwar als ein Grundbedürfnis eines Individuums. Intrinsische Motivationen „are based in innate psychological needs. (...) The needs for competence and self-determination (autonomy) provide a comprehensive explanation for a wide range of exploratory and mastery behaviors and for the idea that individuals strive to develop their interests and capacities" (ebd.: 242). Kompetenz bzw. die Erfahrung, kompetent zu sein, bedeutet dabei „being reliably able to achieve desired outcomes and to experience effectance in action" (ebd.: 268). Eine solche Kompetenzerfahrung als Handlungsmotivation findet sich auch in der Beschreibung von Hersey und Blanchard (1972) wieder.

Konnotation, die im Anschluss an die Schlüsselqualifikationsdebatte vor allem berufliche Handlungskompetenz thematisiert. Wir werden im weiteren Verlauf unserer Untersuchung auf einzelne Bereiche dieser „Konnotationen" vertiefend eingehen, insbesondere auf die psychologische, die linguistische und die pädagogische.

Die *Ursprünge* der Verwendung des Begriffes „Kompetenz" in den Erziehungswissenschaften liegt etwas im Dunkel der Geschichte. Im deutschsprachigen Raum wird gelegentlich auf die Arbeiten von Noam Chomsky verwiesen. Als Quelle finden sich auch Dieter Baacke und Jürgen Habermas. Beide beziehen sich allerdings selbst wiederum auf Chomsky, wie wir im Weiteren sehen werden. In der anglo-amerikanischen Diskussion wird in einigen Fällen als Initiator der Diskussion ein Aufsatz des Psychologen David C. McClelland aus dem Jahr 1973 genannt, der den Titel trägt: „Testing for Competence Rather Than for 'Intelligence'" (McClelland 1973). So bspw. bei Bolton, Brown und McCartney (1999: 586), die als Ausgangspunkt für die Diskussion „the positive correlations that researchers had found between job success and intelligence test scores" angeben. „The point of the article was to suggest an approach to measuring human characteristics that would be more closely linked to demands of the job than such factors as academic opportunities or social status appear to be". Gelegentlich wird auch auf die Arbeiten von Richard E. Boyatzis und auf sein 1982 erschienenes Buch „The competent manager: a model for effective performance" (Boyatzis 1982) verwiesen. Zu unterscheiden ist bei den unterschiedlichen Verweisen, dass sie – insbesondere in den letzten beiden Fällen – mitunter weniger auf die Ursprünge einer Theorie als vielmehr auf die Einführung des Begriffs in einen Diskussionszusammenhang hindeuten. Im Fall McClelland ist das der erziehungswissenschaftlich-psychologische, im Falle Boyatzis der Bereich des Human Ressource Managements.[7]

1.2 Kompetenz in der Linguistik (Chomsky, Humboldt)

Einer der wohl einflussreichsten und frühesten Ansätze für eine Theorie der Kompetenz stammt aus der Sprachtheorie und -philosophie der Linguistik von Noam Chomsky. Explizit oder implizit beziehen sich zahlreiche moderne – insbesondere deutschsprachige – Beschreibungen von Kompetenz auf sein Konzept bzw. verfolgen ähnliche Ansätze. Es liegt daher die Annahme nahe, dass der Begriff seine

[7] Wir werden uns in der weiteren Untersuchung im Wesentlichen auf den deutschsprachigen Kontext von Kompetenz beziehen. Zu einigen Aspekten im internationalen Kontext siehe Clement (2002) und Achatz/Tippelt (2001), für den englischsprachigen Raum bspw. Carr (1993), Hyland (1997) und Woodruffe (1992) sowie sehr ausführlich vor allem für den französischen Kontext Max (1999).

Verwendung in der deutschsprachigen erziehungswissenschaftlichen und sozialwissenschaftlichen Diskussion vornehmlich diesen Grundlagen verdankt.

Der Ausgangspunkt für Chomskys im Weiteren darzustellenden Kompetenzbegriffs war eine Kontroverse zwischen ihm und dem Psychologen Skinner (vgl. Aebli 1980: 57f.). Letzterer hatte 1957 ein Buch mit dem Titel „Verbal Behaviour" veröffentlicht, in dem er „Sprache als ein System von Wortketten" bezeichnete und es in sein sein „S-R-Paradigma" (Stimulus-Reaction) einordnete, Sprache also als Ergebnis von behaviouristischen Reiz-Reaktionsschemata charakterisierte. Chomsky wandte sich in einer Rezension scharf gegen diese Auffassung und „postulierte dagegen im Sprecher ein System von syntaktischen Regeln, aus denen dieser unendlich vielgestaltige Sätze zu erzeugen vermag" (ebd.: 58). Diesen Ansatz entwickelte er im Folgenden weiter zu seiner Theorie der Sprachkompetenz.

In seinem Werk „Aspekte der Syntaxtheorie" geht Chomsky von der Unterscheidung zwischen „Sprach-Kompetenz" und „Sprach-Verwendung" (Performanz) aus. Er definiert Kompetenz als „die Kenntnis des Sprecher-Hörers von seiner Sprache", während Performanz „der aktuelle Gebrauch der Sprache in konkreten Situationen" ist (Chomsky 1970: 14). Seine Theorie der Sprach-Kompetenz verweist damit auf eine Beschreibung des einem Sprecher-Hörer immanenten Regelsystems der Spracherzeugung. In der Unterscheidung zwischen Kompetenz und Performanz resultiert letztere direkt aus der Sprach-Kompetenz des Sprecher-Hörers, die Sprech*handlung* ist also Ergebnis der Kompetenz. Theoretisch stützt sich diese Überlegung auf Wilhelm von Humboldts „Verständnis der (dem Sprachgebrauch, M.V.) zugrunde liegenden Kompetenz als einem System generativer (...) Prozesse" (ebd.)[8].

Humboldt (1836: 41) identifiziert Sprache als eine „sich ewig wiederholende Arbeit des Geistes". Demnach ist sie nicht „wie ein todtes Erzeugtes, sondern weit mehr wie eine Erzeugung" (ebd.: 39) anzusehen und das Augenmerk ist zu richten „auf ihren mit der inneren Geistesthätigkeit eng verwebten Ursprung und ihren gegenseitigen Einfluß darauf" (ebd.). Sprache bekommt damit die Konnotation der Befähigung des Sprechers zum Sprechen, indem Sprache nicht per se existiert, sondern vom Sprecher beim Sprechen erzeugt wird. Das erfordert einen sprach-'kompetenten' Sprecher im Sinne Chomskys. Daraus ergibt sich, dass „jeder sprachlichen Äußerung ein Erzeugungsprozeß zugrunde (liegt, M.V.), *dessen endliche Regeln einen unendlichen Gebrauch der Sprache ermöglichen*" (Düsterfeld 1978: 90).

[8] Vgl. auch die Diskussion bei Chomsky (1964: 17ff.).

Zu diesem generativen Aspekt von Sprachkompetenz kommt ein kreativer hinzu, denn Sprache stellt nicht ausschließlich das Ergebnis der Anwendung von Regeln dar, sondern dient auch dazu, jegliche Gedanken ausdrücken zu können. Dazu gehört, dass ein sprachkompetenter Sprecher in der Lage ist, auf Gehörtes mit Hilfe der Sprache zu reagieren, also zu interagieren: „Eine wesentliche Eigenschaft der Sprache ist es also, daß sie die Mittel bereithält zum Ausdruck beliebig vieler Gedanken und zu angemessenen Reaktionen in beliebig vielen neuen Situationen" (Chomsky 1970: 16). Sprachkompetenz bedeutet demnach nicht nur das Anwenden eines Regelsystems, dass die Erzeugung von Sprache selbst ermöglicht, sondern auch, über dieses Regelsystem[9] verfügen zu können. Diese Verfügung meint das Verbinden von sinnhaften Inhalten mit den Regeln der Sprache sowie das Verstehen anderer Sprecher/Hörer und das entsprechende sinnhafte Reagieren auf Sprache in Interaktionen.

Bestandteile von Sprachkompetenz im Sinne Chomskys sind also die (mindestens implizite) Kenntnis des Regelsystems einer Sprache (über Aufbau, Grammatik, Wortschatz etc.), die Fähigkeit zur Anwendung dieser Regeln zur Erzeugung einer regelhaften Sprache, die in ihrem Sprachinhalt z.B. individuell, originell, kreativ und offen ist, sowie die Verarbeitung der Wahrnehmung eines anderen Sprecher-Hörers und die angemessene (verständliche) Reaktion auf Sprechangebote.[10] Sprachkompetenz ist daher generativ, kreativ und interaktionistisch. Damit kommt Sprach-Kompetenz eine individuelle ebenso wie (vor allem) eine soziale Komponente zu.[11]

1.3 Kommunikative Kompetenz

Im Anschluss an Chomsky ist Kompetenz insbesondere in den Sozialwissenschaften und danach auch in den Erziehungswissenschaften als Begriff aufgenommen und unter dem Aspekt der „kommunikativen Kompetenz" weiterentwi-

[9] Dabei ist dieses Regelsystem nicht notwendigerweise bewusst, sondern vor allem bei Muttersprachlern implizit vorhanden. Vergleiche auch den Hinweis auf die Schwierigkeit des Linguisten und des Kindes, das Sprachen lernt, im Sprechen anderer das immanente Regelsystem zu erkennen, bei Chomsky (1970: 14).

[10] Kompetenz ist dabei in ihren Grundzügen zu verstehen als „Teil der genetischen Grundausstattung des Menschen als Gattungswesen" (Heydrich 1995: 231), die zwar entwicklungsfähig ist, jedoch nicht erst erzeugt werden muss.

[11] Denn Entwicklung von Sprache und damit auch von Sprachkompetenz bekommt nur im Zusammenhang mit dem Bedürfnis zu Kommunikation mit anderen und damit in einer gesellschaftlichen Situation Sinn. Vgl. ausführlicher zur weiteren Entwicklung des Begriffs und zu Chomskys Theorie Heydrich (1995). Allerdings schließen die sozialwissenschaftlichen und die pädagogischen Theoriebildungen zu Kompetenz lediglich an die frühen Konzepte Chomskys an (vgl. ebd.).

ckelt worden. Zu nennen sind hier vor allem die Ansätze von Jürgen Habermas und Dieter Baacke.[12] Habermas' Theorie ist im Bereich der Berufspädagogik[13] von Karlheinz A. Geißler weiterentwickelt worden. Diese Ende der 60er, Anfang der 70er Jahre des 20. Jhds. entstandenen Theorien haben für das Verständnis von Kompetenz einen hohen Erklärungswert, sind jedoch durch psychologische Ansätze weitestgehend verdrängt worden, wie sich im weiteren Verlauf unserer Untersuchung zeigen wird.

1.3.1 Kommunikative Kompetenz als Erzeugung kommunikativer Situationen (Habermas)

In seiner „Theorie der kommunikativen Kompetenz" greift Habermas (1990) Chomskys Begriff der Kompetenz kritisch auf: „Diese sehr roh charakterisierte Unterscheidung von Sprachkompetenz und Sprachperformanz berücksichtigt nicht den Umstand, daß die allgemeinen Strukturen möglicher Redesituationen selber noch durch sprachliche Akte hervorgebracht werden" (ebd.: 101). Dabei grenzt er seinen Entwurf gegen Chomskys Kompetenzbegriff ab, indem er Kompetenz als über das Beherrschen des sprachlichen Regelsystems hinausgehende Fähigkeit charakterisiert, Redesituationen nicht nur zu bewältigen, sondern auch zu generieren: „Aufgabe dieser Theorie (der kommunikativen Kompetenz, M.V.) ist die Nachkonstruktion des Regelsystems, nach dem wir Situationen möglicher Rede überhaupt hervorbringen oder generieren" (ebd.: 102).

Diese Unterscheidung beruht auf der Analyse von Sprache und Sprachverwendung, wie sie in der Sprechakttheorie von Austin und später von Searle geleistet wurde. Sie ist zu verstehen vor dem Hintergrund der Abstraktion der „sprachlichen Äußerung" auf den Ebenen „elementare Äußerung", „elementarer Satz" und „elementare Aussage" (Habermas 1990: 106ff.).[14] Aufgabe der Linguistik und damit einer Theorie der linguistischen Kompetenz sei die Klärung des Regelsystems, wonach „linguistisch kompetente Sprecher Sätze bilden und umformen"

---

[12] Der Vollständigkeit halber gehört in diesen Kontext auch Pierre Bourdieu (vgl. auch Baacke 1996; Arnold und Schüßler 2001). Siehe dazu FN 15.

[13] Auch Wolfgang Lempert stützt sich für die Untersuchung zu moralischem Denken zum Teil auf Habermas' Ansatz der kommunikativen Kompetenz (vgl. z.B. Lempert 1988).

[14] Dabei stellt die elementare Äußerung die auf allgemeine Strukturen der Redesituation reduzierte Äußerung dar, also das allen Redesituationen gemeinsame, ohne die in spezifischen Situationen hinzutretenden variablen Bestandteile. Der elementare Satz ist wiederum eine Reduktion der elementaren Äußerung, diesmal um die Komponente der Performanz des Sprechers, also die rein analytische Einheit der Äußerung ohne die eigentliche Kommunikation. Die elementare Aussage schließlich stellt die Verkürzung des elementaren Satzes um den pragmatischen Verwendungssinn, also die Metakommunikation, dar (Habermas 1990: 107).

(ebd.), also die Ebene des elementaren Satzes. Einer Theorie der kommunikativen Kompetenz komme es dagegen zu, zu analysieren, wie Sprecher aus diesen Sätzen elementare Äußerungen formen, wie also eine Satzkonstruktion mit dem Element der Kommunikation verbunden wird.

Die Unterschiede der Kompetenzbegriffe bei Chomsky und Habermas erstrecken sich auf die Reichweite dessen, was Kompetenz ausmacht. In beiden Konzeptionen finden sich individuelle sowie interaktive Aspekte. Während sich bei Chomsky Kompetenz auf das Beherrschen des dem Satzbau zugrundeliegenden Regelsystems beschränkt, geht Habermas darüber hinaus und bezieht das Erzeugen von Kommunikations*situationen* selbst in den Kompetenzbegriff mit ein. Demnach bedeutet kommunikative Kompetenz die Eigenschaft eines Sprecher-Hörers, nicht nur kommunizieren zu können, sondern auch Kommunikation selbst und kommunikative Situationen erzeugen zu können.[15] Für eine allgemeine Betrachtung des Kompetenzbegriffes ergibt sich daraus, dass Kompetenz neben dem individuellen und sozial-interaktiven ein Moment des Generierens sozialer Interaktionen[16] selbst bekommt.[17]

1.3.2 Kommunikative Kompetenz als Verbindung von Sprache und Verhalten (Baacke)

Ebenfalls mit Bezug auf Chomsky entwickelt Dieter Baacke sein Konzept einer kommunikativen Kompetenz. Auch er geht dabei über Chomsky hinaus, indem er „Kommunikative Kompetenz" aus der engen Verknüpfung mit Sprache heraus-

[15] Einen anderen, ebenfalls an Chomsky angelehnten Ansatz stellt der Begriff „Habitus" bei Pierre Bourdieu dar: „In der Terminologie der generativen Grammatik Noam Chomskys ließe sich der *Habitus* als ein System verinnerlichter Muster definieren, die es erlauben, alle typischen Gedanken, Wahrnehmungen und Handlungen einer Kultur zu erzeugen – und nur diese" (Bourdieu 1994: 143). Habitus bedeutet damit eine kulturell verankerte und sich in spezifischen Kulturen entwickelnde (und an Klassen- und Gesellschaftszugehörigkeit gebundene, vgl. ebd.: 154) Disposition zur Gestaltung und Teilhabe an Kultur: „Es ist daher nur natürlich, daß sich in Bereichen, die auf der Ebene der Erscheinungen zunächst nichts miteinander verbindet, der Ausdruck dieser allgemeinen Disposition beobachten läßt, welche die Einzelmuster erzeugt, die sich dann in den verschiedenen Bereichen des Denkens und Handelns verwenden lassen" (ebd.: 144). Auch Bourdieu versteht also Habitus/Kompetenz als die Fähigkeit, Handlungs- bzw. Denkmuster zu erzeugen. Vgl. ausführlicher zum Zusammenhang von Habitus und Kompetenz bei Bourdieu Max (1999: 88ff.).

[16] Habermas weist darauf hin, dass Kommunikation nur als Interaktion, also gesellschaftlich, sinnvoll zu denken ist: „Denn der Sinn von Rede überhaupt besteht offensichtlich darin, daß sich mindestens zwei Sprecher/Hörer über etwas verständigen" (Habermas 1990: 114).

[17] Habermas konkretisiert diesen Ansatz in seiner Arbeit über eine Theorie des kommunikativen Handelns. Siehe dazu Kapitel 6.3. Den Begriff der Kompetenz selbst entwickelt er in anderen Zusammenhängen als „Rollenkompetenz" weiter (vgl. Habermas 1973: 195ff.).

hebt und auf Kommunikation als Verhalten erweitert. Kommunikative Kompetenz behält dabei die Trennung von Kompetenz und Performanz bei (vgl. Baacke 1980: 102). Nach Baacke bedeutet Kompetenz, wie sie Chomsky dargelegt hat, „nicht mehr eine durch Entwicklungsprozesse festgelegte Reaktion auf herausfordernde Reize (innerhalb eines Systems), sondern eine in der Sprache angelegte Verfügung über den Sinn und die Intention von Aussagen“ (ebd.: 261). In Baackes Ansatz der kommunikativen Kompetenz findet sich dieser Aspekt wieder, wobei sprachliches Verhalten um andere Verhaltensdimensionen[18] und um Handeln ergänzt wird:

> „Dieser (Begriff der kommunikativen Kompetenz, M.V.) bezieht nicht nur das Sprachverhalten, sondern auch andere mögliche Arten des Verhaltens (z. B. Gesten, Expressionen durch leibgebundene Gebärden, auch Handeln) mit ein. ‘Handeln’ wird damit nicht nur als Verhalten innerhalb vorfindlicher und im Sozialisationsprozeß übernommener Verhaltensmuster verstanden (...), sondern dieser Begriff impliziert *zugleich* wenn keine Verhaltensbeliebigkeit, so doch Verhaltensfreiheit. Es wird behauptet, der Mensch könne auch seine Verhaltensschemata ‘generieren’, und zwar in der Aktualisierung einer Verhaltenskompetenz, die den inneren motivationalen Lagen des Individuums zur Disposition steht. Ebenso wie Sprache soziokulturellen Überformungen unterliegt, so auch Verhalten in der Kommunikation; aber selbst diese sind nur als das in Systemen institutionalisierte Resultat von kommunikativen Handlungen zu verstehen.“ (Baacke 1980: 261f.)

Baacke erweitert damit Habermas Ansatz, indem er kommunikative Kompetenz als Verbindung von Sprachkompetenz und Verhaltenskompetenz ansieht (vgl. Baacke 1980: 262), während Habermas „im Rahmen eines ausschließlich sprachtheoretischen Ansatzes“ (ebd.: 272) argumentiere, den dieser – mit Rückgriff auf Searle und Austin – als Teil einer Handlungstheorie verstehe. Für Baacke dagegen impliziert nicht das eine das andere, sondern beides zusammen mache kommunikative Kompetenz aus. Sprachkompetenz sei dabei, so Baacke, nicht nachweisbar, „sondern ein begriffliches Substrat in Form einer Hypothese, die besagt, daß die Sprachkompetenz in den mentalen Strukturen des Menschen verankert sei“ (ebd.: 263).

Gemeinsam ist diesen beiden Ansätzen, dass sie kommunikative Kompetenz als Erweiterung von Sprachkompetenz verstehen und ein Moment des (kommunikativen) Handelns mit einbeziehen. Dabei bedeutet Kompetenz die Fähigkeit des

[18] Verhalten stellt zunächst nur eine beobachtbare Aktivität eines Individuums dar, während Handeln eine beabsichtigte Aktivität bedeutet. Ob ein Verhalten eine Handlung ist, lässt sich also nur mit dem Wissen über die Absichtlichkeit der Aktivität erschließen (vgl. ausführlicher dazu Kapitel 6.1).

Individuums zur Generierung von kommunikativen Situationen (Habermas) bzw. Verhalten (Baacke), also zur Erzeugung von Interaktion.

1.3.3 Kritische Kompetenz (Geißler)

Für die Erziehungswissenschaften war der frühe, an Chomsky und Habermas angelehnte Kompetenzbegriff, der Kompetenz als grundlegende Fähigkeit des Menschen zu kommunikativen Interaktionen versteht, attraktiv, insbesondere Anfang der 70er Jahre: „Es ist die 'Kompetenz', die den Menschen einerseits erziehungsbedürftig macht, aber auch erziehungsfähig. Unabhängig davon, welcher sozialen Klasse, welchem Geschlecht, welcher Rasse, welchem kulturellen Kontext ein Mensch seine Herkunft verdankt – er unterscheidet sich in Hinsicht auf seine kommunikative Grundausstattung nicht von anderen und muß entsprechend behandelt werden“ (Baacke 1996: 6).

Explizit analog zur Konzeption kommunikativer Kompetenz bei Habermas entwickelt Karlheinz A. Geißler einen Begriff der „kritischen Kompetenz“ (Geißler 1974: 33ff.). In seinem Buch „Berufserziehung und kritische Kompetenz“ stellt er eine Verbindung her zwischen Interaktionstheorien und Berufserziehung mit dem Ziel der Unterstützung kritischen Denkens und kritischen Handelns in der Berufsbildung. In diesem Zusammenhang tritt Kritikkompetenz als zentrales Element seiner Theorie auf. Geißlers Arbeit sowie das Aufgreifen des von Habermas konzipierten Begriffs der kommunikativen Kompetenz in der Pädagogik ist vor dem Hintergrund der Popularität der „Kritischen Theorie“ Ende der 60er, Anfang der 70er Jahre des 20. Jhds. zu sehen (vgl. auch Baacke 1996). „Kritische Kompetenz“ stützt sich dabei neben Habermas auf Gedanken der Frankfurter Schule, in denen ein kritisch-reflexives Verhältnis zwischen Individuum und Gesellschaft in Bezug auf seine gesellschaftliche Bedingtheit betont wird.[19]

[19] „Die Trennung von Individuum und Gesellschaft, kraft deren der Einzelne die vorgezeichneten Schranken seiner Aktivität als natürlich hinnimmt, ist in der kritischen Theorie relativiert. Sie begreift den vom blinden Zusammenwirken der Einzeltätigkeiten bedingten Rahmen, das heißt die gegebene Arbeitsteilung und die Klassenunterschiede, als eine Funktion, die, menschlichem Handeln entspringend, möglicherweise auch planmäßiger Entscheidung, vernünftiger Zielsetzung unterstehen kann“ (Horkheimer 1974: 28). Die kritische Theorie betrachtet u.a. den Gegensatz zwischen „bürgerlichem“ und „kritischem“ Denken: „Das bürgerliche Denken ist so beschaffen, daß es in der Reflexion auf sein eigenes Subjekt mit logischer Notwendigkeit das Ego erkennt, das sich autonom dünkt. Es ist seinem Wesen nach abstrakt, und die als Urgrund der Welt oder gar als Welt überhaupt sich aufblähende, vom Geschehen abgeschlossene Individualität ist sein Prinzip. (...) Das kritische Denken und seine Theorie ist beiden Arten entgegengesetzt. Es ist weder die Funktion eines isolierten Individuums noch die einer Allgemeinheit von Individuen. Es hat vielmehr bewußt ein bestimmtes Individuum in seinen wirklichen Beziehungen mit anderen Individuen und Gruppen, in seiner Auseinandersetzung mit einer bestimmten Klasse und schließlich in

In seiner Konzeption verbindet Geißler nun die *Fähigkeit* zur Kritik als *interaktionistisches Handlungselement* mit dem *Wissen* um Verfahrensweisen des Kritisierens (Geißler 1974: 34) und bindet beides in berufliche Bildung als Grundlage beruflicher Arbeitstätigkeit ein. Die beiden Elemente zusammengenommen ergäben die kritische Kompetenz, analog zu Habermas' kommunikativer Kompetenz: „Kritikkompetenz ist demnach mehr als nur das Wissen um Verfahrensweisen (wie es z. B. die linguistische Kompetenz im *Chomsky'schen* Sinne darstellt) des Kritisierens. Sie ist gleichsam auch die Fähigkeit zu kritischer Praxis unter der Maßgabe, den eigenen Bedingungsrahmen für Kritik hervorzubringen" (ebd.).

Im Weiteren unterteilt Geißler Kritikkompetenz in „kritisch-reflexive Kompetenz" (46ff.), „kritisch-soziale Kompetenz" (62ff.) und „kritisch-instrumentelle Kompetenz" (72ff.). Diese Begriffsvermehrung baut auf der grundsätzlichen Kompetenzdefinition auf und differenziert sie. Die wesentlichen Eigenschaften des Kompetenzbegriffes, wie er ausgehend von Chomsky über Habermas und Baacke in die Diskussion Einzug gefunden hat, lassen sich an der Verwendung bei Geißler charakterisieren. Zum einen ist die Unterscheidung und der gleichzeitige Einbezug von Wissen, Können und Interaktion konstitutiv, zum anderen die damit einhergehende Unterteilung in „Unterkompetenzen". Darüber hinaus bindet Geißler die Elemente der Wahrnehmung einer Situation und Möglichkeiten ihrer Veränderung im Sinne des Erkennens und Kritisierens der gesellschaftlichen Eingebundenheit des Einzelnen und seiner so gegebenen Bedingtheit im Sinne der kritischen Theorie in den Kompetenzbegriff mit ein.

1.4 Pädagogische Handlungskompetenz

Im Gegensatz zur Erziehung zu kritischer Kompetenz bei Geißler liegt den Konzepten für „Pädagogische Handlungskompetenz" das Theorie-Praxis-Problem, und damit nicht eine Kompetenz des Educandus, sondern des Erziehers zu Grunde.[20] Die Forderung von pädagogischen Praktikern, durch die Wissenschaft besser

der so vermittelten Verflechtung mit dem gesellschaftlichen Ganzen und der Natur zum Subjekt" (Horkheimer 1974: 30f.). „Arbeit" nimmt dabei einen zentralen Stellenwert ein: „Die Gesichtspunkte, welche diese (die kritische Theorie, M.V.) als Ziele menschlicher Aktivität der historischen Analyse entnimmt, vor allem die Idee einer vernünftigen, der Allgemeinheit entsprechenden gesellschaftlichen Organisation, sind der menschlichen Arbeit immanent, ohne den Individuen oder dem öffentlichen Geist in richtiger Form gegenwärtig zu sein" (ebd.: 32).

[20] Im Anschluss an die von Holzkamp ausgehende „Relevanzdiskussion" (Dieterich 1983a: 13) wurde der Ruf nach unmittelbarer Praxisrelevanz wissenschaftlicher Erkenntnisse laut. Damit war die Forderung verbunden, stärker auf die Bedürfnisse der Praxis einzugehen und möglichst konkrete Handlungsanweisungen zu formulieren. Diese Debatte wird heute unter dem Stichwort „Professionalisierung" geführt (vgl. auch Dewe 1996).

auf ihre erzieherische Tätigkeit vorbereitet zu werden, führte letztlich zu verschiedenen Ansätzen für „pädagogische Handlungskompetenz". Diese stellt ein Konstrukt dessen dar, was einen pädagogischen Professional ausmachen sollte, der im Erziehungsprozess einerseits nicht nur intuitiv und reaktiv handelt, andererseits jedoch auch nicht durch ein Verharren in theoretischen Reflexionen handlungsunfähig wird.

Gemeinsam ist den verschiedenen Ansätzen, dass sie Kompetenz im Wesentlichen in der Verbindung von Wissen und Können sehen. Die dazu führenden theoretischen Hintergründe bewegen sich im Spektrum von interaktionistischen, kognitionspsychologischen und persönlichkeitstheoretischen Positionen, beziehen sich jedoch wesentlich auch auf die Ausführungen von Baacke, wie Jourdan (1983: 212) feststellt. So beschreibt bspw. Elbing pädagogische Handlungskompetenz – mit Rückgriff auf Volperts Definition von Handlungskompetenz – als zweidimensionales Konstrukt, in dem zum einen „Umfang und die Qualität jenes Wissens, das die Ausgangsbasis jeder konkreten Handlung bildet" und zum anderen „die Art und Weise des Umgangs mit diesem Wissen" eine Handlungsmatrix bilden, innerhalb derer sich pädagogische Handlungskompetenz verorten lasse (Elbing 1978: 37f.). An anderer Stelle verweist Wienskowski auf die Verbindung von Kompetenz- und Performanzaspekten innerhalb schulischer Sozialerziehung: „Kompetenz und Performanz – bzw. kompetenz- und performanztheoretische Erklärungsansätze – sind wechselseitig aufeinander angewiesen" (Wienskowski 1980: 199).

Einen Überblick über verschiedene Ansätze pädagogischer Handlungskompetenz gibt Dieterich. Er teilt diese in „personexterne", „personinterne" und „interaktionistische" Verankerungen des Konstruktes ein (Dieterich 1983a: 22ff.). Personexterne Konstrukte haben als Ausgangspunkt die dem Individuum in seiner speziellen Handlungssituation gegebenen Handlungsmöglichkeiten. So verstanden, „setzt sich die Kompetenz eines Pädagogen aus den Handlungs- und Entscheidungsmöglichkeiten zusammen, zu denen er aufgrund seiner beruflichen Position berechtigt oder verpflichtet ist" (ebd.). Das lässt sich zum einen unter dem Aspekt der formalen Zuständigkeit betrachten, also der Berechtigung zu pädagogischem Handeln, festgemacht bspw. an Titeln und Abschlüssen. Dieterich betont, dass ein solcher Ansatz nur auf den ersten Blick trivial wirke. Bei genauerem Betrachten fördere er „jene professionellen Verhaltensmuster zutage, die ein Erzieher aufgrund der angeeigneten und verliehenen Kompetenzattribute (Dipl.-Päd.) produziert. Das müssen nicht nur Aktivitäten sein, die ihm berufliche Situationen und Anforderungen direkt abverlangen, es kann sich auch um Verhaltensmuster handeln, die dem spezifischen Selbstverständnis entspringen, das durch die Verleihung der externen Labels mitverteilt wird" (ebd.: 22).

Eine weitere Art der personexternen Konstruktverankerung sieht Dieterich darin, dass Kompetenz nicht durch Attribute, sondern durch das Verhalten der kompetenten Person selbst definiert wird, ohne sich jedoch auf ein übergeordnetes theoretisches Konzept oder eine diesem Verhalten zugrunde liegende Persönlichkeitsstruktur zu beziehen. Vielmehr orientiere man sich dann an einzelnen Verhaltensweisen des Pädagogen. Konsequenz daraus wäre, dass wünschenswerte Verhaltensweisen (unzusammenhängend) summiert und zur Grundlage für die Bewertung der Kompetenz (in diesem Falle eines Erziehers) gemacht würden, unabhängig von persönlichen Merkmalen des Kompetenten. „Die Eröffnungsfrage zu diesem Zugang lautet nun nicht mehr, 'wie ist ein guter Erzieher und was tut er, sondern, 'wie gut ist er' oder auch gleich, 'wie kann sein Verhalten noch verbessert werden', und zwar verbessert nach ganz augenfälligen Gütekriterien“ (ebd.: 23).[21] Beide Ansätze beschreiben Kompetenz nicht induktiv aus einer übergeordneten Theorie heraus, sondern bestimmen zunächst relevante Verhaltensweisen und projizieren diese dann auf den „Kompetenten“, entweder als Berechtigung und Verpflichtung zur Ausübung dieser Verhaltensweisen, oder als Beobachtung und Optimierungsbestrebung gezeigten Verhaltens. In beiden Fällen bedeutet Kompetenz nicht die „Befähigung“ zum Handeln.

Im Gegensatz zu externen Kompetenzzuschreibungen geht eine personinterne Konstruktverankerung davon aus, dass kognitive Aspekte einer Person ihre Kompetenz ausmachen. Kompetenz ließe sich dann beschreiben als innerpsychische Voraussetzungen für kompetentes Handeln, als handlungsleitende Kognitionen. Diese Kognitionen enthalten neben fachwissenschaftlichem Wissen auch Aspekte handlungsrelevanter Anwendungskenntnisse, also Wissen über Inhalte sowie Kenntnisse davon, wie das Wissen angewendet werden kann (Dieterich 1983a: 24f.); in anderer Terminologie bedeutet das, dass Kompetenz als ein Vorhandensein von verknüpftem deklarativem und prozeduralem Wissen[22] charakterisiert wird: „Handlungskompetenz entsteht dann, wenn die Elemente der kognitiven Struktur des Betreffenden neben den (...) Fachinhalten noch erweitert sind um einen Strukturanteil, der Elemente der Anwendung des Wissens umfaßt“ (ebd.: 25). Man spricht dann in der Kognitionspsychologie von „epistemischer“ und „heuristischer“ Teilstruktur im Rahmen kognitiver Strukturen (ebd.). Diese Art der Kompetenzbeschreibung knüpft eng an das Konzept von Chomsky an,

[21] Wie im weiteren Verlauf dieser Arbeit deutlich werden wird, hat der Kompetenzbegriff, wie er in der aktuellen Weiterbildungsdiskussion verwendet wird, gewisse Ähnlichkeiten mit dieser Analyse, insbesondere in Bezug auf die Herleitung von Kompetenzen aus Tätigkeiten.

[22] Solche Beschreibungen finden sich bspw. auch – wenn auch mitunter mit anderem Vokabular – in der Problemlöse- oder auch in der Wissenstransferforschung (vgl. z.B. Messner 1978; Dörner 1988; Putz-Osterloh 1988).

nämlich das Vorhandensein eines Regelsystems, das strukturierte Handlungen ermöglicht, in Verbindung mit einer Fähigkeit, mit diesem Regelsystem situationsadäquat umgehen und es anwenden zu können. Wir finden sie parallel dazu auch in frühen psychologischen Kompetenztheorien (vgl. nächsten Abschnitt).

Neben solchen kognitiven Verankerungen von Kompetenz existieren auch Verankerungen in der Persönlichkeit selbst, in denen Kompetenz losgelöst von Kognitionen als Persönlichkeitsmerkmal betrachtet wird. Damit einher gehen dann Ausgliederungen einzelner Kompetenzaspekte aus der übergeordneten Handlungskompetenz, wie „Kommunikative Kompetenz", „Verstehen" oder „politische und administrative Kompetenz" (Dieterich 1983a: 28).[23] Ein solches Konzept verbindet Wissen und Fertigkeiten mit Einstellungen des Kompetenten, zu sehen anhand von Items wie „innovative Kompetenz" (ebd.). Es ergibt sich daraus ein Kompetenzbegriff, der eine „Einheit von Wissen, Wollen und Handeln" (ebd.: 29) bildet. Auch diese Ansätze haben ihre Entsprechung in psychologischen Konstrukten, die zu den ursprünglichen Kompetenzaspekten eine volutive Komponente hinzufügen (s.u.).

Diese eher gegensätzlichen Analysen (Kompetenz als externe Zuschreibung, Kompetenz als Persönlichkeitsmerkmal bzw. als Kognition) finden ihre Synthese in „interaktionistischen" Kompetenzkonzepten. Mit Rückgriff auf Leontjews Tätigkeitspsychologie (Leontjew 1982) nennt Dieterich solche Ansätze interaktionistische Konstrukte, „die die speziellen Faktoren der Einbindung eines Individuums in die handlungsleitenden Bedingungen seines situativen Umfelds bezeichnen" (Dieterich 1983a: 29).[24] Sie stellen damit eine Verbindung aus kognitiven Prozessen und Verarbeitung der Umwelt durch den Handelnden dar. Hierbei wird betont, dass kompetentes Handeln neben dem kognitiven Aspekt der Abarbeitung eines (isolierten) Handlungsplanes auch das Verarbeiten von Umwelteinflüssen jenseits von Reiz-Reaktions-Schemata als antizipiertes Einschätzen von Handlungsfolgen bedeutet (vgl. auch ebd.: 30).

1.5 Kompetenz aus psychologischer Sicht

In der Psychologie hat der Kompetenzbegriff ebenfalls ein weites Anwendungsfeld gefunden. Nach Aebli wurden die Psychologen „über den Umweg einer

[23] Aspekte dieses Ansatzes sind in der neueren Diskussion leicht zu identifizieren, bspw. berufliche Handlungskompetenz als Kombination von Fach-, Methoden- und Sozialkompetenz.

[24] Wobei anzumerken ist, dass Tätigkeitstheorien nach Leontjew eher weniger interaktionistische Elemente enthalten, wie wir sie aus den soziologischen Theorien von Mead u.a. kennen. „Interaktionistisch" bedeutet hier vielmehr die Interdependenz von personinternen und -externen Bedingungen von Kompetenz.

sprachpsychologischen Polemik auf Chomsky“ und damit auf seinen Kompetenzbegriff aufmerksam (Aebli 1980: 57, vgl. auch 1.2). Einige in der Folge der Übernahme des Kompetenzbegriffs in der Psychologie entstandenen Ansätze skizziert Wollersheim zusammenfassend mit Bezug auf Bewältigungsprozesse:

> „Die erste Gruppe von Autoren definiert Kompetenz auf höchster Abstraktionsebene: als Fähigkeit zur Kontrolle, als Fähigkeit zur Akkomodation und Assimilation, als Fähigkeit zur Auseinandersetzung mit oder Bewältigung von (neuen) Situationen, als erwiesene Fähigkeit zum Handeln, als Fähigkeit zur selbständigen und eigenverantwortlichen Lebensführung. Die zweite Gruppe thematisiert demgegenüber inhaltliche Komponenten, die einem oder mehreren der formalisierten Definitionen der ersten Gruppe zuzuordnen sind, und zwar in der Regel in der Weise, daß hier Aspekte explizit betont werden, die bei der üblichen und naheliegenden Explikation von Kompetenz durch epistemische Kategorien unbeachtet bleiben: Zur Kompetenz im Sinne einer umfassenden Fähigkeit zur Auseinandersetzung mit oder Bewältigung von Lebenssituationen gehören neben Wissen eben auch die Fähigkeit zur Pflege sozialer Kontakte, die Fähigkeit zur Antizipation und Verarbeitung von Belastungen, die Erfahrung der Transformation eigener Bewältigungsmöglichkeiten und -techniken im Laufe der Biographie.“ (Wollersheim 1993: 92)

In diesem Verständnis von Kompetenz zeigt sich deutlich der Fokus auf „Fähigkeiten“. Diese Fähigkeiten liegen als Individualkategorien vor und stehen somit in keinem direkten Zusammenhang mit Interaktionen, außer als „Voraussetzung für Verhalten und Erlebnisweisen“ (Wollersheim 1993: 97). Eine etwas erweiterte Betrachtungsweise stellt der Ansatz von Stäudel dar (vgl. bei Wollersheim 1993: 92ff.). Darin wird Kompetenz als „Grundlage des zentralen Steuerungsmechanismus menschlichen Handelns“ (ebd.: 97) verstanden. Ähnlich auch Oerter, der Kompetenz als „komplexer organisiert als Fertigkeiten“ (ebd.) ansieht, die auch die Steuerung von Emotionen beinhaltet.

Kompetenz als Steuerungsmechanismus menschlichen Handelns schließt dabei eng an den Kompetenzbegriff Chomskys an. So wie bei ihm sprachliche Kompetenz als „ein unausgesprochenes und großenteils unaussprechbares Wissen (tacit knowledge), das das sprachliche Verhalten leitet“ (Aebli 1980: 58) erscheint, so erweiterte die Psychologie dieses Konzept zur Handlungskompetenz als „eine Wissensbasis, die man sich als ein nichtformuliertes Handlungswissen vorstellen muß, und man verbindet damit den Gedanken der *Erzeugung* von Handlung aus der Wissensbasis heraus, wobei der Schluß naheliegend ist, auch hier anzunehmen, daß aus einer beschränkten Anzahl von Regeln des Handelns die unendlich vielfältigen 'Oberflächenstrukturen' des Handelns erzeugt werden können“ (ebd.).

Kompetenz, oder vielmehr bei Aebli explizit „Handlungskompetenz" enthält damit handlungsrelevantes Wissen und das Verfügenkönnen über dieses Wissen im Rahmen von Handlungen. Unter Handlung versteht Aebli in diesem Zusammenhang das Stiften von Beziehungen zwischen Elementen. Die Handlungskompetenz enthält zugleich „Sachkompetenz" (also Sachwissen und das Verfügenkönnen über dieses Wissen), durch die die in Handlungen gestifteten Beziehungen objektiv definiert werden können (vgl. ebd.: 98): „Wir sehen nun klarer, was ein Aktor, ein Handelnder ist und tut. Er verfügt über ein Repertoire von Handlungsschemata: Sein Handlungs- und Sachwissen, das zugleich seine Handlungskompetenz ist, das Handlungsschema, das er in einer aktuellen Situation aktiviert, weist den Handlungsteilnehmern ihre Rolle zu und setzt sie, als die 'Elemente' der Handlungsstruktur zueinander in Beziehung. So gestaltet der Aktor seine Welt durch seine Handlung" (ebd.: 99).

Während in späteren Ansätzen und auch in der aktuellen Rezeption von Kompetenz in der beruflichen Bildung nicht nur Handlungsdispositionen, sondern auch Werte und der Willen zum Handeln einbezogen werden (vgl. Schwadorf 2003: 67ff.), grenzt Aebli diese Aspekte aus der Kompetenz aus. Er sieht sie zwar als konstitutiv für die tatsächliche Ausführung von Handlungen an, jedoch nicht als Bestandteil von Kompetenz: „Damit ein Mensch zum Aktor wird, genügt die Handlungs- und Sachkompetenz nicht. Er muß auch einen Beweggrund haben, sich ein Ziel setzen, dieses erreichen *wollen*" (Aebli 1980: 99).

In der arbeitspsychologischen Kompetenztheorie von Frei, Duell und Baitsch (1984) wird dagegen – unter der Perspektive von Berufsarbeit – der Wille zum Handeln mit aufgenommen. In ihrer Abhandlung über „Arbeit und Kompetenzentwicklung" definieren sie einen Kompetenzbegriff als Zielperspektive arbeitsimmanenter Qualifizierung: „Das *Ziel* (...) ist, eine *psychologische Begrifflichkeit* bereitzustellen und theoretisch zu begründen, die es erlaubt, Prozesse der arbeitsimmanenten Qualifizierung, ihre Bedingungen und Auswirkungen zu erfassen, zu beschreiben und zu bewerten" (ebd.: 13). Ausgehend von empirischen Untersuchungen entwickeln die Autoren ein Konzept von Kompetenz, dass „Fähigkeiten, Fertigkeiten, Wissen, Normen, Werte, Bedürfnisse, Motive, Ziele, Einstellungen usf." enthält, aber *„mehr als die Summe* dieser Einflußfaktoren" darstellt (ebd.: 30).

Dabei stützt sich ihr Kompetenzbegriff – mit Bezug auf Leontjews Tätigkeitstheorie – wesentlich auf einen Terminus der „Genese von Verhalten" (ebd.: 31). Gemeint ist eine auf äußere Tätigkeiten (Performanz) bezogene Verlaufsqualität psychischer (innerer) Tätigkeiten, also das, was einen Menschen „zur Bewältigung irgendwelcher Aufgaben oder zur Regulation bestimmter Tätigkeiten 'befähigt'" (ebd.: 39). Das impliziert, dass man nicht für alle Aufgaben gleichermaßen kompetent sein kann und dass Kompetenz keine Singularität ist, sondern es so viele unterschiedliche Kompetenzen gibt, „wie man verschiedene Klassen von Tätigkeiten subjektiv unterscheidet" (ebd.: 32). In diesem Sinne bedeutet Kompetenz die einer jeweils spezifischen Tätigkeitsklasse zugrunde liegende *Fähigkeit* eines Menschen, ebendiese und damit spezielle berufliche Anforderungssituationen zu bewältigen. Kompetenz bestimmt sich so aus den an einen Menschen gestellten Anforderungen, d.h. als kompetent wird man bezeichnet, wenn man in der Lage ist, zumeist fremdgesetzte Situationen zu bewältigen. Kompetenz ist in diesem Falle die dazugehörige innere Disposition in Verbindung mit den 'passenden' Einstellungen, dem Willen etc. Diese Auffassung von Kompetenz finden wir in zahlreichen aktuellen Ansätzen insbesondere im Bereich der beruflichen Bildung wieder. Wir werden sie in den folgenden Kapiteln kritisch aufgreifen.

1.6 Ein erstes Fazit

Die eingangs erwähnten, zentralen Aspekte von Kompetenz – Befähigung zur Bewältigung von Situationen einerseits und zusätzlich dazu die Erzeugung von Situationen andererseits – haben wir im Verlaufe unserer bisherigen Untersuchung in unterschiedlichen Ausprägungen zeigen können. Für die aktuellen Diskurse um Kompetenz im Bereich der Erziehungswissenschaften spielen erstere die größere Rolle. Wir finden sie im Konzept der beruflichen Handlungskompetenz (vgl. Kapitel 3) ebenso wieder wie in den Diskussionen zu den Ergebnissen der Pisa-Studie und ihren Konsequenzen, dort unter Stichworten wie „Lesekompetenz" oder „mathematische Kompetenz" (vgl. bspw. Baumert et al. 2003).

Dagegen spielen die mehr gesellschaftskritischen Momente der kommunikativen oder der kritischen Kompetenz nach Habermas bzw. Geißler heute wenn überhaupt eine eher untergeordnete Rolle in der erziehungswissenschaftlichen Theoriebildung. Allerdings bieten gerade sie Anschlussfähigkeit an moderne erkenntnistheoretische Grundlagen, die von der Autopoiese menschlichen Wissens ausgehen. Solche verneinen eher eine zu enge Verbindung zwischen situativen Anforderungen und deren Bewältigung durch eine Kompetenz in Form des Verarbeitens externer Einflüsse, sondern betonen die Erzeugungsaspekte menschlichen Denkens und Handelns. Wir werden daher nach einer Betrachtung und Kritik des Kompetenzbegriffs in den Bereichen Erwachsenenbildung/Weiterbildung und Berufspädagogik sowie nach einigen grundlegenden Untersuchungen zu den gesellschaftlichen, wirtschaftlichen und organisationellen Veränderungen, die für die Beschäftigung mit einem Konzept wie Kompetenz verantwortlich zeichnen, auf die diesen Konzepten zugrunde liegenden Handlungstheorien zurückkommen.

2 Kompetenz in der Weiterbildung und Erwachsenenbildung

Als einer der Sektoren des Bildungssystems, in denen Kompetenzkonzepte vielfach und vielfältig diskutiert werden, präsentiert sich der Bereich der Weiterbildung, insbesondere derjenige der beruflichen Weiterbildung.[25] Weiterbildung als die „Fortsetzung oder Wiederaufnahme organisierten Lernens nach Abschluß einer unterschiedlich ausgedehnten ersten Bildungsphase" (Deutscher Bildungsrat 1970: 197)[26] wurde seit den 60er Jahren des letzten Jhds. im Zuge der Veränderungen in Wirtschaft und Gesellschaft zu einem zunehmend wichtigeren Bereich, verspricht er doch wie kaum ein anderer, die Forderungen nach „Lebenslangem Lernen" und ständiger Anpassung des Einzelnen an den wirtschaftlichen und gesellschaftlichen Wandel einzulösen:

> „Der Wandel überkommener Berufsstrukturen, die Veränderung von Qualifikationsprofilen, die 'Schulung für eine Existenz in der modernen Gesellschaft' (Dieter Mertens) erfordert permanente Anpassungsleistungen im Beruf, im gesellschaftlich-politischen sowie im persönlichen Bereich, wobei sowohl intellektuelle, emotional-mentale Fähigkeiten und Sozialkompetenzen angesprochen werden. Insgesamt wird von den Mitarbeitern die permanente Fähigkeit erwartet, sich den veränderten gesellschaftlichen, ökonomischen und kulturellen Veränderungen geschmeidig anzupassen. Dies setzt Lernen unabdingbar voraus. Lebenslanges Lernen bedeutet die andere Seite der beruflichen Karriere ...; ohne Veränderungs- und Anpassungsleistungen ist sozialer und beruflicher Aufstieg nicht mehr möglich. Selbst für die Sicherung des beruflichen und sozialen Status werden die Kardinaltugenden 'Mobilität'

---

[25] Teile dieses Kapitels sind erschienen in Vonken (2001).

[26] Die Begriffe „Weiterbildung" und „Erwachsenenbildung" werden heute vielfach synonym gebraucht oder der eine dem anderen wechselweise als Teilbereich untergeordnet. Die Definition des Begriffs „Weiterbildung" im Gutachten des Deutschen Bildungsrates sollte den Erwachsenenbildungsbegriff als Oberbegriff terminologisch ersetzen. Er betonte die Einordnung der Weiterbildung in das Bildungssystem („4. Säule") und „umfasste nun Fortbildung, Umschulung, Erwachsenenbildung und Rehabilitation" (Olbrich 2001: 361). Wir werden in dieser Arbeit eine andere Klassifizierung verwenden, die „Erwachsenenbildung" nicht als den allgemein- oder politisch bildenden Teil von Weiterbildung versteht. Vielmehr werden wir mit dem Begriff „Weiterbildung" den Struktur- und mit „Erwachsenenbildung" Adressatenaspekt bezeichnen. Danach beziehen sich „Erwachsenenbildung" und „Weiterbildung" auf den gleichen Bildungsbereich unter unterschiedlichen Perspektiven.

> und 'Flexibilität' als unabdingbar erachtet. Lernbereitschaft wird zugleich verbunden mit Leistungsbereitschaft: Die 'Leistungsgesellschaft' gewann ihre Konturen." (Olbrich 2001: 357)[27]

Im Zuge solcher Forderungen wurde zunächst der Begriff der „Schlüsselqualifikationen" und dann der Kompetenzbegriff für die Weiterbildung attraktiv. Von einer postulierten „kompetenzorientierten Wende" (vgl. bspw. Erpenbeck 1996) versprechen sich Teile der Weiterbildungswissenschaft und der Bildungspolitik, mit Hilfe dieses Begriffs und der dahinter stehenden, vornehmlich an (arbeits-)psychologische Kompetenztheorien anschließenden Konzepte nicht nur, die Anpassung an sich verändernde Wissensbestände leisten zu können. Sie streben damit auch eine Veränderung der Einstellungen der Betroffenen an. Wir werden die Entwicklung in den Begriffen der Weiterbildung und die Hintergründe, die zu einem Wandel geführt haben, im Folgenden näher betrachten und das vorherrschende Verständnis von Kompetenz in der Weiterbildung kritisch analysieren. Die Untersuchung dient zum einen der Weiterführung der Betrachtungen über den Kompetenzbegriff, wie wir ihn im letzten Kapitel analysiert haben, zum anderen präsentiert die aktuelle Verwendung von „Kompetenz" im Bereich der Weiterbildung (ebenso wie in der Berufspädagogik, siehe Kapitel 3) die Veränderungen, die sich in Bezug auf Lernen, Erwartung von Leistungsbereitschaft und Einbringung von Persönlichkeitseigenschaften im Bereich beruflicher Arbeit in den letzten Jahrzehnten ergeben haben. Dabei zeigt sich auch, dass der Kompetenzbegriff in dieser Lesart einige Parallelen zum Bildungsbegriff der Erwachsenenbildung aufweist, ihn jedoch mit einer veränderten Konnotation versieht.

Im Bereich der Weiterbildung hat der Kompetenzbegriff und der Begriff der Kompetenzentwicklung ein breites und mitunter ausgesprochen disparat diskutiertes Anwendungsfeld gefunden. Während beides auf der einen Seite als unumgänglich für den wirtschaftlichen Erfolg von Unternehmen angesehen wird, ist die Kritik auf der anderen Seite mitunter sehr deutlich und zeigt sich an den begrifflichen Unklarheiten, an wenig präzisen Definitions- und Operationalisierungsversuchen sowie an (bildungs-)theoretischen Schwachpunkten. So stellen bspw. Drescher und Miller (1995: 195) fest: „überall kompetenzelt es verdächtig". Oder, etwas pointierter:

> „Abgesehen von der Fragwürdigkeit, überhaupt menschliches Vermögen in Kompetenzen bzw. Schlüsselqualifikationen aufzuspalten, sind die offerierten Kompetenzen oder auch Kompetenzfelder zum einen begrifflich derart schlampig und diffus kon-

[27] Zu einer detaillierteren Analyse der gesellschaftlichen und wirtschaftlichen Veränderungen und Entwicklungen, die zu einer Forderung nach und Beschäftigung mit veränderten Fähigkeiten des Einzelnen geführt haben vgl. Kapitel 4.

struiert, daß sie gar nicht erst als lehr- und lernbar, geschweige denn als überprüfbar, meßbar oder beurteilbar erscheinen. Zum anderen aber hat ein bewußtloser Begriffsgebrauch zum Resultat eine Verschiebung und Verfälschung berechtigter Ansprüche von Menschen als Subjekten, als Individuen. Ansprüche, die im Namen von Individualität und Subjektivität diese verraten ans bloße Funktionieren." (Drescher und Miller 1995: 202)

Dagegen bestehen bspw. Heyse und Erpenbeck darauf, dass ohne Kompetenzentwicklung Unternehmen am globalisierten Wettbewerb scheitern müssten: „Eben deshalb ist die *Durchbrechung der Kompetenzbarriere die einzige Garantie für die Sicherung des unternehmerischen wie des individuellen Erfolgs auf Dauer*" (Heyse und Erpenbeck 1997: 9). Diese programmatische Forderung scheint angesichts kritischer Einschätzungen, wie sie bspw. Drescher und Miller vortragen[28], schwer einlösbar zu sein, postuliert sie doch die unbedingte Notwendigkeit der Implementierung eines Konzepts, dass nicht nur vielfach kritisiert wird, sondern auch im Einsatz in Betrieben durch Uneinheitlichkeit und disparate Interpretationen gekennzeichnet ist (vgl. dazu bspw. Harteis et al. 2001).

Die sehr gegensätzlichen Positionen resultieren nicht zuletzt daraus, dass in der Diskussion nicht deutlich genug gemacht wird, was die einzelnen Protagonisten unter Kompetenz verstehen wollen, und dass es in Bezug auf den Kompetenzbegriff einen Mangel an theoretisch konzipierten Zugängen zu verzeichnen gibt, die zur Vereinheitlichung des Begriffsverständnisses beitragen könnten. Verschiedentlich wird betont, dass sich Kompetenz als solche nicht definieren lasse und dass eine genauere Bestimmung des Begriffs aufgrund seiner Komplexität von Anfang an zum Scheitern verurteilt sein müsse. So konstatiert z.B. Artur Wollert: „Der Begriff 'Kompetenz' wird zwar häufig verwendet, aber selten trennscharf definiert. In der Alltagssprache wird mit ihm zumeist ein diffuses Begriffsfeld von 'Leistung', 'Effizienz' und 'Aktivität' verbunden. Betrachtet man Definitionsversuche aus verschiedenen Wissenschaftsdisziplinen, wird deutlich, daß Kompetenz an sich nicht definierbar ist" (Wollert 1997: 328).[29]

Angesichts solcher Schlussfolgerungen stellt sich die Frage, warum mit einem Begriff gearbeitet, ja dieser sogar in das Zentrum großer Forschungsprogramme gestellt wird, der mangels Definition kaum handhabbar ist. Oder, wie Peter

[28] Wir werden versuchen, im weiteren Verlauf dieses Kapitels die Kritik von Drescher und Miller, dass einige Kompetenzkonzepte den Menschen „im Namen von Individualität und Subjektivität... verraten ans bloße Funktionieren", theoretisch und historisch zu untermauern.

[29] Auch einer der prononciertesten Vertreter der Kompetenzdiskussion, John Erpenbeck, stimmt diesem Urteil weitgehend zu, wenn er feststellt: „Der Kompetenzbegriff ist schillernd und wird es bleiben. Es hat wenig Sinn, nach einer allgemein verbindlichen, letzten Definition zu suchen" (Erpenbeck 1998: 18).

Faulstich es ausdrückt: „Spätestens seit der 'Schlüsselqualifikationsdiskussion' grassiert eine Begriffsvermehrung, welche wissenschaftlich ein Greuel ist, wenn man noch immer der Vorstellung anhängt, Wissenschaft habe mit wenigstens vorläufig geklärten Kategorien und deren praktischer Relevanz zu tun" (Faulstich 1997: 148). Dabei stellt die mangelnde Eindeutigkeit des Begriffs nicht das eigentliche Problem dar, sondern vielmehr seine auch dadurch mögliche Instrumentalisierung in den unterschiedlichsten Kontexten, was – wie wir sehen werden – zu einer Reihe von Problemen führt.

Tatsächlich existieren eine Vielzahl unterschiedlicher Definitionen von Kompetenz im Zusammenhang mit Erwachsenenbildung oder Weiterbildung; den Status einer geklärten Kategorie kann man dem Kompetenzbegriff also nicht zuschreiben. Bisher ist seine Bestimmung auf die Beschreibung verschiedener Bestandteile angewiesen. Diese Beschreibungsversuche zielen in der Regel auf das Verhältnis von Qualifikation und Kompetenz, wobei sie sich zwischen zwei Extremen bewegen: Auf der einen Seite werden (insbesondere in älteren Quellen) beide Begriffe gleichgesetzt (vgl. z.B. Negt 1990), auf der anderen Seite wird Kompetenz in Abgrenzung zu Qualifikation (vgl. Erpenbeck und Heyse 1996; Weinberg 1996; Erpenbeck 1997; Faulstich 1998) erklärt.

Es lassen sich jedoch einige Operationalisierungsversuche ausmachen, die man vorsichtig als „Mainstream" in der Kompetenzentwicklungsdiskussion bezeichnen könnte und die Kompetenz im Schnittfeld von Wissen, Fähigkeit und Handlung verorten: „Bei aller wissenschaftlichen Differenziertheit lassen sich Annäherungen dahingehend feststellen, daß es bei Kompetenz um Handlungsfähigkeit geht" (Reuther und Leuschner 1997: 367). Dazu gehört auch die erwähnte Unterscheidung von Qualifikation als Positionsbestimmung einerseits und Kompetenz als Dispositionsbestimmung andererseits. Auch wenn diese Unterscheidung bisweilen als nicht vollkommen schlüssig angesehen wird (Arnold 1997: 269ff.), so bietet sie doch einige Anhaltspunkte, die sie insbesondere im Zusammenhang mit der deutschsprachigen begriffs- und theoriegeschichtlichen Herkunft für einen ersten Betrachtungsversuch geeignet erscheinen lassen. „Wie immer besteht eine Möglichkeit der Theorieentwicklung darin, Kontinuitäten und Diskontinuitäten im Verhältnis zur Tradition zu klären" (Luhmann 1999b: 348).

2.1 Erste Annäherung an den Kompetenzbegriff

Das Konzept der Kompetenz ist in den Erziehungswissenschaften kein neues, wie auch schon die Begriffsgeschichte gezeigt hat. Jedoch hat das, was in der Kompetenzentwicklungsdiskussion vertreten wird, auf den ersten Blick nur geringe Ähnlichkeit mit den Konzepten von Habermas, Geißler u.a. Wurde Kompetenz in den siebziger und achtziger Jahren vornehmlich in Bezug auf „pädagogische Handlungskompetenz“ (vgl. Dieterich 1983b) bzw. „kommunikative Kompetenz“ (Habermas 1990) diskutiert, so ist dieser Terminus seit Mitte der neunziger Jahre mehr und mehr in die Diskussion innerhalb der beruflichen Weiterbildung eingedrungen (vgl. z.B. die Bände „Kompetenzentwicklung“ der Arbeitsgemeinschaft QUEM 1996-2003). Im Zuge dieser Diskussion hat sich die Bedeutung des Kompetenzbegriffs im Vergleich zu früheren pädagogischen Konzeptionen gewandelt; es scheint, dass sich zwischen dem Kompetenzbegriff in der Weiterbildung und dem Bildungsbegriff Annäherungen zeigen. Diese Annahme gewinnt an Konturen, wenn man die Geschichte der Erwachsenenbildung in den letzten fünfzig Jahren betrachtet.

2.1.1 Von Bildung zu Kompetenz

Doch bevor diese Behauptung begründet und die in diesem Zusammenhang auftretenden Problemfelder angedeutet werden können, soll zunächst die aktuelle Diskussion um den Kompetenzbegriff etwas näher skizziert werden.

Kompetenz ist auf dem besten Wege, eine begriffliche Karriere zu machen, wie sie der Begriff der Schlüsselqualifikationen seit den siebziger Jahren aufweisen kann. Damit verbunden sind die gleichen Unklarheiten und Schwierigkeiten, mit denen schon dieser zu kämpfen hatte. Die fortlaufende ‘Entdeckung’ neuer Schlüsselqualifikationen erschwert zunehmend ihre Einbindung als Zielbestimmungen von Bildungsprozessen. Gleiches droht zur Zeit dem Kompetenzbegriff.[30]

In diesem Teil der Abhandlung werde ich mich insbesondere auf einen Kompetenzbegriff beziehen, wie er maßgeblich von den Mitgliedern der Arbeitsgemeinschaft Qualifikations-Entwicklungs-Management (QUEM) geprägt und Anfang der neunziger Jahre erneut in die erziehungswissenschaftliche Diskussion eingebracht worden ist.[31] Im Umfeld dieser Forschergruppe lassen sich zahlreiche Artikel zum Kompetenzbegriff finden, die sich durch mehr oder weniger große Präzision in ihrem Versuch der Beschreibung auszeichnen. Folgt man den Autoren von QUEM, dann lässt sich bei aller Differenziertheit der einzelnen Ansätze zweierlei feststellen:

---

[30] Vgl. zum Vorwurf der Begriffsvermehrung Faulstich (1997).

[31] Darüber hinaus gibt es verschiedene Kompetenzbegriffe in den Erziehungswissenschaften, der Psychologie, der Soziologie und insbesondere der Linguistik, die zum Teil eine gewisse Vorläuferrolle für den hier betrachteten einnehmen (vgl. dazu Kapitel 1). Vor allem der Kompetenzbegriff, wie er in der Arbeitspsychologie (z.B. bei Frei, Duell und Baitsch 1984) vorgeschlagen wird, lässt sich als Grundlage für den in der Weiterbildung benutzten verwenden.

1. Kompetenz ist als solche nicht exakt definierbar, und es ist auch nicht unbedingt nötig, dies zu tun (Erpenbeck 1998: 18).
2. Kompetenz lässt sich in Abgrenzung zu Qualifikation beschreiben, wobei jenes eine Dispositionsbestimmung, dieses eine Positionsbestimmung bedeutet (vgl. Erpenbeck und Heyse 1996: 36).

Eine solche Unterscheidung zwischen Dispositions- versus Positionsbestimmung beinhaltet dabei die Auffassung, dass Qualifikationen Kenntnisse und Fertigkeiten sind, die sich lernen und lehren, aber vor allem auch objektiv[32] beschreiben lassen und funktional sind (vgl. Erpenbeck und Heyse 1996: 36). Das Kompetenzkonzept erweitert das Qualifikationskonzept darüber hinaus um individuelle Persönlichkeitsaspekte, die gleichwohl auf den (beruflichen) Nutzen ausgerichtet werden. Unter Kompetenz wird dabei in diesem Zusammenhang folgendes verstanden:

> „Kompetenzen umfassen immer auch notwendiges Wissen. Sie umfassen aber wesentlich mehr als dieses, schließen es in verfügungs- und handlungsrelevante Beziehungen ein. *Komponenten* jeder Kompetenz sind: die *Verfügbarkeit* von Wissen, die selektive *Bewertung* von Wissen und seine Einordnung in umfassendere *Wertbezüge*, die wertgesteuerte *Interpolationsfähigkeit*, um über Wissenslücken und Nichtwissen hinweg zu Handlungsentscheidungen zu gelangen, die *Handlungsorientierung* und *Handlungsfähigkeit* als Zielpunkt von Kompetenzentwicklung, die *Integration* all dessen zur kompetenten Persönlichkeit, die soziale *Bestätigung* personaler Kompetenz im Rahmen von Kommunikationsprozessen als sozialfunktional sinnvolle, aktualisierbare Handlungsdispositionen und schließlich die *Abschätzung* der entwickelbaren und sich entwickelnden Dispositionen im Sinne von Leistungsstufen der Kompetenzentwicklung.“ (Erpenbeck 1997: 311f.)[33]

Aus diesem Zitat lassen sich für eine Untersuchung im Zusammenhang mit dem Bildungsbegriff wesentliche Aspekte extrahieren, an denen zudem einige Probleme des aktuell verwendeten Kompetenzbegriffes verdeutlicht werden können. Zum einen enthält Kompetenz also *Wissen*. Über dieses Wissen muss der Kompetente *verfügen* können, im Sinne einer Abgrenzung zu bloß *trägem*[34] Wissen.

[32] Qualifikation als objektiv beschreibbare Kategorie, die auf kognitive Aspekte eingeschränkt wird, berücksichtigt dabei kaum solche Konzeptionen wie „Schlüsselqualifikationen“ (vgl. 2.1.7).

[33] Diese Zitat steht stellvertretend für viele andere, in ihrer Formulierung meist weniger umfassende, aber gleichwohl im Inhalt sehr ähnliche Ansätze der Beschreibung von Kompetenz.

[34] Unter trägem Wissen ist eine Kategorie von Wissen zu verstehen, das einen Verwendungszusammenhang nur in seinem Lernkontext aufweist, also keinen oder nur geringen Bezug zu seiner Anwendbarkeit hat. Solches Wissen lässt sich vom Lernenden i.d.R. nur in dem Kontext, in dem es gelernt wurde, anwenden. Ein Transfer in andere Anwendungssituationen findet kaum statt. Die hier getroffene Unterscheidung zwischen Wissen und Verfügen über Wissen reproduziert die Un-

Zugleich soll er dieses Wissen *selektiv bewerten* können, also in der Lage sein, Wissen zu strukturieren sowohl nach seiner Wichtigkeit für die aktuelle Anwendungssituation (Verfügbarkeit) als auch im Sinne von moralisch-ethischer Beurteilung. Letzterer Aspekt leitet sich aus der Forderung nach der *Einordnung des Wissens in umfassendere Wertbezüge* her. Darüber hinaus soll der Kompetente in der Lage sein, sich selbst neues Wissen zu erschließen bzw. kreativ genug sein, um in seiner Handlungsfähigkeit nicht durch Wissenslücken und Nichtwissen beeinträchtigt zu werden. Das wird bezeichnet mit *Interpolationsfähigkeit*. Ziel ist die *Handlungsfähigkeit* des Individuums. Die *Integration* dieser Punkte in der *kompetenten Persönlichkeit* schließlich stellt die Bemühungen von Kompetenzentwicklung dar, wobei der einzelne sich seiner Kompetenz über soziale *Bestätigung* versichert.

Alles in allem wird daraus deutlich, dass mit diesem Kompetenzbegriff letztlich der Mensch als solches mit seiner Vielfältigkeit gemeint ist, mit seinem Wissen, seinen Fertigkeiten, seinem Willen, kurz: seiner Persönlichkeit. In diesem Sinne bedeutet der dazugehörige Terminus der „Kompetenzentwicklung" die Entwicklung der Persönlichkeit des Menschen, und in der Verwendung innerhalb der beruflichen Weiterbildung vornehmlich zur Nutzung und Entfaltung eben dieser Persönlichkeit in ökonomischen Zusammenhängen.[35] Es wird dabei ein Kompetenzbegriff konstruiert, der sich an die arbeitspsychologischen Kompetenztheorien anlehnt, die Kompetenz als Steuerungsmechanismus menschlichen Handelns in Verbindung mit der Bereitschaft zu Handeln und emotionalen sowie wertbezogenen Aspekten verstehen.

2.1.2 Erwachsenenbildung in historischer Perspektive

Entwicklung der Persönlichkeit als Zielkategorie erwachsenenpädagogischer Bemühungen spiegelt sich neben dem Aspekt von „Weltverständnis" auch im Bildungsbegriff wieder. Wie zu zeigen sein wird, finden sich bei einer historischen Betrachtung der Entwicklung erwachsenenpädagogischer Begriffe einige Parallelen des Bildungs- zum Kompetenzbegriff. Nach der in der beruflichen Weiterbildung weitgehenden Ablösung des Bildungs- durch den funktionaleren, eher

terscheidung von theoretischer und praktischer Vernunft bei Kant. Diese ist erkenntnistheoretisch nicht unproblematisch, wie Hegel in seiner Kritik an Kants Erkenntnistheorie gezeigt hat. Vgl. zu dieser Kritik bspw. Habermas (1988: 27ff.).

[35] Das Kompetenzkonzept beschränkt sich theoretisch nicht auf ökonomische Verwertbarkeit von Kompetenzen. In der hier betrachteten Ausprägung wird es jedoch vornehmlich in diesen Zusammenhang gestellt. Generell könnte Kompetenzentwicklung nicht nur die ökonomische Nutzung und Entfaltung der Persönlichkeit bedeuten, sondern eine mehr allgemeine Kategorie für die Analyse menschlicher Handlungsfähigkeit werden.

auf Tätigkeiten fokussierenden Qualifikationsbegriff deuten diese Parallelen eine Rückkehr des Subjektbezugs[36] in die Diskussion an. Dabei ist im Bereich der beruflichen Weiterbildung jedoch eine Reduzierung dieses Subjektbezugs auf den *homo oeconomicus*, also die Einengung von Kompetenz auf ökonomisch relevante Persönlichkeitseigenschaften zu beobachten (vgl. z.B. Frei, Duell und Baitsch 1984; Drescher und Miller 1995; Albrecht 1997; Bernien 1998). Es wäre daher zu prüfen, ob sich die angedeuteten Parallelen bis auf die Ebene der hinter den Begriffen stehenden Werte zurückführen lassen. Ein kurzer Rückblick in die Geschichte der Erwachsenenbildung soll diese Fragen klären helfen und historisch-empirisch rekonstruieren, wie sich die Dimensionen „Persönlichkeit" und „Weltverständnis" als Elemente von Bildung (und später auch von Kompetenz) entwickelt haben.

2.1.3 Erwachsenenbildung als Lebenshilfe

Die Erwachsenenbildung der fünfziger Jahre war noch geprägt von den Ideen der Volksbildung der „Neuen Richtung" der Weimarer Republik (vgl. Wolgast 1996: 54ff.). Demnach diente Erwachsenenbildung vor allem der politischen und sozialen (Weiter-) Entwicklung des erwachsenen Menschen nach Abschluss der Erziehungsphase im Jugendalter, also der Vervollkommnung seiner *Bildung*. „Der Sinn (...) der Bildung in der Adoleszenz ist doch der, den Menschen in Stand zu setzen, daß er dauernd sich in der Kulturwelt zurecht finde, daß er eine dauernde und gültige Auseinandersetzung mit der Kultur vollziehe" (Flitner 1982a: 85). Zwar war man sich bewusst, dass der Mensch sich mit Abschluss der Jugendphase und Eintritt in das Erwachsenenleben kaum mehr in dem Maße beeinflussen lässt wie in seiner Schul- bzw. Ausbildungszeit. Das Ende der Schulzeit mit ihrer Fremdbestimmtheit bedeutete ja gerade den Übergang in den Status des Erwachsenen und damit in den der Selbstbestimmtheit und (geistigen) Mündigkeit (vgl. Harney 1995). Dennoch ging man davon aus, dass eine fortgesetzte *Erziehung* auch im Erwachsenenalter notwendig sei, um die Bildung des Menschen zu vervollkommnen. Unter „Bildung" verstand bspw. Flitner 1923 „jenes Geschehen, das die *Entfaltung des Menschen zu einem wachen Geist* enthält, der sich selbsttätig in die Produktion der menschlichen Kultur hineinzustellen vermag. Dieser Prozeß der Bildung umfaßt nun das ganze Leben" (Flitner 1982a: 82). Bildung hat hier einen individuellen und kulturellen Stellenwert, dient dazu, den Menschen

[36] Dieser Subjektbezug ist auch in anderen theoretischen Ansätzen aus dem Bereich der Weiterbildung zu finden, bspw. im Deutungsmusteransatz (vgl. Arnold 1985) oder auch in biographischen Ansätzen (vgl. z.B. Schulze 1995).

die Teilhabe an und das Zurechtfinden in der (kulturellen) Umwelt zu ermöglichen und aufrechtzuerhalten.

Flitner schrieb 1930 zu den Aufgaben der „Neuen Richtung“: „Vielmehr soll jeder in seiner Schicht, in seiner geschichtlichen Lage für seine Lebensaufgabe erzogen werden. (...) Die neue Volksbildung wird dann die Hilfe zu leisten suchen, die wirklich gebraucht wird, wenn man die moderne Lebensnot geistig gesund bestehen will – soweit diese Hilfe auf pädagogischem Wege zu leisten ist“ (Flitner 1982b: 206f.). Der Aspekt der Lebenshilfe bezog sich insbesondere auf soziale und politische Bildung, mit deren Hilfe der Mensch sich in einer sich in permanentem Wandel befindenden Welt zurechtfinden sollte.[37]

Diesen Ansatz verfolgte die Erwachsenenbildung auch nach dem zweiten Weltkrieg[38], als ebenfalls große gesellschaftliche Umbrüche stattgefunden hatten. Den in diesen Zusammenhängen gebrauchten Bildungsbegriff charakterisiert Flitner an anderer Stelle: „Das Werk der Erziehung am einzelnen Menschen wird als dessen *Bildung* bezeichnet, ebenso die sittlich-geistige Formung von Gruppen, die unter einheitlich wirkendem pädagogischen Einfluß stehen“ (Flitner 1957: 116). Erwachsenenbildung, als Lebenshilfe betrachtet, hat in solchem Verständnis keine expliziten Berührungspunkte mit dem Erwerbsleben oder mit ökonomischen Zusammenhängen.[39] Daher kann man diesen Bildungsbegriff derart auffassen, dass er den Erwachsenen als Objekt von fremdintendierter Bildung versteht („vielmehr *soll* jeder (...) für seine *Lebensaufgabe erzogen werden*“), was sich im Zusammenhang mit dem Einbezug empirischer Methoden in die Erziehungswissenschaft und damit auch mit der Zunahme des Wissens über den zu bildenden Menschen und seine Bedürfnisse und Wünsche zunehmend als Problem darstellte.

[37] Flitner schloss damit eine Verwendung in beruflicher Hinsicht, insbesondere die Möglichkeit beruflichen oder sozialen Aufstiegs in diesem Kontext des Bildungsbegriffs eher aus, betonte dagegen mehr die Orientierungsleistung von Bildung, um sich in der jeweiligen Lebenslage zurechtfinden zu können.

[38] Die „Neue Richtung“ war bereits in der Weimarer Republik umstritten (vgl. Prerower Tagung), so dass die in dieser Zeit vorgebrachten Kritikpunkte auch für die Zeit der Erwachsenenbildung nach 1945 Geltung beanspruchen können.

[39] Sie zielt allenfalls auf Stabilisierung von arbeitsweltlichen Lebensumständen („jeder in seiner Schicht“), instrumentalisiert Bildung jedoch (noch) nicht für ihre Verwendung in der Arbeitswelt und zielt nicht auf *Flexibilität. Mobilität oder Dynamisierung*, wie es für Schlüsselqualifikationen und Kompetenzen der Fall ist. Eine solche ökonomische Konnotation bekommt die Erwachsenenbildung erst in der Folge des Strukturplans des Deutschen Bildungsrates (1970) im Zusammenhang mit dem Weiterbildungsbegriff, mit dem ein Schwerpunkt auf das „instrumentelle Qualifizierungslernen“ (Wolgast 1996: 66) für das Lernen Erwachsener gelegt wird.

2.1.4 Das Gutachten des Deutschen Ausschusses

Dieser Blick der Pädagogik auf den Erwachsenen als Objekt von Bildungsbemühungen wandelte sich Ende der fünfziger Jahre. Wie Schulenberg in seiner für die realistische Wende maßgeblichen Arbeit, der „Hildesheim-Studie", feststellte, geht Bildung vom *Subjekt*, also vom Erwachsenen aus (vgl. Schulenberg 1976: 181ff.). Danach hatte Erwachsenenbildung immer die Bedürfnisse des Subjekts zu berücksichtigen, da sie als Zielgruppe im Gegensatz zur klassischen Pädagogik *selbstbestimmte* Erwachsene hat. Diese Auffassung machte sich auch der Deutsche Ausschuß für das Erziehungs- und Bildungswesen zu eigen, als er 1960 in seinem Gutachten „Zur Situation und Aufgabe der deutschen Erwachsenenbildung" als Aufgabe der Erwachsenenbildung angab: „Doch bedarf es in unserer Welt, die immer komplizierter und fast unübersehbar wird, auch besonderer Einrichtungen, die vielen dabei helfen[40], sich zu bilden und weiterzubilden. Für diese Einrichtungen im besonderen ist der Begriff 'Erwachsenenbildung' üblich geworden" (Deutscher Ausschuß für das Erziehungs- und Bildungswesen 1960: 15). Der Bildungsbegriff wird hier wie folgt beschrieben: „Gebildet im Sinne der Erwachsenenbildung wird jeder, der in der ständigen Bemühung lebt, sich selbst, die Gesellschaft und die Welt zu verstehen und diesem Verständnis gemäß zu handeln" (ebd.: 20).[41]

Bei genauerer Untersuchung dieser Zitate lassen sich einige Tendenzen beobachten:

1. Der Erwachsene wird nicht mehr gebildet, sondern er bildet sich selbst.
2. Verantwortliches Handeln wird zum wichtigen Moment im Bildungsbegriff.
3. Bildung bedeutet die umfassende und permanente Entwicklung des Menschen, die Entwicklung seiner Persönlichkeit durch sich selbst.
4. Es geht im Bildungsbegriff neben der Entwicklung der Persönlichkeit um „Weltverständnis".

Während die ersten beiden und der letzte Punkt sich unschwer aus den Zitaten erschließen lassen (vgl. auch Stragholz 1985: 213f.), benötigt der dritte etwas mehr Aufmerksamkeit und Erklärung. Der Deutsche Ausschuß beschreibt das, was er

[40] Auch hier spiegelt sich der Aspekt der Lebenshilfe wieder.

[41] Wobei „Bemühung" sicherlich nicht ausreichend ist, damit ein Mensch als gebildet zu bezeichnen ist. Vielmehr müssen diese Bemühungen von einem gewissen Erfolg gekrönt sein. Wichtig in diesem Zusammenhang ist jedoch nicht dieser Punkt, sondern der Wechsel vom Objekt zum Subjekt der Bildung. In dem Gutachten ist dabei noch deutlich die Handschrift der geisteswissenschaftlichen Pädagogik zu erkennen, was sich auch an der Mitgliedschaft Erich Wenigers in diesem Gremium zeigt.

unter Bildung versteht, im weiteren Verlauf des Gutachtens genauer. So gehört nach seinem Verständnis zu Bildung nicht nur Wissen, sondern auch Einsicht, Mut und Liebe: „Nicht minder ist sie (die Bildung, M.V.) eine Leistung des Charakters. Bildung ist weder mit der Einsicht noch mit der Tapferkeit noch gar mit der Liebe identisch, aber sie ist ohne Einsicht, Mut und Liebe nicht möglich" (Deutscher Ausschuß für das Erziehungs- und Bildungswesen 1960: 16). Bildung ist aber vor allem auch – nach unserem heutigen Verständnis des Begriffes - *ganzheitliche*[42] Bildung des Menschen:

> „Gebildet ist nicht der Kopf, sondern der Mensch. Obwohl Bildung der Bücher bedarf und nicht ohne Anstrengung des Denkens entsteht, beruht sie doch wesentlich auf den unvertauschbaren eigenen Erfahrungen, die der einzelne auf allen Stufen seines Lebens macht, im Beruf und in der Gesellschaft, in Liebe und Familie, in der Begegnung mit dem Mitmenschen, mit sich selbst und nicht zuletzt mit Gott oder der letzten Instanz, von der er sich unausweichlich angefordert weiß. Er vermag nur durch solche Erfahrungen zusammen mit dem, was er erlernt und von anderen übernimmt, Gestalt zu gewinnen." (Deutscher Ausschuß für das Erziehungs- und Bildungswesen 1960: 22)

Zwei wesentliche Punkte werden im Weiteren ergänzt. Den ersten könnte man nach heutigem Verständnis als „Teamfähigkeit"[43] bezeichnen:

> „Andererseits ist Bildung die Fähigkeit, zu hören, und die Fähigkeit, mitzusprechen: Teilnahme an einem gemeinsamen Bewußtsein. Gebildet ist man nicht für sich allein, sondern nur in einer 'Republik der Geister', als Mitmensch, der an der gemeinsamen Existenz und ihrem Bewußtsein teilhat. (...) Wo der Gebildete für seine eigene Person nicht wissen und handeln kann, wird er auf andere vertrauen müssen, die stellvertretend für ihn wissen und handeln. Ohne die Bereitschaft, solche Stellvertretung gelten zu lassen und anzunehmen, und ohne Vertrauen zu denen, die ersetzen und ergänzen, was er nicht selber in sich lebendig machen kann, bliebe der Mensch ein heilloses Fragment." (ebd.)

Ein weiterer Punkt ist die „Kritikfähigkeit"[44] bzw. Soziabilität:

---

[42] Im Falle des Deutschen Ausschusses mit sozial und religiös geprägten Wertdimensionen.

[43] Der Deutsche Ausschuss meinte in diesem Zitat vermutlich weniger „Teamfähigkeit" in dem heute im Zusammenhang mit beruflicher Tätigkeit verwendeten Sinn als vielmehr das Zusammenwirken in einer Gemeinschaft aus religiöser oder hierarchischer Perspektive. Jedoch wird hier ein Aspekt von Bildung beschrieben, der unabhängig von seiner Verwendungsweise eine Eigenschaft des Menschen beschreibt, die Ziel des Bildungsprozesses ist.

[44] Der Punkt der Kritikfähigkeit kann als Zugeständnis an den Vorwurf der Assimilation, des Schweigens und der Duldung der nationalsozialistischen Aktivitäten sowie der fehlenden Erneuerung der Erwachsenenbildung nach 1945 verstanden werden.

„Die Annahme solcher Vermittlungen verkürzt und gefährdet die Selbständigkeit des Gebildeten nicht, wenn sein Vertrauen nicht durch Zufall bestimmt und blind ist, sondern verantwortet wird. Die Kriterien selbständiger Kritik und kritischen Vertrauens gewinnt der Mensch zunächst aus dem Bereich seiner Überlieferungen und seiner eigenen ursprünglichen Erfahrungen und sodann aus seiner wachsenden und erarbeiteten Bildung selbst. Ohne solche Kritik und ohne solches Vertrauen zu anderen, ohne ständiges Gespräch mit den Trägern anderer Überlieferungen und Erfahrungen, ohne Vermittler und Vermittlungen kann heute keiner ein gebildeter Mensch werden.“ (ebd.: 23)[45]

Für die Erwachsenenbildung der 60iger Jahre bedeutete dies, dass sie aus der Enge ihrer weltanschaulichen, aus der neuen Richtung übernommenen Vorstellungen über die Bildung von Erwachsenen heraustreten und den Erwachsenen selbst und seine Bedürfnisse, seine Erfahrungen und seine soziale Situation in den Mittelpunkt ihrer Bemühungen stellen musste. Dazu gehörten auch insbesondere unter dem Aspekt der Orientierung auf *Handlung* im Bildungsbegriff berufliche Aspekte von Bildung, denen die Erwachsenenbildung bisher distanziert gegenübergestanden hatte (vgl. auch Deutscher Ausschuß für das Erziehungs- und Bildungswesen 1960; Stragholz 1985).[46]

2.1.5 Zwischenfazit: Bildungs- und Kompetenzbegriff

Als Zwischenfazit möchte ich an dieser Stelle einige Parallelen ansprechen, die zwischen dem Bildungsbegriff im Sinne des Gutachtens des Deutschen Ausschusses und den oben dargestellten Auffassungen über den Kompetenzbegriff auszumachen sind.

Dass beide Begriffe u.a. Wissen zum Inhalt haben, bedarf keiner weiteren Erläuterungen, wohl aber der Umgang mit diesem Wissen. Ein kompetenter Mensch soll dieses Wissen verfügbar haben, es (auch moralisch) bewerten und strukturie-

[45] Man kann an dieser Stelle einwenden, dass derartige Vorstellungen eines Gebildeten diesen wiederum zum Objekt von Bildungsbemühungen machen, also die Subjektperspektive verlassen wird. Im Unterschied zu früheren Ansätzen wird bei den Ausführungen des Deutschen Ausschusses jedoch dem Umstand Rechnung getragen, dass der Erwachsene im Bildungsprozess weitgehend selbstbestimmt ist. Diesen Kriterien für einen Gebildeten liegt die Auffassung zu Grunde, dass das Leben in einer modernen Gesellschaft Probleme dergestalt aufwirft, dass sie erfolgreich nur für einen mit solcher Bildung ausgestatteten Menschen zu bewältigen sind. Aufgabe der Erwachsenenbildung ist es daher, Hilfestellung bei der *Entwicklung* derartiger Bildung zu leisten, und nicht mit idealistisch-philosophischen Vorstellungen einen allseits gebildeten Menschen zu *erzeugen*.

[46] Der Deutsche Ausschuss sieht in seinem Gutachten „Unterricht in Kenntnissen und Fähigkeiten“ als „Lebenshilfe“ (Deutscher Ausschuß für das Erziehungs- und Bildungswesen 1960: 45) und Erwachsenenbildung als Hilfe zur Bewältigung der Arbeit (44) an. Hier ist ein erster Ansatzpunkt zur Ökonomisierung von Erwachsenenbildung zu erkennen.

ren können, in der Lage sein, sich neues Wissen anzueignen bzw. fehlendes Wissen entsprechend zu kompensieren und schließlich dieses Wissen in Handlungen umsetzen können. Der Umgang mit Wissen bedeutet im Kompetenzbegriff also Bewertung, Strukturierung, Aneignung von neuem Wissen und damit Handlungsfähigkeit.

Handlungsfähigkeit ist auch Ziel des Bildungsbegriffs des Deutschen Ausschusses. Das dazu notwendige Wissen erwirbt sich der Mensch mit Hilfe der Angebote der Erwachsenenbildung ebenfalls selbst. Dazu gehört auch die (moralische) Bewertung von Wissen, denn Bildung ist „eine Leistung des Charakters". Das, was im Kompetenzbegriff mit der „*sozialen* Bestätigung personaler Kompetenz im Rahmen von Kommunikationsprozessen" (Erpenbeck 1997) bezeichnet wird, findet sich im Bildungsbegriff wieder als „Teilnahme an einem gemeinsamen Bewußtsein" und als „Vertrauen zu denen, die ersetzen und ergänzen" bzw. als „selbständige Kritik" und „kritisches Vertrauen" (Deutscher Ausschuß für das Erziehungs´- und Bildungswesen 1960). Die „*Integration* all dessen zur kompetenten Persönlichkeit", die Aufgabe der Kompetenzentwicklung also, stellt transitiv das dar, was reflexiv in dem Terminus „sich bilden" zum Ausdruck kommt.

2.1.6 Realistische Wende/Qualifizierung

Für das Ende der 50er/ den Anfang der 60er Jahre wurde in der Geschichtsschreibung der Pädagogik eine „Realistische Wendung" (Roth 1963) festgestellt. Ansatzpunkt dafür war eine verstärkte Orientierung auf erfahrungswissenschaftliche Methoden in der pädagogischen Forschung und auf Grundlage der daraus resultierenden Erkenntnisse über die Anforderungen, Vorstellungen und Wünsche der Klientel eine Orientierung an der Lebenswelt des Menschen als Bezugspunkt dieser Wissenschaft.[47] Für die Erwachsenenbildung bedeutete dieser neue Realismus eine Ausweitung ihrer Bemühungen insbesondere im Bereich der beruflichen Bildung, eine stärkere Curricularisierung, Straffung und Effektivierung der Bildungsangebote sowie die Forderung nach einer konsequenteren Einführung von Zertifikaten. Es setzte die „Bildungsexpansion" ein, verbunden mit einer Neubewertung von Erziehung, Bildung und Wissenschaft als Gesellschaft entwickelnde Kräfte.[48]

Damit einher ging eine deutlichere Ökonomisierung der Erwachsenenbildung (vgl. auch Wolgast 1996: 62f.). Im Zuge der wirtschaftlichen Entwicklung und

[47] In diesem Zusammenhang ist auch das Gutachten des Deutschen Ausschusses zu sehen.

[48] Es differenzierten sich Positionen bezüglich dieser Kräfte, in denen die Erwachsenenbildung einerseits „Autonomie" reklamierte, andererseits jedoch auch in den Sog gesellschaftspolitischer Reformprogramme geriet. Bald gab es „Erwachsenenbildung" und „Weiterbildung" (vgl. Deutscher Bildungsrat 1970), und schon länger wurde „Lebenslanges Lernen" thematisiert und gefordert (vgl. Olbrich 2001: 357).

der stärkeren Ausrichtung auf berufliche Bildung gewann die Erwachsenenbildung dabei unterstützt durch bildungsökonomische Theorierezeption für Wirtschaft und Arbeitsmarkt an Bedeutung[49], was 1969 auf gesetzlicher Ebene zum Teil im Berufsbildungsgesetz und vor allem im Arbeitsförderungsgesetz mündete. Der Deutsche Bildungsrat (1970) definierte in seinem „Strukturplan für das Bildungswesen" konsequenterweise „Weiterbildung"[50] als vierte Säule des Bildungssystems und forderte für die Erwachsenenbildung damit eine stärkere Institutionalisierung (vgl. ebd.: 51). Obschon auch allgemeinbildende Inhalte zur Weiterbildung gezählt wurden, lag der Schwerpunkt doch eindeutig auf beruflicher Bildung im Rahmen der Definition von Zielen der Weiterbildung.

2.1.7 Qualifikation und „Schlüsselqualifikation"

In diesem Zusammenhang wich der Bildungsbegriff zunehmend einem mehr instrumentellen und dem Gegenstand der Weiterbildung eher entsprechenden: dem der „Qualifikation". Der Begriff zeigt die Dimensionen, in denen seinerzeit gedacht wurde: Aufgabe des Weiterlernens nach einer ersten Bildungsphase war nicht primär die Vervollkommnung der Bildung des Erwachsenen, sondern die Anpassung seiner Kenntnisse und Fähigkeiten an die sich ändernde berufliche Wirklichkeit.[51] Damit verbunden war der Versuch, Qualifizierung derart zu gestalten, dass sie sowohl präventiv sich ändernde berufliche Anforderungen zu berücksichtigen in der Lage, als auch politisch gestaltbar war. Dieser Versuch der Instrumentalisierung und Differenzierung[52] der Erwachsenenbildung findet seinen Ausdruck u.a. in Qualifizierungsoffensiven, mit deren Hilfe das berufliche Potenzial der Werktätigen und die Arbeitsmarktchancen der seit den siebziger Jahren immer zahlreicher werdenden Arbeitslosen verbessert werden sollten. Wir werden im Weiteren den Pfad der beruflichen Weiterbildung verfolgen.

---

[49] Hier ist ein Wendepunkt auszumachen, der die kategorialen Unterschiede zwischen Bildung und Kompetenz betrifft. Dieser Bedeutungszuwachs von Erwachsenenbildung für Wirtschaft und Arbeitsmarkt ebnete den Weg vom neuhumanistischen Bildungsbegriff zum ökonomisch verstandenen Kompetenzbegriff.

[50] Im Folgenden wird von „Weiterbildung" und von „Erwachsenenbildung" die Rede sein, wobei hier unter „Weiterbildung" eher die institutionellen und strukturellen Zusammenhänge verstanden werden, während „Erwachsenenbildung" im vorliegenden Abschnitt vor allem mit Blick auf das Subjekt des Bildungsprozesses verwandt wird.

[51] Der Strukturplan betonte somit die soziale, wirtschaftliche und politische Rolle der Weiterbildung.

[52] Ergebnis war die heute manifeste Differenzierung zwischen Erwachsenenbildung als allgemeinbildender Teil der Weiterbildung, der vornehmlich in Volkshochschulen stattfindet und durch Landesmittel gefördert wird, sowie Weiterbildung in der Form beruflicher, arbeitsmarktgeförderter und betrieblicher Weiterbildung.

Zu diesem Komplex gesellte sich bald die Forderung nach der Erhöhung der beruflichen Mobilität der Beschäftigten. Im Zeichen eines sich diversifizierenden Arbeitsmarktes wurde der Bereitschaft, über die Grenzen des eigenen Berufes hinaus flexibel zu sein, erhebliche Bedeutung zugemessen. Auch wurde rasch deutlich, dass die Entwicklung präventiver, aber dennoch tätigkeitsspezifischer Qualifikationen nicht mit dem Tempo der wirtschaftlichen Entwicklung Schritt halten konnte. Angesichts des immer rascher werdenden technologischen, wirtschaftlichen und gesellschaftlichen Wandels – nicht zuletzt auch bedingt durch die allmähliche Ausbreitung der Computertechnik – stand die Bildungsplanung vor dem Problem, dass zukünftig benötigte Qualifikationen kaum noch erkennbar waren bzw. dass ein rechtzeitiges Reagieren auf sich ändernde Qualifikationsbedarfe bedingt durch diesen raschen Wandel erhebliche Schwierigkeiten bereitete. Gesucht wurde insbesondere im Bereich der Arbeitsmarktforschung nach Möglichkeiten, Qualifikationen zu entwickeln, die zum einen nicht in der gleichen Weise veralteten, wie arbeitsplatz- oder tätigkeitsbezogene Qualifikationen, und die zum anderen berufliche Mobilität im Zeichen eines sich diversifizierenden Arbeitsmarktes ermöglichten.

Mertens (1974) wies in seinem Aufsatz „Schlüsselqualifikationen. Thesen zur Schulung für eine moderne Gesellschaft“ auf die pädagogische Kategorie der Schlüsselqualifikationen als Ausweg aus diesem Qualifizierungsdilemma hin. Er plädierte für ein erweitertes Verständnis von Qualifikationen. Damit deutete er darauf hin, dass Wirtschaft nicht nur und ausschließlich auf fachliches Können angewiesen sei, sondern auch Aspekte wie Teamfähigkeit, Selbständigkeit in der Arbeit, lebenslanges Lernen etc., also im weitesten Sinne *überfachliche* Qualifikationen eine bedeutende Rolle im Hinblick auf breitestmögliche Einsetzbarkeit und berufliche Mobilität spielten. Das gelte um so mehr, als „*das Obsoleszenztempo (Zerfallzeit, Veraltenstempo) von Bildungsinhalten positiv mit ihrer Praxisnähe und negativ mit ihrem Abstraktionsniveau korreliert*“ (ebd.: 39).

Schlüsselqualifikationen sollten an diesem Punkt ansetzen, da sie durch einen höheren Abstraktionsgrad zum einen eine breitere Einsetzbarkeit als unmittelbar fachliche Qualifikationen besäßen, und zum anderen durch die ihnen eigene größere Allgemeinheit weniger schnell veralteten. Solche Schlüsselqualifikationen benennt Mertens: „Förderung der Fähigkeit zu lebenslangem Lernen und zum Wechsel sozialer Rollen, Distanzierung durch Theoretisierung, Kreativität, Relativierung, Verknüpfung von Theorie und Praxis, Technikverständnis, Interessenanalyse, gesellschaftswissenschaftliches Grundverständnis; Planungsfähigkeit; Befähigung zur Kommunikation, Dekodierungsfähigkeit; Fähigkeit hinzuzulernen, Zeit und Mittel einzuteilen, sich Ziele zu setzen, Fähigkeit zur Zusammenarbeit, zur Ausdauer, zur Konzentration, zur Genauigkeit, zur rationalen Austragung von Konflikten, zur Mitverantwortung, zur Verminderung von Entfremdung, Leistungsfreude" (ebd.: 40).[53]

Diese Auflistung von Schlüsselqualifikationen zeigt im Vergleich zu klassischen beruflichen Qualifikationen einen stärkeren Einbezug von Fähigkeiten, Fertigkeiten und auch Persönlichkeitsaspekten, die sonst hauptsächlich für eine Tätigkeit in akademischen Berufen konstitutiv sind.[54] Die Schlüsselqualifikationen fanden breitesten Eingang in die berufspädagogische Forschungsdiskussion und als berufsbildungspolitisches Konzept in die Praxis der Berufsausbildung. In der Folge wurden und werden sie auch in der Weiterbildungsforschung ausgiebig diskutiert (vgl. auch Kemper und Klein 1998: 29ff.).

2.1.8 Kompetenzentwicklung

Nach dem Beitritt der ehemaligen DDR zur Bundesrepublik und den damit verbundenen Weiterbildungsaktivitäten in den neuen Bundesländern („Qualifizierungsoffensive Ost") wurde ein in der Weiterbildung bislang weniger beachteter Begriff aufgegriffen: Der Begriff der „Kompetenzentwicklung", als dessen Zielkategorie „Kompetenz" benannt wurde.[55]

Die Umstände, die dazu geführt haben, dass dieser Begriff in die Weiterbildungsdiskussion eingeführt wurde, lassen sich aus pädagogischer Sicht nur ansatzweise erfassen. Belegbar ist, dass ein wesentlicher Grund dieses Begriffswechsels[56] politisch-strategischer Natur war. Eine Perspektive war dabei, dass man damit einen Gegenbegriff zu „Weiterbildung" schaffen wollte, mit dem eine pauschale Abwertung vorhandener berufsfachlicher Qualifikationen vermieden werden sollte. Außerdem sollte ein neuer Begriff für die Teilnehmer signalisieren, dass es sich bei Kompetenzentwicklung nicht um klassische Weiterbildungsveranstaltungen in traditioneller Form handelt, sondern um den Versuch einer Integration von Arbeiten und Lernen in Verbindung mit der als notwendig angesehenen

[53] Diese Kategorien gelten zunächst kontextunabhängig, weisen jedoch einen deutlich erkennbaren Bezug zur Arbeitswelt auf.

[54] In diesem Sinne könnte man von einem Wunsch nach Akademisierung beruflicher Qualifikationen sprechen.

[55] „Kompetenzentwicklung" geht dabei auf Überlegungen aus der Arbeitspsychologie Anfang der achtziger Jahre zurück (vgl. Frei, Duell und Baitsch 1984). Diskussionen um Kompetenz in der Bedeutung von Handlungskompetenz, sozialer oder auch kommunikativer Kompetenz gab es schon seit den frühen siebziger Jahren (siehe Kapitel 1).

[56] „Begriffswechsel" entspringt dabei z.T. einem neueren Verständnis: „Es findet also im europäischen Maßstab ein Übergang von klassischer beruflicher Weiterbildung zu beruflicher Kompetenzentwicklung statt" (Erpenbeck 1996: 9).

Veränderung von Wertmustern und Einstellungen.[57] Eine andere Perspektive geht davon aus, dass die *Qualifizierungsoffensive Ost* und damit im weiteren Verlauf auch die Einführung des Kompetenzbegriffs nur zum Teil der Weiterentwicklung beruflich relevanter Fähigkeiten diente. Hinter den Bemühungen um berufliche Qualifizierungen verbarg sich demnach ein verdecktes Curriculum, dass insbesondere für eine Anpassung der Wert- und Verhaltensmuster der neuen Bundesbürger an das marktwirtschaftliche westdeutsche System sorgen sollte, ohne dabei Rücksicht auf Anschlussmöglichkeiten früherer Identitätsbildungen zu nehmen.[58]

Unbeschadet der Motive, die im einzelnen zur Einführung von Kompetenz und Kompetenzentwicklung geführt haben, wurde die Selbstorganisationsfähigkeit des Menschen und damit die Eigenverantwortung für den Bildungsprozess als Ausgangspunkt für ein verändertes Verständnis von Lernen und Bildung genommen.[59] Dieses Verständnis implizierte die Forderung, dass sich Weiterbildung nicht nur auf die Vermittlung von Qualifikationen konzentriert, sondern vielmehr die Entwicklung von ökonomisch und gesellschaftspolitisch wünschenswerten Persönlichkeitseigenschaften (Einstellungen, Werte, Willen, Kreativität etc.) initiieren und unterstützen sollte. Dabei gerieten insbesondere solche Eigenschaften in den Blick, die zur Bewältigung der sich erhöhenden Komplexität in der Ar-

---

[57] So argumentiert bspw. Sauer (1998). Dem lag die Auffassung zu Grunde, dass eine Anpassung der ostdeutschen Arbeitnehmer an das westdeutsche Wirtschaftssystem mehr der Qualifizierung in außerfachlicher denn in fachlicher Hinsicht bedurfte, dass es „nicht in erster Linie um die Aneignung neuen Wissens ging, sondern um eine Kulturtransformation extremen Ausmaßes" (ebd.: 1). Für diese angestrebte „Kulturtransformation" wurde Weiterbildung im Sinne von Qualifikationen als nicht ausreichend angesehen, es ging um die Veränderung von Werten, Einstellungen und Willen zur Erreichung einer „gesellschaftlichen Funktionsfähigkeit" (ebd.). Darüber hinaus wurde angenommen, dass Qualifizierung allein sowohl den Anforderungen der Transformation, den Bildungsbedürfnissen der Arbeitslosen als auch den Anforderungen der sich zunehmend globalisierenden Wirtschaft nicht gerecht würde. Angestrebt wurde eine stärkere Integration des Lernens in den Arbeitsprozess und ein Beitrag zur Diskussion der „Lernenden Organisation", die zeitgleich vor allem in Westdeutschland geführt wurde (vgl. ebd.: 2).

[58] „Es zeigte sich bald, daß fachliche Qualifikationen entweder entgegen (arroganten) westlichen Vorstellungen doch in hohem Maße vorhanden waren oder aber ohne größere Umstände in betriebs- oder arbeitsnahen Lernprozessen erzeugt werden konnten. In der Folge verlagerten sich die Ansprüche an die Lernleistungen zunehmend auf verhaltensbezogene und moralisch/wertbezogene Inhalte. Dazu zählten vor allem die mentale Umorientierung auf marktwirtschaftliche Strukturen, aber auch die Neudefinition sozialen Verhaltens und moralischer und politischer Werte" (Husemann 1996: 390). Solche Bemühungen der Weiterbildung fanden dabei ohne Rücksicht auf Anschlussmöglichkeiten der Bürger der DDR an frühere Identitätsbildungsprozesse statt und führten dazu, „daß nun zusätzlich (zum Verlust des Arbeitsplatzes, M.V.) die Erfahrung berufsfachlicher Defizite und auf das Arbeitshandeln bezogener Verhaltensmuster und Wertorientierungen gemacht werden mußte" (ebd.: 391).

[59] „Bei der Frage, welcher Typ Mensch die mit der Transformation verbundenen Probleme und Aufgaben am besten bewältigt hat, gerieten die Autodidakten ins Blickfeld, eine These, die zwischenzeitlich mit Fallstudien weiter untermauert werden konnte" (Sauer 1998: 2).

beit und des gesellschaftlichen Wandels im Transformationsprozess als dienlich angesehen wurden.[60]

Um nun die komplexen Lernprozesse, die zur Entwicklung einer solchen Persönlichkeit angenommen wurden, vom bisherigen, funktional verstandenen Begriff der „Weiterbildung“ zu trennen, brachte man den Begriff der „Kompetenzentwicklung“ ins Spiel und damit auch die Zielkategorie „Kompetenz“. Im Unterschied zu Schlüsselqualifikationen drehte es sich nicht mehr primär darum, Fähigkeiten, die eine längere Haltbarkeit haben und zu mehr beruflicher Mobilität führen, zu entwickeln, sondern Persönlichkeitsstrukturen im Hinblick auf die Veränderungsanforderungen innerhalb des Transformationsprozesses und des weiteren ökonomischen und sozialen Wandels zu bilden. Dabei wurden und werden spezifischen Tätigkeits- und Anforderungsbereichen jeweils eigene Kompetenzen zugeordnet (Sozialkompetenz, Fachkompetenz, Methodenkompetenz etc.). In diesem Verständnis bindet Kompetenz alle diejenigen Eigenschaften, Kenntnisse und Fertigkeiten eines Menschen in einer Kompetenz zusammen, die zur Bewältigung von Problemen in der jeweils korrespondierenden Klasse von Tätigkeiten oder Anforderungen, also zu einer spezifischen Handlungsfähigkeit führen.

Im Vergleich zum Bildungsbegriff, der ja ebenfalls die Entwicklung von Persönlichkeit intendierte, werden die hinter den beiden Begriffen stehenden unterschiedlichen Wertvorstellungen deutlich. Bezog sich der Bildungsbegriff auf das neuhumanistische Ideal einer für das Leben in einer Kulturwelt gebildeten Persönlichkeit, so bezieht sich der Kompetenzbegriff im betrachteten Zusammenhang auf eine nach ökonomischen Maßstäben im wirtschaftlichen Wandel handlungsfähige Persönlichkeit.[61] In diesem Sinne wird Kompetenz von einigen Vertretern der Diskussion als wichtig, wenn nicht gar unerlässlich für den wirtschaftlichen Erfolg von Unternehmen angesehen (vgl. z.B. Heyse und Erpenbeck 1997: 9).

---

[60] Welche Eigenschaften das im einzelnen sind, verdeutlicht das eingangs angeführte Zitat. Die Antwort auf die Transformationsprobleme und damit auch die Verantwortung für die Lösung dieser Probleme wurde also nicht in den Qualifikationen, sondern in der Persönlichkeit des Lernenden selbst verortet. Dieser Ansatz ‘passte’ in die soziologische Theorie der Individualisierung (siehe Kapitel 4.3f.).

[61] Dass sich Kompetenz nicht prinzipiell auf ausschließlich ökonomische Zusammenhänge beschränken muss, wurde eingangs bereits festgestellt. In der hier betrachteten Diskussion lassen sich außerökonomische Bezüge allerdings kaum erkennen, um so mehr, als im Zusammenhang von Kompetenzentwicklung i.d.R. von „Kompetenzentwicklung im Prozess der Arbeit“ gesprochen wird. Seit der Diskussion um die Pisastudie hat sich dieser Umstand etwas verändert, wenn auch in der Verwendung von Begriffen wie „Lesekompetenz“ bisher nicht recht deutlich wird, ob es sich um die Entwicklung des Menschen selbst oder wieder um sein Funktionieren in bestimmten gesellschaftlich-wirtschaftlichen Zusammenhängen handelt.

2.2 Probleme des Kompetenzkonstrukts

Mit den bisherigen Ausführungen sollte deutlich gemacht werden, dass mit dem Kompetenzbegriff, wie er auch im Eingangszitat dargestellt wurde, wirtschaftlich relevante Persönlichkeitsmerkmale des Menschen vor dem Hintergrund des wirtschaftlichen Wandels gemeint sind. Persönlichkeitsaspekte, die in den 50er und 60er Jahren noch unter dem Begriff „Bildung" mit einem humanistischen Anspruch Gegenstand pädagogischer Bemühungen waren, werden jetzt unter dem Begriff „Kompetenz" wieder in die Erwachsenenbildungsdebatte eingeführt, nun aber unter einer ökonomischen Perspektive. Dadurch ergeben sich einige theoretische Probleme, die im Folgenden weiter zu besprechen sind.

2.2.1 Problem des Subjektbezugs

Folgt man dem Ansatz von Schulenberg, so geht Bildung vom Subjekt aus. Maßgeblich für Bildung sind dabei nicht vorgängige Ideale, sondern die subjekteigenen Anforderungen und Vorstellungen. Das bedeutet im Falle der Erwachsenenbildung vor allem auch, dass sie sich auf die Wünsche ihrer Klientel einlassen und diese beachten muss: „Konsequent weitergeführt heißt das aber, daß sie den Erwachsenen als Erwachsenen anerkenne, daß sie also nicht erst Menschen zu Erwachsenen heranbilde, sondern die zu ihr Kommenden voll als Erwachsene nehme und ihnen nur als Auftragnehmer bei der Weiterbildung helfe" (Schulenberg 1976: 181). Denn insbesondere Erwachsene verfügen, wie bereits festgestellt worden ist, über Autonomie, sind nicht entwicklungsbedürftig wie Kinder, sondern weitestgehend selbstbestimmt. Wie Luhmann feststellt, ist die Unterscheidung Erwachsener und Kind in der Pädagogik diejenige zwischen Zumutung (Erziehung) und Angebot (Erwachsenenbildung): „Erziehung wird denen zugemutet, die es nötig haben. Auf Erwachsenenbildung läßt man sich ein, wenn man Zeit und Interesse dafür erübrigen kann" (Luhmann 1997: 12). Bildung hat das im Sinne des Subjektbezugs zu berücksichtigen.

Qualifikation dagegen zielt nicht auf das Subjekt an sich, auf die Persönlichkeit, sondern auf Fertigkeiten und Wissen, auf i.d.R. berufliches Handeln.[62] Das bedeutet, dass im Gegensatz zu Bildung Qualifikation nicht im gleichen Maße das Subjekt betrifft. Qualifiziert zu sein hat nicht primär mit Persönlichkeitseigenschaften zu tun, sondern bezieht sich zunächst auf bestimmte Tätigkeiten im

[62] Hier gehe ich von einem sehr funktionalen Verständnis von Qualifikation aus, dass Schlüsselqualifikationen und ähnliche Ansätze nur insofern berücksichtigt, als sie nicht Persönlichkeitsaspekte betreffen. Damit bewege ich mich im Argumentationszusammenhang, der von den Protagonisten der Kompetenzdiskussion vertreten wird, und der Qualifikation als objektiv beschreibbare und funktionale Positionsbestimmung versteht (vgl. Erpenbeck und Heyse 1996: 36).

Sinne von „qualifiziert für die Tätigkeit X". Eine bestimmte Handlung ausführen zu können, bedeutet demnach, qualifiziert dafür zu sein, also das nötige Wissen und die nötigen Fertigkeiten zu besitzen. In der *Ausführung* dieser Handlung zeigt sich dann die Qualifikation: Gelingt sie, war die Qualifikation vorhanden.[63] In der Nicht-Ausführung zeigt sich jedoch nicht, dass jemand die Qualifikation nicht besitzt. Man kann z.B. qualifiziert dafür sein, ein Auto zu fahren, es jedoch aus den unterschiedlichsten Gründen heraus nicht tun (z.B. weil man der Umwelt nicht schaden will oder sich kein Auto leisten kann etc.); dennoch besitzt man die Qualifikation dafür[64], wobei hier nicht die Qualifikation im Sinne einer „Berechtigung", sondern als „Können" gemeint ist. Qualifizierung so verstanden ist also *extern* in dem Sinne, dass sie zwar Wissen und Fertigkeiten vermittelt, jedoch nicht die Entwicklung von Persönlichkeitsmerkmalen intendiert: „'Qualifizierung' wird vom gesellschaftlichen Bedarf, 'Bildung' vom Subjekt aus definiert" (Siebert 1996: 6). Sie dient der Weiterentwicklung von (beruflichem) Wissen und Können, bezieht aber die Persönlichkeit des Menschen nicht mit ein. Mit der Einführung von Kompetenz hat sich dieser Aspekt verändert.

Denn mit der Kompetenzdebatte ist die Persönlichkeit („Selbstorganisation") erneut in den Mittelpunkt gerückt worden. Die Diskussion scheint dabei theoretisch wieder in den Stand vor der realistischen Wendung zurückgefallen zu sein: Wenn man sich Aussagen über Kompetenzentwicklung betrachtet, so wird zum einen die Selbstorganisationsfähigkeit des Menschen betont. Dazu gehört, dass sich Kompetenzen nicht vermitteln lassen wie Qualifikationen, sondern dass sie mit Rückgriff auf konstruktivistische Ideen als subjektive Konstruktionsleistung des Lernenden aufzufassen sind (vgl. Erpenbeck 1996: 9). Andererseits jedoch wird das, was Kompetenz ausmacht, nicht vom Individuum bestimmt, was im Sinne subjektiver Konstruktionsleistungen unabdingbar wäre, sondern i.d.R. ökonomisch von den beruflichen Tätigkeiten oder Anforderungen her bzw. (bildungs-)politisch. Damit wird das Individuum zum Objekt von Kompetenzentwicklungsprozessen erklärt, d.h. unter dem Stichwort der Kompetenzentwicklung wird der Erwachsene als „unmündig" in dem Sinne betrachtet, dass er die Entwicklung seiner Kompetenz (und damit seiner Persönlichkeit) benötigt.[65] Im diskutierten Kontext legen also „andere" fest, was kompetent ist, und an den Folgen einer Handlung wird gemessen, ob diese Kriterien erfüllt sind.

[63] Der Umkehrschluss ist nur insoweit zulässig, als nicht äußere Umstände das Gelingen der Handlung verhindert haben.

[64] Dass sich dieser Umstand bei „Kompetenz" grundlegend verändert, wird im Folgenden erläutert.

[65] Ein Zusammenhang mit der propagierten Selbstorganisationsfähigkeit lässt sich unter diesen Gesichtspunkten nur noch dahingehend interpretieren, dass bei entsprechender Verinnerlichung der vorgegebenen Werte das Individuum diese selbständig weiterentwickelt.

Um diesen Punkt noch einmal zu verdeutlichen: Auch Qualifikation ist natürlich nicht individuell bestimmt, sondern von den Anforderungen her begründet. Jedoch bleibt sie zumindest soweit von der Person trennbar, dass dem Subjekt die Möglichkeit von Handlungsoptionen über die Verwendung der Qualifikation bleibt. Kompetenz schließt jedoch Handlungs*ziele*[66] in den Begriff mit ein, so dass bei Nichterfüllung dieser Handlungsziele Zweifel an der Kompetenz aufkommen können: Man kann nach den Kompetenzbeschreibungen, wie sie hier zu Grunde liegen, nicht kompetent sein *und nicht wollen*, denn „der Kompetenzbegriff bindet kognitive und *motivational-voluntative* Aspekte des einheitlichen, *kognitiv-motivational-voluntativ* gesteuerten Handlungsprozesses zusammen" (Erpenbeck und Heyse 1996: 36, Hervorhebung M.V.). Es werden damit zwei an sich unterschiedliche Bereiche – der des „Könnens" als eher technischer und der des „Wollens" als einer, der sich auf einen Entwurf von Welt bezieht – im Kompetenzbegriff verbunden. Dass diese beiden Bereiche nicht identisch sind, hat bereits Aebli (1980: 99) konstatiert.

Wenn Kompetenz also den Willen des Menschen in den Begriff integriert, so stellt sich das Problem, dass eine von außen initiierte Kompetenzentwicklung letztlich nur so erfolgreich sein kann, wie es derjenige, dessen Kompetenz entwickelt werden soll, zulässt. Ansonsten wäre sie auf Manipulation angewiesen und damit wäre der Erwachsene schwerlich als mündig zu bezeichnen.[67] Zulassen wird man es jedoch i.d.R. nur dann, wenn das mit der Kompetenzentwicklung vorgesehene Ziel weitgehend mit den Zielen des Individuums übereinstimmt, ganz im Sinne des *sich Einlassens* auf Bildung im Gegensatz zur *Zumutung* von Erziehung.[68] Dass diese Ziele gerade im Bereich der beruflichen Weiterbildung tatsächlich deckungsgleich sind, lässt sich nicht ohne Weiteres behaupten, insbesondere dann nicht, wenn mittels Kompetenzentwicklung ein Zugriff auf die Persönlichkeit versucht wird.[69] Ähnlich sehen es wohl auch Drescher und Mil-

---

[66] Hier ist ein wesentlicher Unterschied zum Handlungsaspekt im Bildungsbegriff auszumachen. Dieser zielt zwar auch auf die Handlungsfähigkeit des Individuums, jedoch ohne dabei Zielperspektiven dieses Handelns im Blick zu haben. Unter Kompetenz wird jedoch Handlungsfähigkeit bezogen auf ein Handlungsziel (eine Tätigkeit, eine Anforderung wie Sozialkompetenz, Fachkompetenz oder Methodenkompetenz) verstanden.

[67] Der Einzelne hat dabei die Möglichkeit, sich entweder den Manipulationsversuchen zu entziehen, oder sie als solche aufzudecken, sofern er sie erkennt. Im ersten Fall könnten wir von „Autonomie" sprechen, im zweiten zeigte sich eine Form der von Geißler beschriebenen „kritischen Kompetenz". In beiden Fällen riskierte man jedoch Sanktionsmaßnahmen der Organisation.

[68] Dem Problem der Übereinstimmung persönlicher und organisationeller Ziele begegnen wir in Kapitel 5 wieder. Es stellt sich heraus, dass genau dieser Punkt eines der wesentlichen Ziele von Organisation und dem damit in Verbindung gebrachten Kompetenzbegriff darstellt.

[69] Im Zuge der Entwicklung beruflicher Fähigkeiten und Fertigkeiten kann eine solche Interessengleichheit natürlich gegeben sein, insbesondere wenn es um die Erhöhung der eigenen Karriere-

ler, wenn sie schreiben: „Zum anderen aber hat ein bewußtloser Begriffsgebrauch (gemeint sind Schlüsselqualifikationen und Kompetenz, M.V.) zum Resultat eine Verschiebung und Verfälschung berechtigter Ansprüche von Menschen als Subjekten, als Individuen. Ansprüche, die im Namen von Individualität und Subjektivität diese verraten ans bloße Funktionieren“ (Drescher und Miller 1995: 202). Auch die Kritik an der These der Konvergenz betrieblicher und pädagogischer Ziele in beruflichen Bildungsprozessen deutet auf diesen Problembereich hin (vgl. bspw. Rößer 2000).

2.2.2 Kompetenz oder Kompetenzen?

Mit der Installierung des Kompetenzbegriffs ist das Problem seiner genaueren Beschreibung verbunden. Wie eingangs gezeigt wurde, wird konstatiert, dass es keine eindeutige Klärung dieser Kategorie geben wird. Wie auch immer man diese Aussage beurteilen mag, fest steht, dass die Operationalisierung von ungeklärten Begriffen nicht nur Probleme ihrer theoretischen Bestimmbarkeit mit sich bringt, sondern auch der Beliebigkeit ihrer Verwendung Tür und Tor öffnet. Bei den Schlüsselqualifikationen ist diese Tendenz anhand ausufernder Schlüsselqualifikationskataloge deutlich zu erkennen.

Dem Kompetenzbegriff droht zur Zeit ein ähnliches Schicksal. Bei der Unterteilung in soziale, fachliche, personale und Methodenkompetenzen lässt man es nicht bewenden, schon gibt es zusätzliche Klassifikationen wie „Veränderungskompetenz“, „Problemlösekompetenz“, „Medienkompetenz“ etc. Dabei stellt sich die Frage, ob sich ein Konstrukt wie Kompetenz theoretisch überhaupt derart strukturieren lässt, oder ob nicht vielmehr mit diesen Unterteilungen nur Aspekte *der* Kompetenz gemeint sind.[70] Versteht man Kompetenzentwicklung als *„Integration* all dessen zur kompetenten Persönlichkeit“ (Erpenbeck 1997: 311f., sie-

chancen bzw. den Erhalt des Arbeitsplatzes geht. Das bezieht sich jedoch auf Qualifikationen. Soll eine solche Gleichheit in Bezug auf Kompetenzen hergestellt werden, dann bedeutet das auch die Übereinstimmung von Einstellungen und Willen. Diese ist nicht trivialerweise gegeben, m.E. sogar in vielen Fällen eher unwahrscheinlich. Ähnliche Probleme finden sich auch in der Diskussion um die Flexibilisierung von Arbeitszeiten. Dort sind erstens die Arbeitszeitwünsche von Arbeitnehmern und -gebern verständlicherweise oft divergent, und zweitens ergibt sich durch die Auflösung fester Zeitrahmen das Problem der schwindenden Zeitsouveränität für Arbeitnehmer, d.h. sie werden durch Flexibilisierung zunehmend mehr für den Arbeitgeber verfügbar und verlieren die Möglichkeit, sich private Zeiträume vorzuhalten, in denen keine oder nur geringe Einflussnahme des Arbeitgebers möglich ist (vgl. z.B. Dichmann 1998: 36ff.). Bedeutet Arbeitszeitflexibilisierung die Hochverfügbarkeit zeitlicher Ressourcen, so ist Kompetenz die Hochverfügbarkeit mentaler Ressourcen.

[70] In Bezug auf das arbeitspsychologische Konzept von Frei, Duell und Baitsch ist Kompetenz immer im Plural zu verwenden, da es zu jeder Klasse von Tätigkeiten eine eigene Kompetenz gebe (Frei, Duell und Baitsch 1984: 32).

he oben), dann kann damit zum einen gemeint sein, dass diese Persönlichkeit mit umfangreichen Kompetenzen ausgestattet ist, zum anderen aber auch, dass sie einfach nur *Kompetenz* besitzt.

Ist ersteres der Fall, dann steht man vor dem Problem, zu bestimmen, *welche* der vielen und sich ständig vermehrenden Kompetenzen denn erforderlich sind, um jemanden als kompetente Persönlichkeit bezeichnen[71] zu können oder ob es gar alle sein müssen. Dass diese Frage nicht trivial ist, ist unmittelbar einsichtig. Man handelt sich damit nicht nur das Problem der Definition einzelner Kompetenzen ein, sondern zusätzlich das der Bestimmung der Priorität jeder einzelnen Kompetenz. Zwar könnte man diese Prozedur dahingehend vereinfachen, dass man nur berufliche oder beruflich notwendige Kompetenzen einbezieht, jedoch steigt auch und gerade hier die Unübersichtlichkeit und vor allem die Unbestimmbarkeit im Hinblick auf zukünftig erforderliche Kompetenzen. Mit anderen Worten: Mit der Zunahme der Anzahl von Kompetenzen sinkt die Wahrscheinlichkeit der Bestimmung der kompetenten Persönlichkeit.

Das Problem der Abgrenzung entsteht dabei aus der Herleitung von Kompetenzen aus Tätigkeiten. Das ist so zu verstehen, dass man unterschiedlichen Klassen von Tätigkeiten jeweils spezifische Kompetenzen zuordnet, also von einer Tätigkeitsklasse auf eine Kompetenz schließt.[72] Um das Beispiel aus dem letzten Abschnitt noch einmal aufzugreifen, müsste eine *Autofahrerkompetenz*, wenn sie sich aus der Tätigkeit des Autofahrens herleitet, ähnlich wie die *Autofahrerqualifikation* konzipiert sein. In der Tradition der Kompetenzdebatte bieten sich dann zwei Ansätze an: (1) Autofahrerkompetenz ist nur ein anderes Wort für Autofahrerqualifikation[73] oder (2) Autofahrerkompetenz bindet die Werte, Einstellungen und den Willen des Kompetenten in Bezug auf Autofahren mit ein. Bei (1) handelt es sich nur um ein anderes Wort, eine Diskussion kann daher vernachlässigt werden. Bei (2) treten dagegen mehrere Probleme auf. Die Herleitung der Kompetenz aus der Tätigkeit bringt mit sich, dass jemand, der sich weigert, Auto zu fahren, nicht als kompetent zum Autofahren bezeichnet werden kann, da ja offensichtlich der Wille zum Autofahren nicht vorhanden, dieser aber Bestandteil der Autofahrerkompetenz ist.

Auf der anderen Seite könnte man behaupten, dass jemand, der z.B. aus Rücksicht auf die Umwelt nicht fährt, gerade kompetenter zum Autofahren ist als je-

---

[71] Und das ist nötig, will man diese kompetente Persönlichkeit als Zielperspektive für Kompetenzentwicklung bestimmen.

[72] Bei Qualifikationen macht man das natürlich in gleicher Weise, jedoch schließt man dort nicht aus der Tätigkeit auf eine Persönlichkeitseigenschaft.

[73] Das ist zu verstehen im Sinne der Gleichsetzung von Qualifikation und Kompetenz, wie sie mitunter stattfindet (vgl. dazu den ersten Teil dieses Kapitels).

mand, der rücksichtslos fährt, ohne sich darum zu kümmern, welchen Umweltschaden er anrichtet, denn jener ist sich der Folgen seines Handelns offensichtlich bewusster als dieser und i.d.R. würde man wohl dann denjenigen, der nicht Auto fährt, die Autofahrerkompetenz attestieren. Gleichzeitig stellt sich dann jedoch die Frage, ob das nicht eher Sozialkompetenz oder Umweltkompetenz sein müsste, was wiederum zu dem Problem führt, inwieweit solche Aspekte zur Kompetenz eines Autofahrers gehören oder nicht.[74]

Mit anderen Worten: Der Rückschluss aus einer Handlung auf eine dahinterliegende Kompetenz führt dahin, dass sich einzelne Kompetenzen kaum trennscharf unterscheiden lassen bzw. dass die Bestimmung dessen, was zu einer Einzelkompetenz gehört, offensichtlich enorme Schwierigkeiten mit sich bringt, wenn es nicht gar in Beliebigkeit oder Situationsabhängigkeit mündet. Es stellt sich die generelle Frage, ob sich aus Handlungen (und auch die ausgesprochene Weigerung, Auto zu fahren, stellt in diesem Sinne eine Handlung dar) auf Kompetenzen für diese Handlungen schließen lässt. Die angedeuteten Probleme legen zumindest nahe, dass zu einer Tätigkeit bzw. einer bestimmten Gruppe von Tätigkeiten sich nicht jeweils eine spezifische Kompetenz finden lässt, sondern dass Kompetenz umfassender ist.

2.3 Fazit

Die an arbeitspsychologische Theoriebildung anschließende Kompetenzdebatte in der Weiterbildung führt zu einigen Problemen in der Operationalisierung und in der theoretischen Beschreibung der dort angebotenen Kompetenzkonstrukte. Zwei davon haben wir in diesem Abschnitt behandelt. Um diesen Problemen – die vor allem auch in der Ableitung von Kompetenzen aus Tätigkeiten und in der damit verbundenen Vermehrung der Kompetenzen begründet ist – zu begegnen, bietet es sich an, auf einer höheren Abstraktionsebene danach zu suchen, was Kompetenz (im Singular!) sein und woraus sie bestehen könnte.

Dieser Ansatz scheint zunächst vielversprechender zu sein, denn einige Vorarbeiten dazu sind schon gemacht worden. Da ist zunächst der Aspekt des Erwerbs von Kompetenz. Wie nahezu einheitlich festgestellt wird, ist dieser Ergebnis der Selbstorganisationsfähigkeit des Menschen. Außerdem besteht weitgehend Kon-

[74] Hier kommt zum Tragen, dass *Werte* mit in den Kompetenzbegriff einbezogen werden: Wessen Werte sind das? Sind die Werte des kompetent Handelnden verschieden z.B. von denen des Unternehmens, das Kompetenz fordert, dann verschärft sich die Frage, ob jener Kompetenz besitzt. Kompetenz unter Einschluss von Werten heißt also auch immer Kompetenz unter besonderen Gesichtspunkten (Umweltschützer würden den Autofahrer, der sich zu fahren weigert, als kompetent zum Autofahren bezeichnen, ein Transportunternehmer wahrscheinlich nicht).

sens darüber, dass Kompetenz zur Handlungsfähigkeit des Menschen führt bzw. führen soll, oder vielmehr, dass Kompetenz die Voraussetzung für Handeln[75] darstellt (vgl. z.B. Baitsch 1996; Arnold 1997; Faulstich 1998). Damit bieten sich für die theoretische Untersuchung von Kompetenz und Kompetenzerwerb Handlungstheorien an.

Vergessen werden sollte auch nicht der kommunikative Aspekt, den ältere Kompetenztheorien betonten. Sprache konstituiert unsere Teilhabe an der sozialen Welt, die Bewältigung und Erzeugung sprachlich vermittelter Situationen gehören zu den wichtigsten Aspekten moderner beruflicher Arbeit. Insofern ist unter beruflicher Perspektive eine Verkürzung des Kompetenzbegriffes auf die Grundlagen instrumentellen Handelns nicht geboten. Soziale Aspekte berücksichtigen auch die Kompetenzbegriffe aus dem Bereich der Weiterbildung, wenn sie in den Kompetenzbegriff „die soziale *Bestätigung* personaler Kompetenz im Rahmen von Kommunikationsprozessen als sozialfunktional sinnvolle, aktualisierbare Handlungsdispositionen“ (Erpenbeck 1997) einbeziehen. Allerdings bedeutet das nicht eine Orientierung auf soziales Handeln, sondern lediglich die Abhängigkeit des Kompetentseins von der Beurteilung durch andere. Wir werden den Aspekt des sozialen Handelns in Bezug auf Kompetenz zu einem späteren Zeitpunkt wieder aufgreifen und genauer analysieren. Vorher sind jedoch noch einige weitere Untersuchungsschritte nötig, die uns ein tieferes Verständnis der Verwendungszusammenhänge und der Entstehung sowie des Stellenwerts von Kompetenz insbesondere in arbeitsweltlichen Kontexten verdeutlichen helfen sollen.

[75] Wobei hier nicht instrumentelles Handeln gemeint ist, sondern solches, dass im weitesten Sinne gesellschaftliche Relevanz besitzt. Man könnte auch von „sinnhaftem Handeln“ sprechen.

3 Kompetenz in der Berufspädagogik

Ein weiterer Bereich der Erziehungswissenschaft, in dem der Kompetenzbegriff einen hohen Stellenwert bekommen hat, ist der der Berufspädagogik.[76] In ihr wurden relativ früh vor allem arbeitspsychologische Theorien aber auch z.T. an Habermas anschließende Konzepte (z.B. Geißler 1974; Lempert 1988) von Kompetenz aufgenommen und für den speziellen Bereich der beruflichen Bildung didaktisch umgesetzt. Zur Untersuchung des Stellenwertes von Kompetenz und seiner Anschlussfähigkeit an berufspädagogische Theoriebildung werden wir zunächst einen Blick in die Geschichte der Berufspädagogik und ihrer Theorieentwicklung vornehmen. Im Folgenden wenden wir uns kurz den Umsetzungen einiger Kompetenztheorien in dieser Disziplin zu und schließen daran eine Diskussion über Forschungsstand und Forschungsperspektiven der Berufspädagogik in Bezug auf Kompetenzentwicklung an.

3.1 Rückblick

Die Berufspädagogik[77] versteht sich als der Teilbereich der Pädagogik, der sich mit dem Lehren und Lernen für, in und durch erwerbsmäßige Arbeit beschäftigt. Die Berufspädagogik ist „jene Teildisziplin der Erziehungswissenschaft, die die pädagogischen Probleme beruflicher Bildungs- und Sozialisationsprozesse, vor allem Jugendlicher, erforscht, reflektiert und konstruktiv zu klären sucht“ (Stratmann 1998: 176). Die Berufspädagogik, die als Hochschulwissenschaft seit den 20er Jahren des 20. Jhds. im Zusammenhang mit der Ausbildung von Berufs-

[76] Teile dieses Kapitels sind in veränderter Form bereits veröffentlicht in Vonken (2003).

[77] Eigentlich müsste es hier heißen: „Berufs- und Wirtschaftpädagogik“. Die Differenzierung beruht auf dem historischen Umstand, dass sich in der Anfangszeit dieser Wissenschaft eine Unterscheidung zwischen der Pädagogik für gewerbliche Berufe (Berufspädagogik) und der für kaufmännisch-verwaltende Berufe (Wirtschaftspädagogik) herausbildete, die vor allem auf den unterschiedlichen Anwendungsgebieten und der in Teilen unterschiedlichen Didaktik beruht. Zur vollständigen Behandlung beider Felder wäre eine differenzierte Betrachtung der Entwicklung der Industrie und des Handwerks einerseits sowie des Handels und der Büroberufe andererseits notwendig. Wir werden uns hier jedoch insbesondere auf industrielle und handwerkliche Aspekte von Beruf beschränken und daher im Folgenden eher aus pragmatischen denn aus theoretischen Gründen den Begriff „Berufspädagogik“ verwenden.

schullehrern (Gewerbelehrern) etabliert wurde, beschäftigt sich u.a. mit der Frage des bildenden Moments beruflicher Arbeit.

Eine Problemstellung der Berufsbildungstheorie liegt darin, ob berufliche Bildung, in Anlehnung an Wilhelm von Humboldt, 'nur' spezielle Bildung im Anschluss an eine Allgemeinbildung sei, ob berufliche Bildung eine (unerlässliche) Zwischenstufe auf dem Weg von der grundlegenden Bildung zur (höheren) Allgemeinbildung darstelle (Eduard Spranger) oder ob berufliche Bildung von allgemeiner Bildung als solche nicht zu trennen sei, wie es etwa Herwig Blankertz annahm.[78] Diese Frage, die zunächst eher akademisch anmutet, betrifft einen wichtigen Aspekt berufspädagogischer Theoriebildung, nämlich den, auf welches Teilsystem der Gesellschaft sich berufliche Bildung beziehen soll. Damit geht es um die Legitimation einer Wissenschaft von der beruflichen Bildung, die über die Aspekte von Didaktik und Methodik beruflichen Lernens hinausgeht. Inhalt berufspädagogischer Forschung und Praxis ist also immer auch die Frage der Bildungswirksamkeit und der Zielorientierung beruflichen Lernens.

Die Frage nach dieser Bildungswirksamkeit bezog sich insbesondere auf die Ausbildung im Handwerk. Die in der sich seit der Mitte des 19. Jhds. ausbreitenden Industrie benötigten Facharbeiter wurden anfangs vor allem aus dem Handwerk rekrutiert. Mit dem Fortschreiten der rationellen Arbeitszerlegung ging man damals davon aus, dass handwerkliche Fertigkeiten bald nicht mehr gebraucht würden, dass der Mensch als ausführendes Organ in der industriellen Produktion daher auch nicht einer beruflichen Ausbildung im klassischen Sinne bedürfe. Eine Berufsausbildung fand demzufolge in der Industrie zunächst nicht statt (vgl. Blankertz 1982: 173). Spätestens seit dem vernichtenden Urteil über deutsche Produkte auf der Weltausstellung 1876[79] stellte sich jedoch heraus, dass unter qualitativen Gesichtspunkten besser ausgebildete Arbeitskräfte auch in der Industrie benötigt wurden. Darüber hinaus waren die im Handwerk ausgebildeten Fachkräfte zunehmend schwieriger in den sich ausdifferenzierenden und von der „wissenschaftlichen Betriebsführung“ (Taylorismus) bestimmten, industriellen Fertigungsprozess einzubinden, da sie sich nicht den restriktiven Arbeitsbedingungen in der Industrie beugen wollten (Greinert 1995: 71). Seit dem Ende des 19. Jhds. setzte die Industrie daher auf eine eigene Ausbildung ihrer Fachkräfte.

Somit bestimmte die Orientierung am Handwerk lange die Diskussion der Berufsbildungstheorie. Dies geschah in bewusster Ablehnung der industriellen Arbeit, die als „Atomisierung von 'Arbeitsgebieten'“ betrachtet wurde (Stratmann

[78] In den 70er Jahren wurden verstärkt Anstrengungen unternommen, die Integration von allgemeiner und beruflicher Bildung in Schulversuchen umzusetzen. Beispielhaft sei dafür der Kollegschulversuch in Nordrhein-Westfalen genannt.

[79] Deutsche Produkte wurden dort als 'minderwertig' deklassiert.

1995: 186). Von den Tätigkeiten in der Industrie nahm Kerschensteiner an, dass „zu denen überhaupt niemand mehr innerlich berufen sein kann, weil ihnen jede Beziehung zu einem sinnhaften Leben fehlt und nur das sinnlose animalische Leben zur Arbeitsleistung auf ihnen zwingt“ (Kerschensteiner 1926 zit. nach Stratmann 1995: 186). Damit grenzte Kerschensteiner die Ausbildung in der Industrie für die Berufsbildungstheorie aus, weil ihr der Bildungscharakter abgesprochen wurde. Eine solche Auffassung von Berufserziehung war noch sehr der Vocatio, also der Betrachtung eines Berufes als *Berufung* verpflichtet. Diese Auffassung hatte sich in den ständischen Strukturen des Handwerks erhalten.[80]

Seit Anfang des 20. Jhds. sollte Berufserziehung neben der Ausbildung zum Fachmann auch die Erziehung zum Staatsbürger und zur Sittlichkeit gewährleisten.[81] Als Aufgabe wurde gesehen, dass der Lehrling sich „in einem ganz bestimmten Gedankenkreise heimisch fühlen lernt“ (Pache 1890 zit. nach Stratmann 1995: 184). Den Gedankenkreis stellten der jeweilige Beruf des Handwerks und die dort herrschenden Anschauungen dar. Nur mit dieser zusätzlichen Erziehung, die durch die Aufnahme des Lehrlings in den Haushalt des Meisters zu erreichen sei, würde der Jugendliche „von demselben Geiste beseelt..., der seit Jahrhunderten innerhalb der Glieder seines Gewerbes sich herausgebildet hat“, und so könnten „die unsichtbaren Bande zwischen dem Beruf und dem jungen Menschen geknüpft werden, welche das gegenseitige Verhältnis zu einem innerlich begründeten, den ganzen Menschen erfassenden gestalten“ (ebd.).[82]

Die Industrie hatte Ende des 19. Jhds. bereits begonnen, eigenständige Berufsprofile zu entwickeln. Der „Deutsche Ausschuss für technisches Schulwesen“ (DATSCH) entwickelte dann ab 1909 ein Programm für die industrielle Facharbeiterausbildung, das auf der Lehre in von der Produktion abgesonderten Lehrwerkstätten und theoretischem Unterricht in werkseigenen Schulen beruhte (Greinert 1995).[83] Dieses sah im Weiteren eine lehrgangsförmige Ausbildung der Facharbeiter vor. Daneben sorgte sich vor allem das „Deutsche Institut für technische Arbeitsschulung“ (DINTA) um die Ausbildung für die Industrie. Das DINTA sah

[80] Eine soziologische Definition von Max Weber Anfang des 20. Jhds. betont dagegen den funktionalen Charakter von Beruf: „Beruf soll jene Spezifizierung, Spezialisierung und Kombination von Leistungen einer Person heißen, welche für sie Grundlage einer kontinuierlichen Versorgungs- oder Erwerbschance ist“ (Weber 1980: 80).

[81] Diese vor allem auch von Kerschensteiner vertretene Auffassung von Beruf verfehlte bereits in der Weimarer Republik die tatsächlichen Bedürfnisse der Auszubildenden insbesondere in der Industrie (vgl. Seubert 1992: 358).

[82] Erziehung – wenn auch in anderer Hinsicht – ist nach wie vor eine der Aufgaben der beruflichen Ausbildung, wie sie das Berufsbildungsgesetz (BBiG) definiert.

[83] Die Werksschulen setzten sich jedoch nicht durch und wurden durch die öffentlichen Berufsschulen ersetzt.

als die Hauptaufgabe der Berufsbildung (oder vielmehr der Berufs*erziehung*) die Formung des industriellen Arbeiters zu einem nützlichen Glied der Betriebsgemeinschaft und damit auch der Nation. Dafür forderte es die Einbeziehung des „ganzen Menschen", den Einsatz der ganzen Person für seinen Dienst an der Nation im Rahmen seiner Arbeit (vgl. Seubert 1992). Diese Auffassung war umstandslos anschlussfähig an die nationalsozialistische Ideologie der Folgezeit. Das DINTA gliederte sich 1933 in die Deutsche Arbeitsfront ein und wurde führend für die Konzeption einer nationalsozialistischen Berufserziehung mit dem Ziel der „Wehrhaftmachung des Arbeitsmenschen durch technisches und wirtschaftliches Können" und „durch Heranbildung gesunder Körper, durch planmäßige Erziehung zum Nationalsozialismus, durch Charakterbildung und Stärkung der Willens- und Entschlusskraft sowie die Förderung des Arbeitskönnens" (Arnhold 1933 zitiert nach Seubert 1992: 359).[84]

Damit waren komplexe, über die eigentliche Berufsfähigkeit hinaus gehende Ziele definiert. Die angesprochene Planmäßigkeit verstand sich als zentraler Bestandteil der industriellen Berufsausbildung. Ganzheitliche Arbeitsvollzüge wurden in Teiltätigkeiten zerlegt und nach Schwierigkeitsgrad wieder zusammengefügt. Ausbildung wurde so in einzelne Teilabschnitte untergliedert, die nach dem Abschluss der Ausbildung einen umfassend ausgebildeten Arbeiter hervorbringen sollten. Charakterisierend dafür war die Lehrgangsförmigkeit. Diese Auffassung von beruflicher Bildung folgte der Logik betrieblicher Arbeitsteilung, wie sie die „wissenschaftliche Betriebsführung" konzipiert hatte. Begleitet wurde die fachpraktische Ausbildung von theoretischer (und ideologischer) Beschulung in Werks- bzw. Berufsschulen. Für verwandte Berufe wurde dabei eine gemeinsame Grundbildung mit einer anschließenden berufsspezifischen Bildung verknüpft.[85] Das Handwerk beharrte zwar nach wie vor auf seinen eigenen Zielen und Methoden, entwickelte aber vergleichbare Ordnungsmittel (vgl. Greinert 1995: 72ff.).

War die Berufsbildungstheorie in der Zeit zwischen 1933 und 1945 von der nationalsozialistischen Idee des Arbeiters als Mitglied der Werks- und Volksgemeinschaft geprägt, knüpfte sie nach dem Krieg wieder an die Ansätze aus den 20er Jahren an. In der Praxis wurde jedoch der eingeschlagene Weg der geplanten Berufsausbildung und der damit verbundenen Methoden fortgesetzt. Handwerk und Industrie blieben zwei getrennte Bereiche, während die Theorie sich

---

[84] Der für die historische Entwicklung interessante Punkt ist der Umstand, dass Ausbildung *planmäßig* erfolgen sollte, entgegen der traditionellen Meisterlehre im Handwerksbetrieb, die keinem festgelegten Ausbildungsplan folgte.

[85] Diese Art der Ausbildung mündete nach dem 2. Weltkrieg in die Stufenausbildung.

allgemeiner der Bildung für und durch Arbeitsprozesse zuwandte.[86] Darin wurde festgestellt, dass der Beruf als „in sich abgeschlossene Ganzheit", als „Lebenswelt für sich" im Zeichen der industriellen Arbeitsteilung kaum noch existierte (Fintelmann 1991: 164f.). Lipsmeier formuliert in Bezug auf die klassische Berufsbildungstheorie: „Sie hat weitgehend den Wirklichkeitsbezug zur gesellschaftlichen Realität und zur Lebenssituation der Jugendlichen verloren" (Lipsmeier 1995: 232). Die „realistische Aufgabe" der Berufsbildung verlangte eine Orientierung an der Realität des Arbeitslebens und an dem Ziel der beruflichen Mündigkeit. Letztere ist einerseits als Summe beruflicher Qualifikationen (das ist der unmittelbare Berufsbezug) und andererseits als Befähigung zur Reflexion der gesellschaftlichen Bedingungen und zur Selbstreflexion (das ist der pädagogische Anspruch beruflicher Bildung) zu verstehen (vgl. ebd.: 232ff.). Der Anspruch der Bildung blieb in der Berufspädagogik also erhalten, allerdings wurde er unter veränderte Vorzeichen gesetzt. Die kennzeichnenden Momente waren nicht mehr Berufung, Beruf und Orientierung an den ständischen Traditionen, sondern Berufsbildung als Bildung zur Mündigkeit in beruflicher wie gesellschaftlicher Hinsicht. In diesem Sinne wurden aus den staatsbürgerlichen Zielsetzungen solche der gesellschaftspolitischen Gestaltungsfähigkeit.

Dieser berufsbildungstheoretische Neubeginn wurde vor dem Hintergrund des gesellschaftlichen und wirtschaftsstrukturellen Wandels der 60er und 70er Jahre möglich und nötig. In diesem Zusammenhang wurde die Bedeutung des Berufskonzepts insbesondere im Hinblick auf Strukturbildung und Mobilität entwickelt. Damit war auch die Gleichwertigkeit von allgemeiner und beruflicher Bildung angesprochen (im Sinne der Mobilität innerhalb der Sektoren des Bildungssystems). In diesem Zeitraum ist eine frühe berufspädagogische Verwendung des Kompetenzbegriffs auszumachen. Der Deutsche Bildungsrat (1974: 65) definierte Kompetenz als „den Lernerfolg im Hinblick auf den Lernenden selbst und seine Befähigung zu selbstverantwortlichem Handeln im privaten, beruflichen und gesellschaftlich-politischen Bereich". Dagegen sei „im Hinblick auf die Verwertbarkeit im privaten Leben, im Beruf, in der Gesellschaft... der Lernerfolg eine Qualifikation".[87] Qualifikation bezieht sich in dieser Definition eher auf den *Ver-*

---

[86] Das ist auch im Zusammenhang mit dem Vordringen empirischer Methoden in der Pädagogik, der realistischen Wende (vgl. Roth 1963) zu sehen. Die mit diesen Methoden verbundenen Erkenntnisse über die Lebenslagen und -probleme der Adressaten beruflicher Bildung führten zu neuen berufspädagogischen Ansätzen, die die realistischen Probleme wie Arbeitslosigkeit, gestiegene berufliche Anforderungen etc. mehr in den Vordergrund stellten.

[87] Hier ist wieder eine Ähnlichkeit dieses Kompetenzbegriffs zum Bildungsbegriff zu sehen (vgl. Kapitel 2.1).

wertungsaspekt des (beruflichen) Lernens[88], während Kompetenz die Auswirkungen des Lernens auf die Person meint.

Zunächst bestimmte in den 70er und 80er Jahren im Zuge der weiträumigen Strukturveränderungen jedoch – ebenso wie in der Weiterbildung (vgl. 2.1.7) – das Konzept der Schlüsselqualifikationen die Debatten. Es verbindet den Qualifikationsbegriff, der zunächst eher berufsfachlich verstanden wurde, mit der Förderung der beruflichen Mobilität und mit Aspekten wie „Förderung der Fähigkeit zu lebenslangem Lernen und zum Wechsel sozialer Rollen", „Kreativität", „Planungsfähigkeit", „Befähigung zur Kommunikation", „Fähigkeit zur Zusammenarbeit" (Mertens 1974: 40). Zur Umsetzung der entsprechenden Berufsbildungsziele wurden neue, handlungsorientierte Methoden entwickelt bzw. weiterentwickelt, die die bis dahin dominierende „Lernzielorientierung" der beruflichen Didaktik ergänzten. Seit den 80er Jahren wurden sie zur Grundlage der Neuordnung von Berufen, wo sie seitdem unter dem Dreiklang „Planen, Durchführen und Kontrollieren" aufgeführt werden. Zunächst der Schlüsselqualifikations- und später der Kompetenzbegriff wurden so im Zuge der Orientierung der Berufsbildung auf das allgemeine Ziel beruflicher Handlungsfähigkeit zu zentralen Kategorien.

Selbständigkeit, vorausschauendes, planerisches Handeln und Verantwortlichkeit für die Arbeitsergebnisse nehmen seitdem eine dominante Stellung innerhalb der Diskussion um die Ziele beruflicher Bildung ein. In der Ausbildung sind sie nicht nur unter dem Aspekt der Transferierbarkeit der Ergebnisse beruflicher Ausbildung in unterschiedliche Anwendungsbereiche oder der beruflichen Mobilität der Arbeitnehmer (also im wesentlichen beschäftigungspolitisch) zu sehen, sie nehmen vor allem auch neue Organisationskonzepte in der Wirtschaft auf.[89] Diese neuen Konzepte implizieren eine (partielle) Abkehr vom Taylorismus und von der damit verbundenen strikten Trennung von planender und ausführender Arbeit in der Industrie. Mit dem Vordringen neuer Managementmethoden wie „lean management", „atmendes Unternehmen", „Zielvereinbarung", „Qualitätsmanagement" und „Kundenorientierung" wird eine stärkere Verantwortung des einzelnen für und in seinem Arbeitshandeln gefordert.

Die berufssoziologische und berufsbiographische Forschung sowie die berufliche Sozialisationsforschung betonten in diesem Zusammenhang die Wechselwirkungen zwischen der Welt der Arbeit und der Persönlichkeitsentwicklung. Teil-

[88] Robinsohn vereint beide Aspekte, wenn er schreibt, dass eine „grundsätzliche Unterscheidung zwischen 'Verfügungs'- oder 'Leistungs'- und 'Bildungswissen'... nicht möglich" ist, weil „beide in dem Begriff der Kompetenz enthalten (sind, M.V.), zu der sowohl 'Macht' wie 'Stil' gehören" (Robinsohn 1971: 13).

[89] Es sei hier nur kurz angedeutet, dass die Veränderungen innerhalb der Erwerbsarbeit zurückzuführen sind auf das Bestreben der Unternehmen, die Produktivität zu steigern, was mit herkömmlichen Methoden der Arbeitsteilung nicht mehr zu bewältigen war. Vgl. ausführlicher dazu Kapitel 4.

weise wurde dabei die Subjektivierung der Arbeit angenommen.[90] Diese Perspektive weitergeführt, werden Verantwortlichkeiten für die Ergebnisse von Arbeit, aber auch für die Aufrechterhaltung der eigenen Qualifikationen und der Beschäftigungsfähigkeit auf den Arbeitnehmer übertragen. In solchen Zusammenhängen ist gegenwärtig das Kompetenzkonzept zu sehen. Es bezieht sich umfassend auf berufliche Qualifikationen, die Fähigkeit und Bereitschaft zu zielorientiertem Arbeitshandeln sowie auf die Selbstorganisationsfähigkeit. Zentrale Aspekte sind somit der Handlungsbezug sowie die Orientierung an der Persönlichkeit und an den Normen und Werten, die aus den Anforderungen der Arbeitswelt entspringen.[91]

3.2 Berufspädagogische Kompetenzansätze

Das bis in die 80er Jahre dominierende Konzept der beruflichen *Qualifikationen* bezieht sich zunächst auf „Fähigkeiten, Erfahrungen, Kenntnisse usw...., die es dem Arbeitnehmer ermöglichen, seine Arbeit konkret und nützlich – für ihn und die Gesellschaft – im Beschäftigungssystem zu verausgaben" (Lipsmeier 1978: 184). Dass Lernen für und durch berufliche Arbeit sich nicht nur auf *fachliche* Aspekte im engeren Sinne beschränkt, ist auch hier eine Grundannahme der Berufspädagogik. Für die *persönlichen Auswirkungen* beruflicher Bildung bürgerte sich seit Beginn der 70er Jahre der Begriff der „Kompetenz" ein (vgl. bspw. Deutscher Bildungsrat 1974: 65).

In Kapitel 1 haben wir bereits einige Kompetenztheorien aus ihrer begriffsgeschichtlichen Entwicklung heraus betrachtet. Für die Betrachtung von Kompetenz in der Berufspädagogik sind dabei vor allem die Entwicklung ausgehend von Chomsky zu Habermas und die Konzepte der Arbeitspsychologie interessant. Nach Chomsky wurde Kompetenz als Kenntnis und Anwendung eines Regelsystems in Bezug auf Handlungen bezeichnet, Habermas stellte eine Verbindung mit der Bewältigung, Gestaltung und Erzeugung kommunikativer Situationen her,

[90] Das bedeutet, dass Arbeit nicht mehr nur als Bereitstellung von Zeit und Fähigkeiten gegen Geld zu verstehen sei, sondern dass der einzelne sich selbst mit seiner Arbeit identifizieren und alle seine Fähigkeiten und Persönlichkeitsmerkmale in die Berufstätigkeit einbringen solle.

[91] Eine interessante Zusammenstellung des Wandels der wichtigsten „Arbeitstugenden" von den 50er bis zu den 90er Jahren findet sich bei Lisop (1998: 37). Waren 1950 noch „Ordnung", „Sauberkeit", „Fleiß" etc. zentrale Kategorien, so sprach man in den 60er/70er Jahren von „Flexibilität", „Mobilität" und „Kooperationsfähigketi", in den 80ern von „Leistungsfreude", „Zielstrebigkeit" und „Aufgeschlossenheit", während in den 90ern die wichtigsten „Tugenden" solche wie „Lernbereitschaft", „Umstellungsbereitschaft", „Eigeninitiative" etc. waren. Der Wandel hin zu Dispositionsbegriffen ist dabei deutlich erkennbar.

was er als „kommunikative Kompetenz" bezeichnete. Kommunikative Kompetenz beschreibt also sozial-kommunikative Fähigkeiten im eigentlichen Sinne.

Bezieht man diese Gedanken auf berufliches Handeln, so stellt sich berufliche Handlungskompetenz dar als Wissen über berufliche Handlungsmöglichkeiten einerseits, die Fähigkeit, aus diesem Wissen kreativ neue Handlungsmöglichkeiten erschließen zu können, andererseits und vor allem die Fähigkeit, in beruflich geprägten Situationen angemessen interagieren zu können. Letzteres verweist auf den sozialen Aspekt einer solchen Konzeption von Kompetenz. Gemeint ist also nicht nur die Befähigung zu instrumentellem Handeln (dieser Aspekt wäre auch hinreichend mit dem Qualifikationsbegriff abgedeckt), sondern darüber hinaus die Erzeugung und Bewältigung kommunikativer Tätigkeiten im Beruf (also z.B. Teamarbeit, Kundenkontakt etc.).

Einen weiteren und in der berufs- und wirtschaftspädagogischen Literatur deutlich häufiger verwendeten Zugang finden wir in arbeitspsychologischen Ansätzen. Hier werden Kompetenzen im Rahmen arbeitsimmanenter Qualifizierungsprozesse verortet. Dabei werden sie verstanden als „Fähigkeiten, Fertigkeiten, Wissen, Normen, Werte, Bedürfnisse, Motive, Ziele, Einstellungen usf.". Kompetenzen sind demnach das, was dem Einzelnen ermöglicht, gewisse Verhaltensweisen zu erzeugen (vgl. Frei, Duell und Baitsch 1984), wobei angenommen wird, dass den in beruflicher Arbeit vorkommenden Tätigkeitsklassen jeweils eine spezifische Kompetenz zu ihrer Ausführung zu Grunde liegt.

Auf dieser Grundlage lässt sich die in der Berufspädagogik gängige Unterteilung in Fach-, Methoden- und Sozialkompetenz verstehen.[92] Fachkompetenzen sind all diejenigen Fähigkeiten, die zur selbständigen Planung, Ausübung und Bewertung fachlicher Tätigkeiten befähigen. Methodenkompetenzen beziehen sich auf Wissen und Fertigkeiten über berufliche Handlungs- und Problemlösungsmethoden, während Sozialkompetenz „als die Fähigkeit und Bereitschaft, sich mit anderen rational und verantwortungsbewußt auseinanderzusetzen und zu verständigen" (Bader 1989: 72) bezeichnet wird. In den neugestalteten Ausbildungsordnungen mit ihren Forderungen nach selbständigem Planen, Durchführen und Kontrollieren kommen diese Wurzeln zum Tragen. Der Terminus „Kompetenz*entwicklung*" verweist dabei deutlich auf die psychologischen Grundlagen. Er impliziert, dass Kompetenzen nicht Gegenstand von beruflichen Erziehungsprozessen sind, sondern eher in beteiligungsorientierten Lehr-Lern-Prozessen entwickelt werden.

---

[92] Wir betrachten hier Kompetenz nur als Gegenstand berufspädagogischen Handelns, nicht als Grundlage im Sinne der Professionalisierung berufspädagogischer Akteure (vgl. zu diesem Aspekt Dieterich 1983b; Nieke 2002).

3.3 Berufspädagogik und Kompetenzentwicklung

Mit der Fokussierung auf Kompetenzentwicklung (und auch schon im Zuge der Übernahme des Schlüsselqualifikationsbegriffs) verschieben sich erneut die Ziele der beruflichen Bildung und der Berufspädagogik. Als berufsbezogenen Wissenschaft ist es ihre Aufgabe, die Zukunft beruflichen Lernens und Lehrens zu entwickeln. Als pädagogische Wissenschaft hat sie dabei zwischen gesellschaftlichen (und wirtschaftlichen) Lern- und Erziehungsanforderungen in beruflicher Hinsicht und der Bildung des Individuums abzuwägen.

In Bezug auf die 'realistischen Probleme' sind zunächst Untersuchungen zum Gegenstand beruflicher Bildung und zu seinen Veränderungsprozessen nötig. Hier geht es insbesondere darum, berufliche Aus- und Weiterbildung so zu gestalten, dass sie für den Einzelnen in seiner beruflichen Laufbahn anschlussfähig sind. Daran schließt sich die Frage nach der Vermittelbarkeit bzw. nach den Bedingungen und Möglichkeiten der Unterstützung der Entwicklungsprozesse neuer Inhalte sowie ihrer Überprüfung und Bewertung an. Besondere Schwierigkeiten bereiten in dieser Hinsicht die Definition und vor allem die Operationalisierung von Kompetenz bzw. Kompetenzen als Lernziele der Ausbildung.

Bislang kann auch in der Berufspädagogik noch nicht von einem „geschlossenen“ Konzept von Kompetenz gesprochen werden. Ähnlich wie vorher für Qualifikationen und Schlüsselqualifikationen bürgerte sich für Kompetenz eine immer weitere Unterteilung einiger „Kernkompetenzen“ oder Kompetenzbereiche in einzelne Kompetenzbeschreibungen ein. 1974 unterschied der Deutsche Bildungsrat noch zwischen Fachkompetenzen, Humankompetenzen und gesellschaftlich-politischen Kompetenzen (Deutscher Bildungsrat 1974: 49f.).[93] Weitere Unterteilungen beschreiben in der Folgezeit Methodenkompetenz, Sozialkompetenz, Lernkompetenz etc. (vgl. bspw. Bader 1989; Knöchel 1996).[94]

Abgesehen von den bereits in Kapitel 2.2 dargestellten theoretischen Problemen bei einer solchen Begriffsvermehrung eines ohnehin eher schwach definierten Begriffs sind auch in der Berufspädagogik die Problem der genaueren Bestimmung zentraler Kompetenzen, ihrer Umsetzung in Entwicklungsziele sowie des Entwurf von Methoden für die Entwicklung zu beobachten. Als prominentes Beispiel sei hier „Sozialkompetenz“ (oder „sozial-kommunikative Kompetenz“) angeführt. Weitgehend einmütig wird davon ausgegangen, dass spezielle Fähig-

[93] In Bezug auf die Integration von beruflicher und allgemeiner Bildung intendierte er dabei einen ganzheitlicheren Ansatz des Lernens in der Sekundarstufe II.

[94] Mittlerweile spricht man in einigen Bereichen bereits von „Schlüsselkompetenzen“ analog zu oder als Ersatz von „Schlüsselqualifikationen“, um die besondere Stellung einiger Kompetenzen gegenüber anderen zu betonen. In anderen Fällen werden Kompetenzen und Qualifikationen einfach gleichgesetzt. Auch das erhöht nicht die Transparenz des Begriffes.

keiten der Gestaltung sozialer Interaktionen vor allem im Betrieb, aber auch im Alltag besonders gefördert werden sollen.

Dieter Euler sieht den Bedeutungszuwachs in zweierlei Hinsicht begründet: Zum einen würden Sozialkompetenzen als strategische Erfolgsfaktoren von Unternehmen angesehen und zum anderen bedinge der „Ausfall traditioneller Sozialisationsagenturen" eine Zunahme von Verhaltensdefiziten, die durch die Pädagogik ausgeglichen werden sollten (Euler 2001: 347). Unter sozialer Kompetenz werden dabei Items wie „Teamfähigkeit", „Konfliktfähigkeit" etc. behandelt. Vielfach werden in der Literatur Definitionen des Begriffs auch vermieden und stattdessen wird konstatiert, dass die inhaltliche Ausgestaltung von Sozialkompetenz situationsgebunden erfolgen muss (vgl. bspw. Euler 2001; Meyer 2001). Der Berufspädagogik käme demnach zum einen die Aufgabe zu nach Heuristiken zu suchen und so die dargestellten Zielkategorien im Hinblick auf berufliche Handlungsfelder erkennbar und entwickelbar zu machen. Um die Ergebnisse dieser Suche in beruflichen Lernprozessen umzusetzen, werden Ansätze wie handlungsorientiertes Lernen, situiertes Lernen, Problemlösungslernen (konstruktivistische Ansätze) bis hin zu biografischen Methoden diskutiert. Berufspädagogik ist in diesem Zusammenhang also in der Situation, die didaktischen Möglichkeiten der Unterstützung von Kompetenzentwicklung darzulegen, ohne dass ihr dabei ein zentrales oder wenigstens hinreichend kompatibles Entwicklungsziel zur Verfügung stünde. Entsprechend breit gefächert ist das Methodenrepertoire, das hierbei zum Einsatz kommt, sich in Entwicklung befindet bzw. über dessen Tauglichkeit für Kompetenzentwicklung diskutiert wird.

Kompetenz verweist auf die Einbeziehung der ganzen Persönlichkeit in den Prozess der Kompetenzentwicklung. Gerade diese Ganzheitlichkeit berücksichtigt sowohl die pädagogische als auch die betriebliche Perspektive. Sie bedingt allerdings auch Schwierigkeiten der Messung des Erfolgs von Bildungsmaßnahmen (vgl. auch Hof 2002). Denn die Entwicklung der Persönlichkeit, die ja im Mittelpunkt steht, äußert sich nicht ohne weiteres im Verhalten, ist also nicht so leicht messbar wie bspw. richtiges Feilen oder die korrekte Bedienung einer CNC-Maschine. Wiederum muss das Beispiel Sozialkompetenz herhalten: Es besteht ein leicht ersichtlicher Unterschied zwischen der *Demonstration* bspw. von Teamfähigkeit in einer Prüfungssituation und den zu einer solchen Fähigkeit gehörenden persönlichen Einstellungen etc. So werden heute von Unternehmen u.a. Assessment Center durchgeführt, um auf die Spur solcher Eigenschaften zu kommen (Albrecht 1997).[95] Die Überprüfung und Bewertung[96] von „Selbständigkeit" oder „Selbstverantwortung" bereitet erhebliche Schwierigkeiten; ein Problem, das bereits in der Diskussion um die Schlüsselqualifikationen bekannt war. Also auch in Bezug auf die Überprüfung von Kompetenz ist die Berufspädagogik gefordert, Konzepte zu entwickeln, die über das bisher Bekannte hinausgehen.

Andererseits unterstützt die Ganzheitlichkeit des Kompetenzkonstrukts den Anspruch der Berufspädagogik, die Wissenschaft von der beruflichen *Bildung* (und damit mehr als nur Qualifizierung) zu sein. Fasst man berufliches Lernen als Beitrag zur Bildung des Individuums auf, dann werden komplexere Aspekte des Berufs und der Erwerbstätigkeit in den Vordergrund gestellt. Die bildenden Aspekte beruflicher Tätigkeit wurden traditionell eher im Handwerk gesehen, wogegen die lange Zeit (und zum Teil auch heute noch) in der industriellen Produktion dominierende Arbeitsteilung tayloristischer Prägung empirisch nur schwierig als bildend zu identifizieren ist (Stratmann 1998: 178). Technisierung, Informatisierung und Ökonomisierung haben jedoch die Lebenswelt weitreichend vereinnahmt, so dass die Frage nach der Bildungswirksamkeit beruflichen Lernens nicht obsolet geworden ist. Dies betrifft auch die Diskussion bezüglich der Gleichwertigkeit von beruflicher und allgemeiner Bildung, die vor allem in den 70er Jahren kontrovers geführt wurde und von der wir angesichts der skizzierten Entwicklungen annehmen können, dass sie zu Gunsten dieser Gleichwertigkeit entschieden werden könnte.

Die Qualifizierungsdebatten der 70er und 80er Jahre hatten unter pädagogischer Perspektive den Beigeschmack der Instrumentalisierung, der Verdinglichung menschlicher Fähigkeiten und Fertigkeiten. Zumindest ansatzweise schwingt im Qualifikationsbegriff eine Verengung auf austauschbare Wissens- und Fertigkeitsbestände des Menschen mit. Unter dem Gesichtspunkt, dass die Bildung und die Rechte des Individuums unter beruflicher Perspektive zentrale Bezugspunkte der Berufspädagogik sind, wurde der neue Begriff „Kompetenz" begrüßt (vgl. bspw. Bader 1989). Die Diskussion um Kompetenzentwicklung ist daher auch unter dem Aspekt der „Humanisierung der Arbeit" zu sehen. Kompetenz oder Kompetenzen

[95] Interessant ist in diesem Zusammenhang die Feststellung, dass gerade Assessment Center oftmals nicht die erwünschte Kompetenz zu Tage fördern, sondern nur die Vorhersagbarkeit des Verhaltens eines Kandidaten zementieren und zum Erfolgsfaktor erheben (Garrick 1998: 84; Saldern 1998: 123f.).

[96] Das Problem der Bewertung hängt nicht zuletzt mit betrieblicherseits unerwünschten „Nebenwirkungen" von Selbständigkeit, Kommunikationsfähigkeit etc. zusammen. Selbständigkeit demonstriert nämlich auch derjenige Arbeitnehmer, der sich bspw. gewerkschaftlich organisiert, einen Betriebsrat gegen den Willen des Arbeitgebers durchsetzt und für seine Rechte eintritt. Sozialkompetenz, wie sie aus der Wirtschaft gefordert wird, impliziert allerdings meistens die Verwendung der Fähigkeiten *im Einklang mit den Zielen* der Organisation und nicht gegen sie.

als „Lernerfolg im Hinblick auf den Lernenden selbst" (Deutscher Bildungsrat 1974) unterstreichen den Anspruch beruflichen Lernens, zur Bildung des Individuums beizutragen. Nach der Ablösung der klassischen Berufsbildungstheorien bietet sich hier die Chance, die Bildung der Persönlichkeit mehr in den Vordergrund zu stellen und unter neuen Gesichtspunkten über die Integration von allgemeiner und beruflicher Bildung zu diskutieren.

Diese Aspekte von Kompetenzentwicklung sind jedoch bislang eher spärlich vertreten. Wenn von Kompetenzentwicklung die Rede ist, dann zumeist eher in Bezug auf eine Entwicklung für berufliche Tätigkeit. Einige Ansätze lassen sich dennoch identifizieren:

- Im Bereich der Moralerziehung gibt es Forschungen zu moralischen bzw. ethischen Aspekten beruflichen Lernens, die Auswirkungen von Berufserziehung auf die sog. „moralische Urteilskompetenz" (vgl. bspw. Lempert 1988; Beck et al. 1996; Lempert 1996) untersuchen.
- Eine kaum überschaubare Anzahl von Publikationen[97] beschäftigt sich mit „selbstgesteuertem Lernen". Dieses wird vielfach auf Kompetenzentwicklung bezogen, zum Teil als ihre Bedingung oder Voraussetzung, zum Teil als ihr Ergebnis bzw. ihre Zielbestimmung.
- Der Bereich der Emotionalität (beruflichen) Lernens ist in den letzten Jahren immer wieder aufgegriffen worden. Darunter wird der Einfluss von Emotionen auf Lernen und die Entwicklung von emotionaler „Kompetenz" bzw. „Intelligenz" im Sinne des persönlichen Umgangs mit Emotionen verstanden (Goleman 2001). Vereinzelt wird auch die Instrumentalisierung von Gefühlen in Personalentwicklungsprozessen angesprochen (bspw. Rößer 2000), also die Beeinflussung der Emotionen der Mitarbeiter für die Erreichung unternehmerischer Ziele, zur Steigerung der Bereitschaft des Arbeitnehmers, seine Arbeitsleistung zu intensivieren.
- Über Umwege ist das Eindringen allgemeiner Inhalte in berufliche Lernprozesse zu beobachten, nämlich unter dem Aspekt der Sozialkompetenz. Hier werden pädagogische Aufgaben, die früher der allgemeinen Bildung zugeschrieben wurden, unter beruflicher Perspektive wieder aufgenommen.[98]

[97] Eine Suche zu Aufsätzen unter dem Stichwort „selbstgesteuertes Lernen" ergibt in der CD-Bildung eine Trefferzahl von ca. 400 Titeln der letzten 20 Jahre.

[98] „Kommunikationsfähigkeit" und „Teamfähigkeit" z.B. sind Entwicklungsziele, die sich traditionell eher der allgemeinen Bildung bzw. umfassenden Sozialisationsprozessen zuordnen lassen.

3.4 Ausblick

Berufspädagogik als Wissenschaft des Lernens für, in und durch erwerbsmäßige Arbeit hat im Kompetenzbegriff einen (nicht mehr ganz so neuen) Ansatz für ein ganzheitliches Verständnis beruflicher Arbeit und darauf bezogener Entwicklungsprozesse bekommen. Teilweise wird eine Konvergenz persönlicher bzw. pädagogischer und betrieblicher Entwicklungsziele angenommen (vgl. kritisch dazu Rößer 2000; Harteis et al. 2001). Hierbei geht man davon aus, dass im Zuge neuer betrieblicher Organisations- und Managementmethoden die Diskrepanz zwischen den Organisationszielen und den Zielen der Mitarbeiter schwindet. Dies äußert sich in Ansätzen zur Einbeziehung der Persönlichkeit des Mitarbeiters in Arbeits- und berufliche Lernprozesse. Die Berufspädagogik beschäftigt sich in diesem Zusammenhang ausgiebig mit der Entwicklung von Methoden und didaktischen Ansätzen zur Unterstützung einer solchen beruflichen Kompetenzentwicklung unter dem Stichwort „Lernen im Prozess der Arbeit".

Mit der Übernahme des Kompetenzbegriffes ist gleichzeitig die Komplexität der erforderlichen Lernprozesse gestiegen. Berufliche Kompetenzentwicklung ist nicht in Lehrgängen oder in herkömmlichen Lehr-Lernprozessen möglich, sondern sie verlangt, will man dem Charakter der Entwicklung entsprechen, die Verlagerung beruflichen Lernens in die berufliche Situation. Dazu gehört ein Umdenken vor allem in der betrieblichen Bildungsarbeit, das von der Vorstellung der *Erzeugung* beruflicher Fähigkeiten und Fertigkeiten hin zur *Ermöglichung der Entwicklung* von Kompetenz führt. In den weiterentwickelten handlungsorientierten und den konstruktivistischen didaktischen Ansätzen spiegelt sich dieses Umdenken wieder. Problematisch bleiben in diesem Zusammenhang die Unwägbarkeiten der Bestimmung von Kompetenz sowie die Überprüfung von Kompetenzentwicklungsprozessen. Erste empirische Untersuchungen (Harteis et al. 2001) zeigen, dass die Vorstellungen darüber, was unter den einzelnen Kompetenzen zu verstehen ist, mitunter deutlich zwischen Wissenschaft und Unternehmen sowie vor allem auch zwischen einzelnen Unternehmen selbst differieren. Wenn jedoch nicht deutlich wird, welche Entwicklungen von der Berufspädagogik unterstützt werden sollen, dann ist sie im Erfolg ihrer Bemühungen eingeschränkt. Unternehmen betonen, dass sie möglichst flexible, selbständige, selbstverantwortliche, in diesem Sinne als „kompetent" bezeichnete Mitarbeiter benötigen. Allerdings werden dort selbst Begriffe wie „Flexibilität" und „Selbständigkeit" sehr unterschiedlich gedeutet. Auch bedeuten diese Items keine einseitige Anforderung, sondern zu ihrer Entfaltung müssen in der betrieblichen Realität genügend Spielräume vorhanden sein. Selbstverantwortlich bspw. kann nur jemand sein, dem man die Möglichkeit gibt, Verantwortung zu übernehmen. Die betrieblichen Bedingungen lassen in vielen Fällen den Einsatz bzw. die Entwicklung solcher Fähigkeiten bzw. solcher Bereitschaften kaum zu, weil sie nicht die benötigten Freiräume bereitstellen (können) (vgl. Lehndorff 1998; Jansen 2000, siehe auch Kapitel 4).

Die Übernahme des Kompetenzbegriffs erfordert zudem eine Neubestimmung der Aufgaben des Ausbildungspersonals insbesondere in betrieblichen Zusammenhängen (vgl. Busian und Pätzold 2002). Darüber hinaus ist die z.B. in Sozialkompetenz bereits angelegte Verbindung allgemeiner und beruflicher Inhalte auch konzeptionell zu verankern. Unter der sprachtheoretischen Perspektive von Kompetenz, wie sie Habermas dargestellt hat, ist eine solche Trennung ebenfalls kaum aufrechtzuerhalten. Man kann erkennen, dass die Berufspädagogik insbesondere die psychologischen und arbeitsbezogenen Wurzeln des Kompetenzbegriffs aufgegriffen und in einen spezifischen, person- und berufsbezogenen Zusammenhang gestellt hat. Kompetenzentwicklung in beruflicher Hinsicht ist demnach in der Verbindung von Lernen und Arbeiten zu sehen. Die Verwertung und die Entwicklung von Kompetenz gehen dabei Hand in Hand. Das impliziert für die Berufspädagogik, dass sie traditionelle Ansichten über das Nacheinander von Lernen und Arbeiten und das Nebeneinander von Theorie und Praxis kritisch hinterfragen sollte.

Die genannten und sicherlich unvollständigen Aspekte geben nur einen oberflächlichen Einblick in das, was Kompetenzentwicklung als Fokus von Berufspädagogik bedeutet. Eine Reihe dieser Punkte hat letztere bereits aufgegriffen und zum Teil ausgiebig untersucht. Andere, und darunter auch grundlegend theoretische, stehen noch aus. Dennoch wird die Problematik der Übernahme des Kompetenzbegriffs deutlich. Wir werden ihn im Weiteren auf den Ebenen der Wirtschaft und Gesellschaft sowie der Organisation genauer untersuchen.

4 Zur gesellschaftlichen Begründung von Kompetenz

Bis hierher haben wir uns dem Kompetenzbegriff eher deskriptiv genähert. Wir haben gesehen, welchen Wurzeln er entspringt und wie er in der Weiterbildung und in der Berufpädagogik seine hauptsächliche Anwendung findet. Dabei wurden einige Anmerkungen und Probleme angeführt, die das aktuell in diesen Bereichen verwendete Kompetenzkonstrukt betreffen. Wir können bisher konstatieren, dass sich die Weiterbildungs- und die berufspädagogische Wissenschaft auf ein Kompetenzkonzept beziehen, dass im Wesentlichen seinen theoretischen Hintergrund in arbeitspsychologischen Theoriebildungen hat, die in einer Erweiterung des Konzeptes der Sprachkompetenz von Chomsky unter Einbezug motivationaler und voluntativer Aspekte begründet sind (vgl. auch Schwadorf 2003).

Mit Hilfe dieser Beschreibungen wird jedoch nicht deutlich, warum verschiedene Wissenschaften sich in den letzten 30 Jahren vermehrt mit einem solchen oder ähnlich gelagerten Konzept von Kompetenz überhaupt beschäftigen. Die Untersuchung dieser Fragestellung ist Gegenstand dieses Kapitels. Es sollen an dieser Stelle dazu einige Erklärungsversuche angeboten werden, die zugleich auch die Relevanz von Kompetenz als Zielbegriff erziehungswissenschaftlicher Bemühungen zu verdeutlichen helfen. Im Anschluss daran werden wir uns der Frage zuwenden, wie sich Kompetenz theoretisch genauer als bisher bestimmen lässt.

Zur weiteren, mehr analytischen Untersuchung werden wir im Folgenden drei Ebenen betrachten, nämlich eine Makroebene der Gesellschaft, eine Mesoebene der Organisation und eine Mikroebene des Individuums. Bei einer Untersuchung von Kompetenz bewegen wir uns ständig zwischen diesen Ebenen, ohne dass bisher explizit eine Verbindung hergestellt worden wäre. Die Notwendigkeit für diese Vorgehensweise ergibt sich daraus, dass Kompetenz als Konzept einerseits zunehmend bildungs- und beschäftigungspolitisch national und international (wenn auch mitunter mit differierendem Fokus) an Bedeutung gewinnt, jedoch bisher eine ausreichende Bestimmung seiner gesellschaftlichen und organisationellen Voraussetzungen und Implikationen kaum geleistet wurde.

Andererseits beschränken sich Untersuchungen auf personaler Ebene i.d.R. auf (arbeits-) psychologische Betrachtungen von Kompetenz. Diese wiederum leiten Kompetenzen zumeist aus Tätigkeiten her, was mit den in Kapitel 2 erläuterten

Problemen behaftet ist. Die Probleme resultieren daraus, dass „Kompetenz" nicht als umfassende Handlungskategorie, sondern als auf bestimmte Tätigkeiten bezogene psychische Disposition behandelt wird. Das hat den Nachteil, dass eine Verbindung insbesondere mit der gesellschaftlichen und organisatorischen Ebene kaum herstellbar ist, die kompetente Persönlichkeit also in einem *sozialen Vakuum* existiert. Um eine solche Verbindung herzustellen ist es vielmehr nötig, Kompetenz umfassender im Rahmen einer allgemeineren Handlungstheorie zu betrachten.

Auf der gesellschaftlichen Ebene werden wir uns daher zunächst um einige Erklärungsansätze zum Stellenwert von „Kompetenz" in gesellschaftlichen und ökonomischen Zusammenhängen bemühen. Auf der Ebene der Organisation wird es dann um die Untersuchung von Organisationstheorien und einen ersten Konkretisierungsversuch in Bezug auf Kompetenz gehen. Auf der Ebene des Individuums schließlich werden wir versuchen, eine Theorie der individuellen Aspekte von Kompetenz zu erarbeiten.[99] Die gesellschaftliche Ebene liefert dabei den Begründungshintergrund für die Beschäftigung mit einem Kompetenzkonzept überhaupt, das auf der Organisations- und der individuellen Ebene dargelegt wird.

Wissenschaftliche Begriffe sind selten Kunstwörter, die allein analytisch zur Beschreibung von Sachverhalten neu geschaffen werden. Vielmehr knüpfen sie zumeist an ein alltagsweltliches Verständnis an, bzw. sollen ein alltagsweltliches Verständnis so erzeugen, wie es von denen, welche die Begriffe erfinden oder verwenden, beabsichtigt ist. Bei einer wissenschaftlichen Begriffsklärung gilt es daher, dieses Verständnis zu untersuchen: „Wenn Begriffe nicht bloß willkürliche und künstliche Wortschöpfungen sind, sondern zugleich noch lebendiger Bestandteil der Alltagssprache, dann sind Begriffsklärungen immer ein Stück hermeneutischer Arbeit" (Kade 1983: 860).

Wie in der begriffshistorischen und -analytischen Betrachtung (vgl. Kapitel 1) bereits angedeutet wurde, versteht man alltagssprachlich unter Kompetenz zum einen „Befugnis" und zum anderen „Befähigung". Der Aspekt der Befähigung scheint nun derjenige zu sein, auf den sich (erziehungs-)wissenschaftliche Erörterungen beziehen. Allgemein formuliert geht es um die Befähigung zur Interaktion des Menschen mit seiner Umwelt, zur Kontrolle seiner Handlungsmöglichkeiten:

---

[99] Die Reihenfolge einer solchen Abhandlung ist dabei nicht unstrittig. Auf der einen Seite macht eine Behandlung von Kompetenz auf einer Makroebene nicht viel Sinn, wenn nicht klar ist, was Kompetenz sein soll. Auf der anderen Seite ist eine Untersuchung von Kompetenz auf der Mikroebene schwierig, wenn die Begründung für ein solches Konzept auf der Makroebene stattfinden soll. Dennoch habe ich ersteren Weg gewählt, da die gesellschaftlichen Voraussetzungen von Kompetenz wichtige Hinweise für das Konzept auf der Subjektebene geben.

„...one of the mainsprings of action in a human being is a desire for competence. Competence implies control over environmental factors – both physical and social. People with this motive do not wish to wait passively for things to happen; they want to be able to manipulate their environment and make things happen." (Hersey und Blanchard 1972: 34)

Kompetenz beschreibt damit ein noch genauer zu bestimmendes Vermögen des Menschen, in komplexen sozialen Situationen erfolgreich zielgerichtet zu handeln, aus individueller Sicht etwas in seiner Umwelt zu bewirken. Letzteres wollen wir vorläufig als „kompetentes Handeln" bezeichnen. Warum interessiert sich die Wissenschaft zunehmend für ein solches Vermögen?

Eine Spur führt zu den Veränderungen in der Erwerbsarbeit, wie sie in den letzten beiden Jahrzehnten zu beobachten sind. Da Arbeit als eine zentrale Kategorie im menschlichen Leben betrachtet wird, wirken sich Änderungen dort in hohem Maße auch gesellschaftlich und persönlich aus. Arbeit kann im Zusammenhang mit Kompetenz als eine zentrale Kategorie betrachtet werden, insbesondere natürlich unter einer berufspädagogischen Perspektive. Dabei ist zu konstatieren, dass das im vorliegenden Kontext diskutierte Kompetenzkonzept vor allem unter dem modernen Verständnis von Arbeit seine Bedeutung bekommt. Wir werden daher zunächst in einem Exkurs einen Ausschnitt aus der Geschichte der Arbeit und ihrer Umdeutungen sowie sich ändernden Wertschätzungen betrachten und uns dann detailliert den Veränderungen in den letzten Jahrzehnten zuwenden.

4.1 Exkurs: Eine kurze Geschichte der Arbeit

„Die Geschichte Europas ließe sich lesen als eine Geschichte vom Kampf um die Definition, Verteilung und Bewertung von Arbeit" (Wieschiolek 1999: 109). Der deutsche Begriff Arbeit resultiert aus dem indogermanischen Wortstamm „orbho" und hat eine Wandlung über das gotische, alt- und mittelhochdeutsche bis zum heutigen Wort „Arbeit" vollzogen. Die Bedeutung war immer die gleiche, nämlich „Mühsal, Plage, Not, Beschwerde".[100]

In der Antike wurde Arbeit wenig geschätzt. Sie war Aufgabe von Sklaven und Lohnarbeitern, die sich auf der untersten Stufe der gesellschaftlichen Rangordnung befanden. (Körperliche) Arbeit bedeutete vor allem Zwang, freie Bürger und

[100] Im Griechischen heißt Arbeit „ponos" = „Mühe, Qual, Leid", im Lateinischen „labor", was zusätzlich zu den Bedeutungen von „orbho" noch „Armut, Krankheit, Kriegsanstrengung" heißt (Walther 1990). „Arbeit" ist außerdem verwandt mit dem lateinischen „arvum" bzw. „arva", was „gepflügter Acker" bedeutet, und dem slawischen „rab" bzw. „rabu" (Fronarbeit bzw. Sklave, Knecht). Diese Bedeutung wurde bis in das späte Mittelalter größtenteils beibehalten.

Adlige hatten als Lebensideal den Land- und Hausbesitz. Tätig war man politisch-bewahrend in der Polis (praxis), während das Erzeugen/Hervorbringen (poiesis) von Gütern durch Landarbeit oder Handwerk als unwürdig und unvereinbar mit der bürgerlichen Tugend angesehen wurde (Conze 1979). Den (moralischen) Unterschied zwischen Praxis und Poiesis erklärt z. B. Aristoteles damit, dass „Praxis" das Ziel des Handelns in sich selbst trägt, während das Ziel von „Poiesis" außerhalb des Hervorbringens liegt, nämlich in dem erzeugten Gut. Moralisch richtiges Handeln benötige jedoch kein anderes Ziel, es trage das Ziel in sich selbst: „Wenn es nun ein Ziel des Handelns gibt, das wir um seiner selbst willen erstreben und wobei alles andere nur Mittel zum Zweck ist, so daß wir nicht alles wieder um eines anderen willen uns vornehmen (...), so muß das offenbar das Gute und Beste sein" (Aristoteles 1977: 209). Deshalb ist Poiesis für einen Bürger unangemessen, ja geradezu unmoralisch (Walther 1990: 7). In diesem Sinne war auch der Sklave nur ein „Erzeuger" von Produkten für seinen Herren und damit „reduziert auf die Verwirklichung außer ihm liegender, heteronom gesetzter Ziele und Zwecke" (ebd.). Der Herr dagegen entscheidet autonom über seine Handlungen.

Hohes Ansehen genoss der Kriegerstand, der von Arbeit befreit war. In Rom setzte sich diese Tradition weitgehend fort. Die römische Aristokratie besaß das Kapital, das aus der Arbeit von Sklaven und Unfreien stammte. Der Wert (Ertrag) der Arbeit wurde zwar geschätzt, nicht jedoch die Arbeit selbst, d.h. Arbeit und Sklaven waren wichtige Faktoren der Wirtschaft. Gemäß der Unterscheidung von Praxis und Poiesis differenzierte man zwischen „Künsten" und „Geschäften" (ebd.: 156). Auf Cicero geht die Unterscheidung zwischen den „freien Künsten" (artes liberales) und den unfreien in Bezug auf das, was sich für einen freien Mann als Beruf geziemt, zurück. In seinem Buch „De officiis" für seinen Sohn beschreibt er u.a. solche Berufe: „Doch die Berufe, zu denen mehr Klugheit gehört und die keinen geringen Nutzen stiften, wie der des Arztes, des Baumeisters oder des Gelehrten, sind für die, zu deren Stand sie passen, ehrenhaft" (Cicero 1991: 145). Allein diese freien Künste waren eines Bürgers würdig, der Rest (wie z.B. Fischer, Kleinhändler, Handwerker etc.) war Sache der Sklaven. Der Zweck der freien Künste war nicht die Notwendigkeit oder Lust, sondern die Ehre oder der Nutzen. Im Gegensatz zu Griechenland betrachteten die Römer jedoch die Arbeit des Bauern nicht als verachtenswert: „Von allen Dingen aber, aus denen irgendein Gewinn zu ziehen ist, ist nichts wertvoller, ergiebiger und angenehmer als der Ackerbau, nichts der Würde eines Menschen und eines freien Mannes angemessener" (ebd.).[101] Eine solche Auffassung von Arbeit und von den unter-

[101] Es ist anzunehmen, dass dieser Umstand mit der bäuerlichen Tradition Roms zusammenhängt, die bis in das 2 Jhd. v.u.Z. grundlegend für die Verfassung war (vgl. Conze 1979: 157).

schiedlichen Rollen des Menschen bedarf natürlich keiner elaborierten Begriffe wie „Kompetenz“. Den freien Künsten widmete man sich aus Leidenschaft oder Standesbewusstsein, die Arbeit der Sklaven war zweitrangig und ergebnisorientiert, so dass ein Bewusstsein über die Entwicklung von Fähigkeiten zur Bewältigung arbeitsbezogener komplexer sozialer Situationen sich kaum ausprägte. Dazu kommt selbstverständlich das Fehlen (groß-)betrieblicher Strukturen und die relativ geringere Komplexität der Arbeitstätigkeiten, die – wie wir im Weiteren sehen werden – Bedingungsfaktoren der Kompetenzdiskussion darstellen.

Anders als in der griechisch-römischen Antike ist in der christlich-jüdischen Tradition Arbeit keine verachtenswerte Tätigkeit, sondern Bestandteil menschlichen Daseins, wenn auch dadurch nicht in jedem Fall höher angesehen. Nach der Schöpfungsgeschichte hatte Gott seine „Arbeit“ im Garten Eden getan und den Menschen dorthin gesetzt, damit dieser ihn bearbeite und bewahre (Conze 1979: 158). Die erste Arbeit fand also unter „paradiesischen“ Zuständen statt. Erst mit der Vertreibung des Menschen aus dem Paradies nach dem Sündenfall und der Verfluchung des Ackers wurde die Arbeit zur Mühsal: „Und zum Mann sprach er: Weil du gehorcht hast der Stimme deiner Frau und gegessen von dem Baum, von dem ich dir gebot und sprach: Du sollst nicht davon essen –, verflucht sei der Acker um deinetwillen! Mit Mühsal sollst du dich von ihm nähren dein Leben lang“ (1. Mose 3, 17). Nach christlich-jüdischem Glauben gehörte demnach Arbeit immer schon zum Leben des Menschen, nur die Arbeitsbedingungen haben sich verändert. Der Fluch richtete sich nicht auf die Arbeit selbst, sondern lediglich auf die Umstände ihrer Ausführung. Arbeit war also nach wie vor mit Mühe, Schuld und Schmerzen verbunden. Wer seine Arbeit trotzdem als Dienst an Gott verstehe, der habe dessen Segen (ebd.). Arbeit erhielt in christlicher Tradition zusätzlich eine Aufwertung durch den Umstand, dass Jesus selbst ein Handwerker war. Das bedeutete nicht, dass Arbeit einen Wert an sich bekommen hätte, sie war lediglich ein unvermeidliches Übel für den Preis des Überlebens (Walther 1990: 8f.). Zumindest war der Arbeitende jedoch nicht in dem Maße verachtet, wie in der griechischen und römischen Antike.

Mit dem Neuen Testament kommt ein weiterer Aspekt hinzu: Der Zimmermann Jesus verlässt seine Arbeit, um seine Lehre zu verkünden, und fordert seine Jünger auf, es ihm gleich zu tun. Für diese Tätigkeit lässt er sich *bezahlen*, mit dem Hinweis: „... denn ein Arbeiter ist seiner Speise wert“ (Walther 1990: 9). Die Verkündigung rückt somit in den Bereich der Arbeit. In dieser Tradition wurde Arbeit ‘gesellschaftsfähig’ in dem Sinne, dass es als ein Verdienst galt, zu arbeiten, insbesondere, wenn es Arbeit an und für den Nächsten war. Arbeit fand Einzug in die Mönchsregeln – „ora et labora" – und „gute" Arbeit galt als Verdienst vor Gott.[102]

Nach der christlichen Gleichheit der Antike bildeten sich zu Beginn des Mittelalters drei Stände aus: die Betenden (oratores), die Kämpfenden (bellatores) und die Arbeitenden (laboratores). Diese Aufzählung entsprach auch weitestgehend der gesellschaftlichen Rangfolge der Stände, die Arbeitenden standen wieder auf der untersten Stufe (Kuchenbuch und Sokoll 1990). Im Zuge der Herausbildung der Stände büßte die Arbeit ihre christliche Wertschätzung ein Stück weit ein. Thomas von Aquin versuchte, die aristotelischen mit den christlichen Anschauungen von Arbeit zu vereinen. Als *Arbeit* wurde nahezu jeder menschliche Dienst bezeichnet, vom Kriegshandwerk und Minnegesang über geistliche Tätigkeiten bis zum Ackerbauer. Gleichzeitig fand eine Binnendifferenzierung der Wertigkeit von Arbeit statt. Das kontemplative wurde über das kriegerische und das erzeugende Leben gestellt.

Die Differenzierung fand über die Bedeutung und die Voraussetzungen der Arbeit statt. Der Krieger oder der Geistliche hatte andere, höherwertige Voraussetzungen als der handwerklich Tätige. Demnach war ihre Arbeit ehrenvoll, die handwerkliche nicht.[103] Es galt als unschicklich für einen Ritter, wenn er es nötig hatte, seinen Lebensunterhalt mit handwerklicher Arbeit zu bestreiten. Sie waren von Arbeit im eigentlichen Sinne befreit. Trotzdem kam es nicht zu einer Verachtung der Arbeit wie im antiken Griechenland oder Rom. Dafür waren vor allem die Mönche mit ihren Mönchsregeln, die das handwerkliche Arbeiten als wichtige Aufgabe ansahen, verantwortlich.

Wirtschaftsgeschichtlich gesehen bedeutete das frühe Mittelalter die Trennung von erzeugendem und verarbeitendem Gewerbe sowie die zunehmende Verstädterung der Bevölkerung. Damit stieg die Bedeutung und Intensität des Handels und das Selbstbewusstsein der damit beschäftigten ('arbeitenden') Bürger. Die in der Antike existierende Zwiespältigkeit zwischen Achtung der Arbeit als Wahrung der Schöpfung Gottes und Geringschätzung des Werke angesichts des erwarteten Gottesreiches machte einer realistischen, diesseitig bezogenen Einstellung zur Arbeit Platz. Die bürgerlich-handwerkliche Arbeit in den Städten wurde im Spätmittelalter zunehmend höher bewertet, als Grundlage der Subsistenz. Auf diese

[102] Ein wichtiges Moment bei der Betrachtungen des christlichen Arbeitsbegriffs ist das des Ruhetages. Ihm kommt eine größere Bedeutung zu als der Arbeit, denn am 7. Tag sollte sich der Mensch ganz Gott widmen (2. Mose 20,10). Arbeit hat in christlicher Tradition also eine doppelte Bedeutung: zum einen als notwendiges Übel zur Selbsterhaltung, zum anderen als Dienst an Gott im Rahmen der Bewahrung der Schöpfung.

[103] Ähnlich verhält es sich auch heute noch, wenn die Wertigkeit von Arbeit in Relation zum dafür notwendigen Qualifikationsniveau gesehen wird.

Weise wurde die reformatorische Ansicht von Arbeit und Beruf vorbereitet (Conze 1979).

Der Einfluss des christlichen und insbesondere des reformatorischen Verständnisses von Arbeit und Beruf erstreckte sich auf die Zeit vom 15. bis in die Mitte des 19. Jahrhunderts. Dieser reformatorische Arbeitsbegriff stützte sich auf das Neue Testament, und zwar wesentlich radikaler als noch im Mittelalter. Wurde dort im Zuge der Herausbildung der drei Stände das kontemplative Leben über das tätige gestellt, so forderte die Reformation die „Gleichheit der Wertung jeder im christlichen Gehorsam getanen Arbeit" (Conze 1979: 163). Kontemplatives Leben büßte damit nicht nur seine Vormachtstellung ein, sondern galt mitunter sogar als Faulheit, die sich einem Christen nicht gezieme. Arbeit dagegen wurde daran bemessen, ob sie gläubig getan wurde, nicht ob sie Ansehen unter den Mitmenschen genoss, ob sie Gewinn einbrachte oder ob sie ein gutes Werk vor Gott war. Daher musste selbst der Reiche arbeiten, auch wenn er nicht um der Selbsterhaltung willen darauf angewiesen war (ebd.).

Für Luther galt Arbeit zunächst als Buße für den menschlichen Sündenfall: „'Arbeit' steht in diesem Sinne auf derselben Stufe wie andere Formen der Buße, etwa das Fasten" (Walther 1990: 13). Dass Arbeit immer schon Teil des menschlichen Lebens und Gottes Wille war, schließt Luther aus der Bibel, nach der der Mensch auch vor dem Sündenfall gearbeitet habe. Er unterscheidet sich hier nicht von der urchristlichen Auffassung von Arbeit. Diese protestantische Auffassung von Arbeit hatte weitreichende Folgen. Zum einen wurde, wie schon erwähnt, der besondere Wert eines kontemplativen Lebens verneint und als Müßiggang oder Faulheit bezeichnet. Zum anderen verwies die Verpflichtung zur Arbeit zugleich auf die Verwerflichkeit des Nichtarbeitens; das heißt, dass die „kirchliche Hochschätzung des Bettels für die Almosen nehmenden 'freiwilligen' Armen (vor allem Bettelmönche) und für die Almosen gebenden, gottwohlgefällig verdienstvollen Reichen" (Conze 1979: 164f.) verworfen wurde. Und schließlich bedeutete es für die Gesellschaft, dass es „außer durch Krankheit oder im Kinder- und Greisenalter keine sittlich begründete Befreiung von Arbeit" (ebd.: 165) geben konnte.

Trotz der angenommenen Gleichheit aller Arbeit resultierte für Luther daraus nicht die Aufhebung der Stände. Im Gegenteil war für ihn der christliche Fürstenstaat die legitime Form menschlichen Zusammenlebens. Er trennte den „Christenstand" von dem „bürgerlichen" Stand, in dem ein jeder zu verharren habe. So übersetzt Luther „ponos" mit „Beruf" und prägt so auf der einen Seite den heute noch gültigen Berufsbegriff, gibt Arbeit aber gleichzeitig einen moralisch-theologischen Aspekt im Sinne von „Berufung": „In das protestantische Arbeitsethos gelangte dadurch ein starkes Moment schicksalergebenen Erduldens des Unveränderbaren sowie des selbstverständlichen Gehorchens und damit auch wieder eine Abwertung menschlicher Arbeit" (Walther 1990: 14).

Wirtschaftsgeschichtlich gesehen bedeutete das späte Mittelalter die zunehmende Trennung von agrarischem und städtischem Wirtschaften. Zahlreiche Städte bildeten sich, und die Landwirte gingen dazu über, einen Teil ihrer Erträge zur Weiterverarbeitung in die Städte zu verkaufen, ermöglicht durch ein höheres Ertragsniveau (Kuchenbuch und Sokoll 1990: 39). Das sich entwickelnde verarbeitende städtische Gewerbe bedeutete zugleich eine Aufwertung menschlicher Arbeit: „Um an standesgemäße Güter zu kommen, sind sie (die Fürsten etc., M.V.) auf handwerkliche Spezialisierung genauso angewiesen wie auf kaufmännische Kenntnisse von fernen Bezugsquellen: Brokatwams und Harnisch, Pfeffer und Weihrauch" (ebd.).

Obschon Luther den Handel als sittlich bedenklich eingestuft hatte, da er, wie zuvor Cicero in der römischen Antike, davon ausging, dass im Handel „ein Streben nach Gewinn um des Gewinns willen" (Conze 1979: 166) herrsche und er so über die reine Bedarfsdeckung hinausgehe, machte dieser zunehmend einen größeren Teil der Erwerbsarbeit aus. Die Bürger in den Städten schlossen sich zu Kaufmonopolen zusammen, die den Preis diktieren und die Handelsbedingungen bestimmen konnten. So hatten die Städte z.B. jeweils eigene Gewichte und Münzen etc. und konnten auf diese Weise externen Geschäftsleuten ihre Bedingungen aufzwingen (vgl. Kuchenbuch und Sokoll 1990: 39). In dieser Zeit bildeten sich auch die Zünfte aus, die streng über die Einhaltung ihrer Arbeitsbedingungen und Zunftregeln wachten sowie die Zuwanderung von Handwerkern in ihr Terrain kontrollierten. Ein größerer Teil dieser Arbeit in den Zünften und den anderen Gewerben wurde bereits als Lohn vergütet (ebd.: 40).

Der protestantische Arbeitsbegriff im Sinne von Arbeit als Pflicht jedes Menschen und die weitgehende Wertfreiheit von Arbeit setzten sich in die Neuzeit fort. Gleichzeitig wurde der Arbeitsbegriff mehr und mehr von seinem religiösen Hintergrund befreit und 'emanzipiert'. Arbeit wurde zunehmend mehr als Mittel zur Erreichung von Lebenszielen denn als christliche Pflicht angesehen. Die christlich-feudale machte der 'bürgerlichen' Wertung von Arbeit Platz (vgl. Conze 1979: 167). Förderlich für diese Entwicklung war die zunehmende Verfügbarkeit von arbeitserleichternder Technik. So betonte Descartes im 17. Jhd., dass erst Maschinen und Erfindungen aus dem Menschen den Beherrscher der Natur machten (vgl. Walther 1990: 16).

Neben diesen und anderen äußeren Bedingungen, wie der Ausweitung des Außenhandels der Territorialstaaten, der Zunahme von Manufakturen und Bergbau verbunden mit Lohnarbeit und der Differenzierung der Landwirtschaft in Grundbesitz, Pacht und Lohnarbeit (vgl. Kuchenbuch und Sokoll 1990: 42f.), waren vor allem philosophische Strömungen verantwortlich für eine Neubewertung von Arbeit. Thomas Hobbes bspw. sah das Glück des Menschen nicht mehr in der kontemplativen Ruhe, sondern „im ungehinderten Fortschreiten zu immer weiteren Zielen“ (Conze 1979: 168). Thomas Morus schuf in seiner „Utopia“ eine Gesellschaft, die die Arbeit als notwendiges Übel zur Subsistenzsicherung gerechter auf mehr Schultern als bisher verteilt und so Armut und Elend verhindert (vgl. Walther 1990: 17).

John Locke schließlich bricht mit der Tradition von Arbeit völlig, indem er Eigentum als Ergebnis menschlicher Arbeit definiert. Danach entsteht im Naturzustand ein Eigentum an einer (eigentumsfreien) Sache dann, wenn ein Mensch sie bearbeitet (vgl. Kersting 1996: 112f.). Gleichzeitig wird auf diese Weise den Gegenständen erst ihr Wert verliehen. Arbeit verleiht also Eigentumsrecht an einem Ding und gleichzeitig diesem Ding einen Wert an sich (vgl. Conze 1979; Walther 1990).

Der in der Antike und im Mittelalter noch bestehende Gegensatz zwischen „Künsten“ und „Geschäften“ löste sich zu Gunsten eines gemeinsamen Arbeitsbegriffs auf. Christian Wolff definiert diesen neuen Arbeitsbegriff so: „Die Verrichtungen, welche der Mensch vornimmt, zeitliches Vermögen zu erwerben, werden Arbeit genannt“ (zitiert nach Conze 1979: 171). Die in der frühen Neuzeit beginnende Ablösung des Arbeitsbegriffs von seiner religiösen Herkunft fand seine vorläufige Vollendung in der Arbeit der Ökonomisten des 18. Jhdt. sowie vor allem in den Arbeiten von Adam Smith. Arbeit erhielt eine mehr moralisch-pädagogische Konnotation im Gegensatz zur religiösen Akzentuierung (vgl. Walther 1990: 22). Verbunden war dieses Verständnis von Arbeit mit dem Leistungsprinzip. Nicht mehr die Gottgefälligkeit von Arbeit war das bestimmende Moment, sondern inwieweit sie zur Vermehrung des Wohlstandes einer Nation beitragen konnte. Arbeit wurde als „produktive Leistung gewertet“ (Conze 1979: 174). Im Hintergrund stand die Theorie einer beständig wachsenden Wirtschaft – im Gegensatz zur vornehmlich auf Bewahrung des staus quo ausgerichteten Wirtschaft des Mittelalters –, in der Arbeit als Produktionsfaktor gesehen wurde, als Mittel zur Existenzsicherung und zur Steigerung des Kapitals. Damit verbunden war der Wegfall des ursprünglichen Verständnisses von Arbeit als Mühe und Qual. Arbeit diente fürderhin als Mittel zur Befriedigung von Bedürfnissen (ebd.: 176). In den mit einem sich derart gewandelten Arbeitsbegriff verbundenen Ausdifferenzierungen einer produktiven Wirtschaft findet auch ein Kompetenzbegriff seine erste Anwendung, nämlich als Synonym für „Zuständigkeit“ in staatlichen und nach staatlichem Muster verfassten betrieblichen Bürokratien.

Ein solcher Begriff von Arbeit implizierte eine weitere Neuerung in Bezug auf die Arbeitenden: Arbeit und der Arbeiter wurden als „Ware“ verstanden: „Der

Arbeiter ist zu einer Ware geworden, und es ist ein Glück für ihn, wenn er sich an den Mann bringen kann“ (so beschrieb es im 19. Jhd. Karl Marx, zitiert nach Wieschiolek 1999: 109). Die Theorie des Arbeitsmarktes als Austauschsystem von Arbeit und Lohn im Rahmen von freien Arbeitsverträgen wurde geboren.

Nach Smith liegt aller Wertschöpfung und Preisbildung Arbeit zugrunde (Conze 1979: 179). Mit dem Verständnis von Arbeit als Mittel der Bedürfnisbefriedigung war gleichzeitig die Verurteilung des Adels als „Müßiggänger“ verbunden, auch wenn dieser Aspekt erst im 19. Jhdt. richtig zum tragen kam. Trotzdem bedeutete die Ökonomisierung eine Umwertung der gesellschaftlichen Verhältnis: Nicht mehr Adel und Grundbesitz bestimmten die Schichtung, sondern Unternehmer und (abhängig) Arbeitende (ebd.: 180). Damit einher ging bei Smith die Unterscheidung zwischen „produktiver“ und „unproduktiver“ Arbeit. Zur letzteren wurde alles gezählt, was nicht am Wertschöpfungsprozess teilnahm, so auch Beamte, Pfarrer oder Ärzte, die so auf die gleiche Stufe gestellt wurden wie z.B. Possenreißer (ebd.: 180).

Mit dem Verständnis von Arbeit als ökonomische Wertschaffung war auch der moralische Aspekt weitgehend verloren; Arbeit wurde neutral als Mittel zur Bedürfnisbefriedigung angesehen. Für Hegel war Arbeit „die allein dem Menschen eigene zielgerichtete Tätigkeit zur Bedürfnisbefriedigung“ (Conze 1979: 186). Hatte Arbeit so seine moralische Grundlage zwar verloren, stieg ihre Bedeutung für den Arbeitenden vor allem in der Mitte des 19. Jhdt. jedoch an. Für den Arbeiter wurde die Arbeit zum Lebenszweck: „Ist früher das Vorrecht heilig gewesen, so ist heute die Arbeit heilig; die freie Arbeit, der Fleiß und die Tätigkeit... ist heute die höchste Ehre“ (Löwe 1848 in der Paulskirche, zit. nach Conze 1979: 190). Die gleichzeitig stattfindenden Entwicklungen hin zu industrieller Produktion ließ dabei zunächst die Notwendigkeit der Qualifizierung für industrielle Tätigkeiten aufkommen (vgl. Kapitel 3.1). Diese bezogen sich jedoch mehr auf das Erlernen der für den Arbeitsprozess direkt notwendigen, vor allem manuellen Fertigkeiten. Noch waren sowohl Arbeit als auch Organisation und Wirtschaftssystem nicht so komplex, dass erstere nicht durch Arbeitsteilung und Organisation durch Ausübung von Macht zu bewältigen bzw. zu steuern gewesen wäre. Allerdings ist in der Deutung von Arbeit als Ware ein Grundstein für die Entwicklung des Kompetenzbegriffes gelegt worden: Im Zuge der Knappheit der zur Verfügung stehenden Arbeitsplätze bekommt „Kompetenz“ als Tauschwert eine zunehmende Bedeutung, da sie eine Möglichkeit (oder eine Verpflichtung) zur Herausstellung des individuellen „Marktwertes“ bzw. ein Selektionskriterium für Unternehmen darstellt.

Dieser ökonomisierte und auf Erfüllung von Bedürfnissen (individuell und des Staates) ausgerichtete Begriff von Arbeit hat sich weitgehend bis heute in den kapitalistischen Ländern erhalten. Im Brockhaus von 1999 heißt es zum Stichwort Arbeit: „bewusstes, zielgerichtetes Handeln des Menschen zum Zweck der Existenzsicherung wie der Befriedigung von Einzelbedürfnissen; zugleich wesentl. Moment der Daseinserfüllung". Insbesondere der Aspekt der Daseinserfüllung zeigt sich seit der zweiten Hälfte des 20 Jhd. in Form einer Erweiterung des Arbeitsbegriffes auf Freizeitaktivitäten. In diesem Sinne bedeutet jede „engagiert ausgeführte Tätigkeit" Arbeit (z.B. Familienarbeit, Erziehungsarbeit, Beziehungsarbeit, Arbeit an sich selbst) (Wieschiolek 1999: 113).

4.2 Veränderungen der Arbeit: Komplexität, Verantwortung, Identifikation, Leistung und Belastungen

Arbeit als „engagiert ausgeführte Tätigkeit" lässt sich unterschiedlich deuten. Zum einen kann ein solches Verständnis eine (positiv gewendete) Individualisierung von subjektiv als notwendig angesehenen Tätigkeiten meinen. In diesem Sinne lassen sich „Familienarbeit", „Erziehungsarbeit", „Vereinsarbeit" etc. verstehen, in denen sich ein besonderes Engagement für eine Sache zeigt. Zum anderen ist jedoch auch eine *geforderte* Internalisierung extern gegebener Zwecke als Deutung möglich. Diese stellte dann an den Einzelnen die *Anforderung*, erwerbsmäßige Arbeitstätigkeiten subjektiv als bedeutsam zu empfinden und mit dem entsprechenden Engagement, das auch für andere, nicht-monetarisierte Tätigkeiten aufgebracht wird, auszuführen. Im Hinblick auf die letztgenannte Deutung lässt sich die Entwicklung der Erwerbsarbeit in den letzten Jahren interpretieren, wie sich im Folgenden zeigen wird. Für eine solche Deutung bekommt der Kompetenzbegriff einige Relevanz. Wir werden im Folgenden aufzeigen, wie sich die Bedingungen von (im Wesentlichen unselbständiger) Erwerbsarbeit verändert und wie diese Veränderungen dazu beigetragen haben, dass ein Konzept wie „Kompetenz" eine zunehmende Bedeutung erlangt hat. Dabei werden wir gleichzeitig genauer untersuchen, welche besonderen Handlungsweisen eines Menschen es sind, die sich mit einem Kompetenzkonzept verbinden lassen bzw. die gefordert werden und sich zum Teil in den bereits untersuchten Kompetenzbegriffen wiederfinden. Die dieser Untersuchung zu Grunde liegenden Kategorien sind dabei die zunehmende Komplexität der Arbeit und Veränderungen der Belastungen in Verbindung mit den in den bisherigen Untersuchungsschritten herausgearbeiteten Aspekten von „Kompetenz": Eigenverantwortlichkeit, Selbstorganisation, Flexibilität, Identifikation und Handlungsfähigkeit bzw. -bereitschaft.

Spätestens seit dem propagierten „Ende der Arbeitsteilung" (Kern und Schumann 1984) sind in der sozialwissenschaftlichen und (berufs-)pädagogischen Diskussion die zunehmende Komplexität von neuer Industrie- und Dienstleistungsarbeit und die damit verbundenen erhöhten (qualifikatorischen) Anforderungen an die Beschäftigten nicht mehr wegzudenken. Oft mit dem Stichwort „Humanisierung der Arbeit" einhergehend wurden die Abkehr von repetitiver Teilarbeit im Nachkriegs-Fordismus und das Entstehen komplexerer Arbeitsplätze – im Sinne von Ganzheitlichkeit der auszuübenden Tätigkeiten – gefordert. Dazu gehörten neben Arbeits- und Gesundheitsschutz sowie der Regelung „zumutbarer Arbeitsverhältnisse" vor allem auch „Mindestanforderungen an Arbeitsinhalt, Arbeitsablauf und Arbeitsorganisation zur Gewährleistung von Handlungsspielräumen, Dispositionsmöglichkeiten und persönlicher Qualifizierung" sowie „der Erwerb und die Anwendung angemessener Qualifikation, die Entfaltung der Persönlichkeit im Arbeitsprozeß, der Erwerb sozialer Kompetenz, wie der Abbau von Fremdkontrollen" (Pöhler 1985: 116f.).

Ausgehend von Initiativen der Gewerkschaften Anfang der 70er Jahre (vgl. Kieser 2002a: 129) des letzten Jahrhunderts hat sich die Verfassung von Arbeit in der Folgezeit erheblich in Richtung der „Humanisierung der Arbeit" entwickelt. In einigen Branchen und vor allem in größeren Unternehmen sind unter Stichworten wie „just in time" und „Kundenorientierung" Arbeitsplätze umstrukturiert und bisherige arbeitsteilige Tätigkeiten zu komplexen Arbeitsplätzen integriert worden. Diese Entwicklung folgt mehr den Zwängen einer sich globalisierenden Marktwirtschaft, dabei erforderlichen Produktivitätssteigerung und dem Wunsch nach höchstmöglicher Effizienz des Einsatzes von Mensch und Maschine. Die rigiden Steuerungs- und Kontrollmechanismen tayloristischer Produktion waren auf die Produktion standardisierter Massengüter ausgerichtet. Durch die Notwendigkeit zunehmender Produktdiversifizierung und -individualisierung in Folge der wachsenden Zahl von Anbietern und der doch nicht uneingeschränkt elastischen Nachfrage gehen Betriebe zur Fertigung nach dem „Baukastenprinzip" über (vgl. dazu am Beispiel der Automobilindustrie Lehndorff 1998). Am Beispiel BMW erläutert Theunert (1999: 178) die neuen Strategien:

> „Es zeigte sich, daß die Effizienz der menschlichen Arbeit nur dann gesteigert werden kann, wenn die Teilaufgaben wieder zusammengeführt werden und der einzelne Mitarbeiter in einer kleinen Organisationseinheit mit gesamthaften Aufgabenstrukturen und mit gemeinsamen Zielen arbeitet. Daraus entstanden die integrierten Fertigungsaufgaben, d.h. die bisherigen Fertigungstätigkeiten, z.B. Montageumfänge, wurden um Aufgaben aus der Instandhaltung, der Qualitätssicherung und der Logistik angereichert. (...) Die Arbeitsgruppen bestimmen weitgehend selbst über die interne Aufgabenverteilung, über den Arbeitsablauf, die Arbeitsmethoden und über weitere interne Angelegenheiten, z.B. Urlaubs- oder Freischichtenplanung *auf der Basis vereinbarter Ziele*." (Hervorhebung M.V.)

Die Veränderungen in der Art des Managements von Unternehmen ziehen eine Reihe von Konsequenzen für die Konstituierung von Arbeit nach sich. Gemeinsam ist den meisten, dass die Verantwortung für den Produktionsprozess auf mehrere Schultern verteilt wird. Was unter den Schlagworten „indirekte Steuerung" oder „Zielvereinbarung" geführt wird, hat auf der Ebene der Arbeitsorganisation und -strukturierung zum einen eine Anreicherung der Arbeitstätigkeit, aber zum anderen auch eine latente Überforderung der Arbeitnehmer zur Folge. In der Führungskräftestudie des Soziologischen Forschungsinstituts Göttingen formulierte der Gruppenleiter einer Forschungsabteilung die Probleme so: „Wenn ich genau weiß, mit welchen Mitteln ich arbeite und welche Ziele ich erreichen will, dann kann ich relativ gut abschätzen, wie lange ich brauche. Wenn ich mir die Mittel dazu aber erst erarbeiten muß, um ein bestimmtes Ziel zu erreichen, wenn man so einen Weg zum ersten Mal geht, dann ist es sehr schwierig, überhaupt abzuschätzen, wie lange man braucht und wie groß der Aufwand ist, aber trotzdem wird das von vornherein erwartet" (Baethge, Denkinger und Kadritzke 1995: 102). Wenn weitgehend autonome Arbeitsgruppen „auf der Basis vereinbarter Ziele" arbeiten, dann erfordert diese ungewohnte Selbständigkeit ein relativ hohes Qualifikationsniveau und Fähigkeiten der Selbstorganisation.[104]

In der BIBB/IAB-Untersuchung wurde in diesem Zusammenhang festgestellt, dass sich die Belastungen in der Arbeit erhöht bzw. neue Typen von Belastungen für Arbeitnehmer etabliert haben (vgl. Jansen 2000: 62). Zwar schwindet die repetitive Teilarbeit zu Gunsten von „lernhaltiger Arbeit", also Arbeit, die nicht nur auf vorhandenen Qualifikationen beruht; jedoch stellt diese Arbeit Beschäftigte vor die Schwierigkeit, sich unter gleichzeitig herrschendem Zeitdruck in ungewohnte Aufgaben einarbeiten bzw. ohne Einarbeitungszeit diese bewältigen zu müssen. „Wieweit dies (die Lernhaltigkeit von Arbeit, M.V.) auch noch der Fall ist, wenn von einem etwas verlangt wird, was man nicht beherrscht, ohne dass man die Chance erhält, sich darein erst einmal einzuarbeiten, das ist die Frage" (Jansen 2000: 54). In diesem Zusammenhang ist auch die Dualität von Zunahme der Belastungen einerseits und steigender Identifikation mit sowie Vielseitigkeit in der Arbeit andererseits zu sehen (vgl. Parmentier 2000: 28ff.).

Mehr Verantwortung für den eigenen Arbeitsbereich fördert offenbar die Möglichkeit des Einzelnen, sich mit seiner Arbeit zu identifizieren. Im Sinne möglichst effektiver Nutzung der Arbeitskraft ist eine solche Identifikation von Seiten der Unternehmen gewünscht, auch wenn prekärer werdende Arbeitsverhältnisse kaum dazu beitragen (vgl. auch Lehndorff 1998: 238). Gleichzeitig erhöht diese

---

[104] In einer Studie über das IAB-Betriebspanel berichtet Alda (2002: 7), dass die „Verlagerung von Entscheidungen nach unten und die Einführung von Gruppenarbeit... Maßnahmen (sind, M.V.), bei denen das Qualifikationsniveau der Belegschaft am häufigsten wächst".

Verantwortung den Arbeitsdruck insbesondere auf die höher Qualifizierten, die nun die Last der Verantwortung unter der Bedingung des Zeitdrucks spüren. Die frühere Praxis der ausführenden Tätigkeit einerseits und davon getrennt der administrativen und unmittelbar mit den Kunden in Verbindung stehenden Aufgaben andererseits, die die Verantwortung für die Strukturierung der Arbeit und für das Arbeitsergebnis weniger in der produktiven als in der administrativen Ebene verortete, weicht damit einer direkteren Beziehung des produktiven Arbeitnehmers zu den Kunden: „Ein französischer Belegschaftsvertreter fand im Interview für diese beginnende, weitreichende Veränderung eine genial einfache Formulierung: 'Man stellt die Beschäftigten dem Kunden gegenüber und nicht mehr dem Chef'" (Lehndorff 1998: 227).

Es verändern sich sowohl die Arbeitsbedingungen und -plätze selbst, als auch die Wirtschaftsbereiche, in denen Arbeit heute geleistet wird. So sind im Zeitraum von 1992 bis 1999 die Fertigungsberufe um 6% zurückgegangen, während sich gleichzeitig die Beschäftigung im Dienstleistungssektor um 11% erhöht hat. Die Wachstumsraten in letzterem Bereich liegen dabei mit 9% bis 27% deutlich über dem sonstigen Durchschnitt (vgl. Parmentier 2000: 9). Dieser Trend zur Dienstleistung lässt sich selbst bis in die Fertigungsberufe hinein verfolgen. So überwiegen dort mittlerweile Tätigkeiten wie „Messen, Prüfen, Qualitätskontrolle", „Reparieren und Instandsetzen" sowie „Überwachen, Steuern von Maschinen, Anlagen und technischen Prozessen" die eigentlichen Fertigungsaufgaben wie z.B. „Herstellen und Produzieren" bei weitem (vgl. ebd.: 13f.). Ein solcher Trend zu mehr Dienstleistungsorientierung bestätigt sich auch in den Untersuchungen zur Qualifikationsfrüherkennung im Forschungsprogramm „FreQueNZ" (Gidion et al. 2000: 178ff.). Neue Verantwortung in der Arbeit und der Umstand, dass die Qualifikationen für sich ständig ändernde Tätigkeiten oft nicht ausreichen (vgl. Lehndorff 1998; Jansen 2000) deuten auf eine Dialektik von Wahrnehmung in der Arbeit gewährter Freiräume einerseits und Handeln unter weiterhin restriktiven Bedingungen andererseits hin und erfordern damit von den Arbeitnehmern als Vermittlungsleistung, selbständig reagieren und kreativ mit Veränderungen umgehen zu können.

4.3 Bedeutung des Subjekts im wirtschaftlichen und gesellschaftlichen Wandel

Eine weitere mögliche Antwort auf die Frage nach den Ursachen für das wachsende Interesse an den oben erwähnten Eigenschaften des Menschen gibt Arnold (1997: 261). Er konstatiert die zunehmende Bedeutung des „Selbst des Mitarbeiters“ und gibt als eine Ursache dafür die gesellschaftliche Entwicklung an, die durch einen Bedeutungsverlust individueller Lebenszusammenhänge verbunden mit einer Erschwerung der Identitätsbildung und der Aufrechterhaltung kontinuierlicher Biographien gekennzeichnet sei (vgl. auch Arnold 2002: 240ff.).

Vor dem Hintergrund der Entwicklung von Arbeit werden diese Annahmen deutlicher. Wie wir in Abschnitt 4.1 gesehen haben, war bis in das 19. Jhd. hinein Arbeit gleichbedeutend mit körperlicher Arbeit. Erst im Zuge der Aufklärung wurde dieser Arbeitsbegriff auch auf geistige Tätigkeiten ausgeweitet. Damit einher ging die Abwertung körperlicher Arbeit als ‘bloß ausführend’: „Sie erhält zwar einerseits eine neue soziale Wertschätzung in ihrer Funktion als ‘Mittel’ zur Bearbeitung der äußeren Natur; in der Perspektive der Selbstentfaltung und -verwirklichung menschlichen Vermögens wird sie nun aber erst recht und (erneut) auf die unteren Ränge menschlichen Daseins plaziert“ (Böhle 1999: 93). Die Perfektionierung dieser Trennung von geistiger (planender) und körperlicher (ausführender) Arbeit findet sich im Taylorismus. Vor diesem Hintergrund wird von der Inhumanität von Arbeit gesprochen, da „für das moderne Verständnis von Arbeit... die anthropologische Begründung von Arbeit im Sinne menschlicher Selbstverwirklichung und -entfaltung“ grundlegend ist (ebd.: 96). Konsequent betrachtet bedeuten also die Veränderungen der Arbeit in jüngster Zeit hin zum „Selbst des Mitarbeiters“ eine Annäherung an den „evolutionär gedachten Arbeitsbegriff“ (ebd.: 98) und wäre demzufolge zu begrüßen.

Jedoch steht diese Entwicklung nicht im Zeichen humanitärer Bemühungen, sondern im Zusammenhang mit der Steigerung von Produktivität und Leistungsbereitschaft der Mitarbeiter. Nach Baethge (1999: 30) ist ein „Trend zu qualifizierten und wissensbasierten Tätigkeiten“ festzustellen, „bei denen die Unternehmen und andere erwerbswirtschaftliche Organisationen auf intrinsische Motivationen der Beschäftigten angewiesen sind, da sie mit dem Arsenal tayloristischer Techniken nicht gut kontrollierbar und führbar sind“, wohl aber mit ‘modernen’ Managementtechniken. Zwar entspricht eine Forderung nach qualifizierter Arbeit weitestgehend den Überlegungen der Arbeitssoziologie zur Humanisierung der Arbeit, jedoch droht die Realität die Forschung in diesem Punkt zu überholen und statt einer Humanisierung von Arbeit eine *„Vermarktlichung von Arbeitsorganisation und Arbeitsbeziehungen“* zur Konsequenz zu haben (ebd.: 31). Damit verbunden ist eine tendenzielle Auflösung gesellschaftlich verfestigter Strukturen, die sich über Arbeit und Beruf definieren und zur Identitätsbildung beitragen können. Denn „oft ziehen veränderte gesellschaftliche Verhältnisse (...) Umdeutungen des Begriffs Arbeit nach sich. Genauso können neue Definitionen von Arbeit die gesellschaftlichen Verhältnisse beeinflussen, denn die Organisation der Arbeit in einem Gemeinwesen beeinflußt nicht nur die einzelnen Mitglieder, sondern darüber hinaus auch die soziale und wirtschaftliche Entwicklung der gesamten Gesellschaft“ (Wieschiolek 1999: 108).

In einer solchen Konstellation kommt der Selbstorganisation des Individuums eine größere Bedeutung zu als in stabileren gesellschaftlichen Zusammenhängen, in denen die Identitätsbildung durch Traditionen und das Eingebundensein in das „soziale Binnengefüge“ (Beck 1986: 115) der Gesellschaft wie Klassen, Familie, Ehe und Beruf erleichtert wird. Beck spricht in diesem Zusammenhang von „Basisselbstverständlichkeiten der Lebensführung“, die sich zu Gunsten einer Individualisierung auflösen. Bezogen auf berufliche Tätigkeiten bedeutet diese „*Arbeitsmarkt*-Individualisierung“, dass die Arbeitnehmer im Laufe der gesellschaftlichen Entwicklung zunehmend „aus lebensweltlichen Klassenzusammenhängen herausgelöst und zur Beschaffung ihres Lebensunterhalts verstärkt auf sich selbst verwiesen“ werden (ebd.: 131).

Ähnliche Veränderungen innerhalb der Gesellschaft beschreibt auch Sennett (vgl. z.B. 2000a; 2000b). Er sieht die Konzentration auf das Individuum und die Abkehr von Gemeinschaften wesentlich in der Forderung nach Flexibilisierung[105] von Unternehmensstrukturen und Arbeitsverhältnissen begründet.[106] Einem flexibilisierten Beschäftigungs- oder Arbeitsverhältnis fehlt das Moment der Stabilität und Verlässlichkeit, das es braucht, damit eine Identifikation des Arbeitnehmers mit seiner Arbeit bzw. seinem Unternehmen aufgebaut werden und innerhalb der Belegschaft ein Gemeinschaftsgefühl entstehen kann (vgl. Sennett 2000a: 436f.). Das flexible Unternehmen befindet sich hier in einem Zwiespalt: Es will zum einen die Identifikation der Mitarbeiters mit seiner Aufgabe (nicht jedoch unbedingt mit seinem Arbeitsplatz), zum anderen soll aber der „‘verschworene’ Charakter von Erwerbsarbeit“, der zu Solidarität innerhalb der Mitarbeiter und mitunter gegen das Unternehmen führen kann, aufgebrochen werden (ebd.: 438). Gewünscht wird also, so Sennett, der flexible Mitarbeiter, der sich trotz Ungebundenheit seinem Arbeitgeber gegenüber zu Loyalität verpflichtet fühlt. Kritisch merkt er an, dass „Firmen, die sich wie Chamäleons verhalten, enorme Probleme damit haben, in den Angestellten Verpflichtung und Loyalität gegenüber der Firma zu wecken“ (ebd.: 436).[107]

[105] Flexibilität ist für Sennett allerdings bisher mehr eine (nicht seine!) „Wunschvorstellung, ein Modell“ als eine Tatsache (Sennett 2000a: 436).

[106] Angemerkt sei, dass die Flexibilisierungs- und Individualisierungsthesen keinen wissenschaftlichen Konsens beanspruchen können. Zur Kritik vgl. z.B. Bertram (2000) und Wagner (2000b).

[107] Das gilt in Deutschland um so mehr für die Bevölkerung der neuen Bundesländer: In der DDR galt die ‘Treue’ zu ‘seinem’ Betrieb noch mehr als in der alten BRD als besonders verdienstvoll: „Lange Zugehörigkeit zu einem Betrieb wurde als vorbildlich gefeiert und galt als Zeichen von Tüchtigkeit“ (Wieschiolek 1999: 120).

Die Begründung für solche Flexibilitätswünsche werden aus der wirtschaftlichen Entwicklung im Zusammenhang mit der seit den achtziger Jahren fortschreitenden Globalisierung der Wirtschafts- und Arbeitsmärkte abgeleitet:

> „Unter den Bedingungen 'intensivierter Globalisierung', in der nicht nur die Beschaffungs- und Absatzmärkte verstärkt weltweit vernetzt, sondern auch die Wertschöpfungsketten global organisiert werden, sind die Industrieunternehmen mit einer Wettbewerbssituation konfrontiert, in der die eigene Existenz davon abhängt, daß man gleichzeitig hohe Qualität, größere Kundennähe, schnellere Innovation und eine günstigere Preisgestaltung erreicht. Das heißt, man muß fähig sein, schnell auf Sonderwünsche einzugehen, Aufträge prompt und zuverlässig zu erledigen, innerhalb kürzester Zeit mit neuen, ausgereiften Produkten am Markt zu erscheinen und diese preisgünstig anzubieten.“ (Baethge und Baethge-Kinsky 1998: 464)

Statistisch bildet sich sowohl in Deutschland als auch in den USA eine Flexibilisierung auf der Beschäftigungsebene allerdings nur in Teilen ab. Die durchschnittliche Betriebszugehörigkeit lag 1995 in den USA bei 7,4 Jahren und in Westdeutschland bei 9,7 Jahren bei gleichzeitig (leicht) steigender Tendenz. Allerdings beträgt der Anteil derer, die weniger als 1 Jahr bei ihrem Betrieb beschäftigt sind, 26% (USA) bzw. 16,1% (Westdeutschland) (Knuth 1998: 318). Nach der BIBB/IAB-Erhebung hat sich die Zahl der befristeten Arbeitsverträge in Deutschland von 6,4% in den Jahren 1991/92 auf 9% in 1998/99 erhöht, wobei von dieser Entwicklung vor allem jüngere Arbeitnehmer betroffen sind und das Entlassungsrisiko nach eigener Einschätzung bei dieser Gruppe von 48% als hoch bis sehr hoch bezeichnet wird (Parmentier 2000: 20ff.).

4.4 Flexibilität und der „Arbeitskraftunternehmer“

Arbeitnehmer sind weitgehend auf sich allein gestellt, solche Anforderungen an Flexibilität und Selbstorganisation zu erfüllen. Die daraus entstehenden Schwierigkeiten sind nicht nur im Individuum selbst begründet. Unberechenbarkeit und Undurchschaubarkeit flexibler Organisationen lassen die für die meisten Menschen nötige Planungssicherheit vermissen, die ihnen ein Stück weit Gewissheit gibt, dass ihre Entscheidungen (z.B. über Arbeitsplatz- bzw. Tätigkeitswechsel) nicht unter für sie unannehmbar hohen Risiken geschehen. Das Übertragen solcher Risiken aus der Führungs- auf die Mitarbeiterebene bedeute, so Sennett, eine bewusste Abkehr von der Verantwortung seitens des Managements: „'Jetzt sind Sie auf sich gestellt' – das ist ein Weg, diejenigen zu manipulieren, denen man Befehle gibt; es fokussiert ihre Aufmerksamkeit nicht mehr auf die Legitimität des Befehls, sondern darauf, bei ihrem eigenen Status und dem unlösbaren Rätsel ihrer Autonomie zu verweilen“ (Sennett 2000a: 443). Dem den meisten Menschen laut Sennett innewohnenden Bedürfnis nach Führung und Lenkung werde so kaum Rechnung getragen.

Voß und Pongratz (1998: 132) nennen Arbeitnehmer, die diese Anforderungen zu erfüllen in der Lage sind, „Arbeitskraftunternehmer“. Ein solcher verfüge über eine systematisch „erweiterte Selbstkontrolle“, unterliege einem „Zwang zur forcierten Ökonomisierung der Arbeitsfähigkeit“ und es finde in diesem Zusammenhang eine „Verbetrieblichung der alltäglichen Lebensführung“ statt. Auch Voß und Pongratz gehen davon aus, dass die gesellschaftliche Entwicklung – sie betonen dabei besonders den Wertewandel – der Motor für die zunehmende Individualisierung ist. Sie sei dahingehend zu deuten, dass sich „Arbeitsansprüche von Arbeitnehmern in Richtung Selbstbestimmung und Sinnbezug entwickelt“ hätten (ebd.: 135), was sich mit den neuen Betriebskonzepten decke. Als ein solches Konzept sehen sie „Zielvereinbarungen“ an: „In einer Zielvereinbarung wird ein Quasi-Auftrag formuliert, dessen Ausführungsmodus dem Mitarbeiter weitgehend freigestellt ist. Durch die Mitbestimmung bei der Zielformulierung und die Beschränkung von Kontrollen auf die Prüfung von (Zwischen-)Ergebnissen, werden auch hier zum Zweck der Motivierung und Effektivierung begrenzte Freiräume zugestanden“ (ebd.: 134).[108]

Das Zugeständnis dieser Freiräume erfolgt hierbei weniger aus Gründen der Humanisierung der Arbeit, als vielmehr aus der Notwendigkeit für Unternehmen, die flexibel agieren wollen, sich in begrenztem Maße auf eine Selbststeuerung der Arbeitnehmer einzulassen. Produktivitätssteigerungen und die optimale Ausnutzung der menschlichen Arbeitskraft im Sinne von Kreativität und Leistungsbereitschaft lasse sich angesichts der ökonomischen Veränderungen in den letzten beiden Jahrzehnten nicht durch Beschränkung der Handlungsmöglichkeiten oder durch enge Kontrollen gewährleisten, sondern sei auf *selbständig handelnde und schnell und flexibel auf sich ändernde Anforderungen reagierende* Mitarbeiter angewiesen: „So wird nun in wachsendem Maße gerade das propagiert, was bisher eher vermieden werden sollte: Freiräume zu schaffen, betriebliche Steuerung zu reduzieren und Selbstorganisation der Betroffenen zu fördern“ (Voß und Pongratz 1998: 138). Diese Selbstorganisation impliziert die Übernahme der Verantwortung des einzelnen für die eigenständige Entwicklung und Vermarktung seines ‘Humankapitals’, für „sein einziges zur Subsistenzsicherung in einer privatwirtschaftlich basierten Gesellschaft nutzbares ‘Vermögen’ (das Vermögen zu arbeiten)“ (ebd.: 142).

[108] Wobei die Ausführungsmodi des Auftrags nur im Rahmen der zur Verfügung stehenden (betrieblichen) Ressourcen möglich sind und im Zuge dieses Steuerungsinstruments andere Kontrollmöglichkeiten entwickelt und genutzt werden, bspw. Qualitätssicherung, Scorecards etc.

Gemessen an der bisherigen Verfassung und Praxis von Bildung und Aus- bzw. Weiterbildung wird hier die Individualisierung besonders deutlich: Staatliches Bildungssystem, von Unternehmen bezahlte Aus- und meist auch Weiterbildung sowie Arbeitsmarktprogramme verweisen auf einen bisher gültigen gesellschaftlichen Konsens zur kollektiven bzw. betrieblichen Verantwortung zur Erzeugung bzw. Aufrechterhaltung von arbeitsrelevanten Fähigkeiten. Insbesondere im Bereich der Weiterbildung sind die Erosionstendenzen dieses Konsenses jedoch deutlich zu sehen. Neuere Untersuchungen (vgl. Husemann und Vonken 2003) konstatieren, dass Betriebe zumindest einen Teil der betrieblichen Weiterbildung bereits jetzt und zukünftig vermehrt von der Arbeitszeit in die Freizeit verlagern und damit die Beschäftigten in Form von Zeitanteilen an der Finanzierung beteiligen wollen (indirekte Beteiligung), bzw. eine direkte Beteiligung an den Kosten für Weiterbildung erwägen. Von den Arbeitnehmern wird im Sinne eines „Arbeitskraftunternehmers“ ein „wesentlich selbstbewußteres, individuelleres und vor allem aktiveres Verhältnis zur betrieblichen Nutzung ihrer Fähigkeiten“ (Voß und Pongratz 1998: 151) erwartet.

Jedoch sind bei weitem nicht alle Menschen ‘Unternehmertypen’, sondern die meisten im Gegenteil „dazu bestimmt, als Angestellte zu arbeiten, und das bedeutet, daß wir darauf angewiesen sind, von Organisationen abhängig zu sein“. Die hohe Zahl von Insolvenzen junger Unternehmen in den USA (und auch in Deutschland) (Sennett 2000a: 446) geben einen Hinweis darauf, dass erfolgreiches Unternehmertum auch auf unternehmerische Eigenschaften des Einzelnen angewiesen ist, die nicht jeder Mensch a priori besitzt und von denen noch nicht auszumachen ist, ob sie für alle entwickelbar sind.[109] Diese Abhängigkeit, die zugleich mit Verantwortung gegenüber den Abhängigen verbunden ist, steht der Flexibilisierung entgegen.

Die Bedingungen von Wirtschaft und Gesellschaft, die auch in Deutschland Abhängigkeit als Makel definieren[110], fordern demnach die Selbstorganisation des Menschen, damit dieser in der Lage ist, selbständiger als bisher sein Leben und

[109] Im Sinne des Arbeitskraftunternehmers könnte die Entwicklung dahingehend verlaufen, dass es eine gewisse Zahl von „Erfolgsunternehmern ihrer Arbeitskraft“ und eine (vermutlich deutlich höhere) Zahl „Arbeitskraft-Kleingewerbetreibender“ gibt (Voß und Pongratz 1998: 154). Vergleiche dazu auch Baethge (1999: 40f.). Die Kompetenzentwicklungsdiskussion fokussiert auch auf diesen Punkt mit der Forderung nach mehr „Unternehmergeist“ bei Arbeitnehmern.

[110] Man betrachte sich als populäres Beispiel die Diskussionen über den Missbrauch des Sozialstaates (vgl. auch Wieschiolek 1999: 114ff.) oder die Diskussionen über Frauenerwerbstätigkeit, die in Teilen soweit gediehen sind, dass Frauen, die sich bewusst gegen Berufstätigkeit und für Familienarbeit entscheiden, auf Unverständnis wegen ihrer Abhängigkeit von der Erwerbstätigkeit ihres Mannes stoßen. Noch mehr gilt dieser Umstand gar für den seltenen Fall, dass sich der Mann für eine Unterbrechung oder Aufgabe seiner Erwerbstätigkeit entscheidet, um sich der Familienarbeit zu widmen.

seine Erwerbstätigkeit zu gestalten. Dass diese Forderung nicht leicht zu erfüllen ist, sieht Sennett u.a. darin begründet, dass „die Fähigkeit, für sich selbst zu sorgen,...mehr (ist) als ein Geisteszustand; sie erfordert Geld, Status und Bildung" (Sennett 2000a: 440). In diesem Sinne wird in der Weiterbildungsforschung unter dem Stichwort „Kompetenz" die gezielte Entwicklung der Fähigkeiten zur Selbstorganisation gefordert. Neben der gesellschaftlichen Entwicklung hin zur Individualisierung ist – vor allem angesichts globalisierter (Arbeits-)Märkte – die Infragestellung des erwähnten Konsenses und der damit verbundenen Regulierungen eine Grundlage für die Attraktivität von „Selbstorganisation". Baethge (1999: 34) kritisiert das von der Politik in diesem Zusammenhang dankbar aufgenommene „Gesellschaftsreformprogramm" als ein „Erziehungs- und Kulturprogramm, das auf die Schaffung eines neuen Sozialtyps, des unternehmerischen Menschen, zielt, dann aber sehr schnell den Blick auf eine umfassende Deregulierung von Standards für soziale Sicherung und eine grundlegende Umgestaltung des Wohlfahrtsstaates freigibt".

Neue Produktionsweisen, Dienstleistungsarbeit, die beschriebenen Anforderungen an Flexibilität sowie die Zuschreibung von mehr Verantwortung an die Mitarbeiter für ihre Arbeit und für die Aktualität ihrer Qualifikationen scheinen Hand in Hand zu gehen. Kleinhenz (1998: 406) vermutet, dass „der beobachtbare Wandel der Organisationsbedingungen von Arbeit (...) eine den ökonomischen Gesetzen folgende Flucht aus einer angesichts weltweit gegebener Knappheitsbedingungen von Arbeit nicht mehr vertretbaren Regulierung, Entlohnung und Belastung sozialversicherungspflichtiger abhängiger Erwerbsarbeit darstellt".

Eine statistische Betrachtung der Gruppe der hochqualifizierten Angestellten bestätigt diese Vermutung (vgl. Wagner 2000a). In Bezug auf Arbeitszeit ist Flexibilisierung für diese Gruppe schon längst Realität: Im Bundesdurchschnitt differierten demnach die vereinbarten und die tatsächlichen Arbeitszeiten im Jahre 1998 um rund sieben Stunden (38,9 zu 46,1 Stunden). Im Vergleich zu 1984 hat sich diese Differenz um drei Stunden erhöht. Dabei werde gerade bei den Hochqualifizierten ein Großteil der Mehrarbeit in keiner Weise (z.B. durch Bezahlung oder Freizeit) vergolten, sondern schlicht in die persönliche Verantwortung übernommen (ebd.: 261ff.). Ein weiterer, nicht unerheblicher Teil dieser Angestellten, so Wagner (2000a: 262f.), verfüge gar nicht mehr über Arbeitsverträge, in denen auf Basis von Arbeitszeitregelungen entlohnt werde. In den Jahren 1984 bis 1998 ist der Anteil solcher Verträge von 12% auf 17% gestiegen. Die Arbeitszeiten dieser Gruppe liegen deutlich über den sonstigen (relativ hohen) durchschnittlichen

Arbeitszeiten, nämlich bei rund 51 Stunden (im Vergleich zu 46 Stunden bei den Angestellten mit vertraglich vereinbarten Arbeitszeiten).[111]

Wie auch Sennett so sieht Wagner den Grund für diese Trends in dem Wunsch von Unternehmen, Mitarbeiter möglichst flexibel einsetzbar zu machen und so der Individualisierung Platz zu schaffen. Sie erläutert diesen Umstand anhand der „Managementmethode der indirekten Steuerung“ (Wagner 2000a: 268). Bei dieser Methode „sollen die Beschäftigten nunmehr 'von selbst' das tun, was sie sollen“ (ebd.). Das bedeutet zugleich, dass „die Bewältigung der betrieblichen Flexibilitätsanforderungen (...) in die Hände der Beschäftigten gelegt (würden, M.V.), die individuell darüber entscheiden, wie sie diesen am Besten entsprechen“ (ebd.: 269). Sozusagen nebenbei würden mit dieser Methode sukzessive Arbeitszeiten als Grundlage für Entlohnung eingetauscht gegen Arbeitsergebnisse. Wenn jedoch das Arbeitsergebnis zur Grundlage des Einkommens wird, dann entspreche das, so Wagner, der Übertragung des Prinzips des Werkvertrags auf den Bereich der Angestellten.[112]

In diesem Sinne kann man dann vom Arbeitskraftunternehmer bzw. vom „abhängigen Selbständigen“ (Wagner 2000a: 271) sprechen, auf den der Betrieb einen „*totalen Zugriff* (hat, M.V.) (...), ein Zugriff, der nicht mehr nur Teile der Eigenschaften von Arbeitskräften erfassen und nutzen will, sondern die Arbeitsperson als *ganze*“ (Voß und Pongratz 1998: 151f.). Gleichzeitig bedeutet eine solche weitgehende Flexibilisierung der Arbeitszeit die Aufhebung des Stundenlohns. Das hat zur Konsequenz, dass, betrachtet man die tatsächlich für eine Arbeitsaufgabe geleisteten Stunden im Vergleich zur Entlohnung bei Angestellten ohne geregelte Arbeitszeiten, der Stundenlohn oftmals sinkt, da die Leistung des einzelnen nicht unabhängig von externen Faktoren wie Zulieferern etc. ist. Mit diesen Lohneinbußen aber übernehme der Arbeitnehmer einen Teil des unternehmerischen Risikos (Wagner 2000a: 271). Trotz dieser Umdefinition des Arbeitnehmers als Unternehmer hinkt der Vergleich jedoch beträchtlich, denn „mit solchen Hochglanz-Attributen wird der 'Unternehmer seiner Arbeitskraft' noch nicht Mitglied im BDI (Bundesverband der Deutschen Industrie), und man muß genau hinschauen, für welche Gruppen von Erwerbstätigen sich erweiterte Handlungs- und Selbstbestimmungsräume eröffnen“ (Baethge 1999: 40).

Auf diese Weise werden an Angestellte Anforderungen gestellt, die sonst für den Verantwortungsbereich des Managements bzw. für die Rolle Selbständiger

[111] Vergleiche zum Aspekt der Veränderung von Arbeitszeiten im Zeichen des „atmenden Unternehmens“ auch Lehndorff (2001).

[112] Das bedeutet jedoch nicht notwendigerweise, dass der Arbeitnehmer bzw. der „Arbeitskraftunternehmer“ am Betriebsergebnis direkt oder indirekt beteiligt wäre, was ein Kriterium für die Betrachtung von Arbeitnehmern als Unternehmer sein könnte.

typisch sind. Als Beispiel für diesen neuen Typ Arbeitnehmer werden mitunter Freiberufler angeführt, die ihre Arbeitskraft eigenverantwortlich wechselnden Arbeitgebern zur Verfügung stellen (vgl. z.B. Schmid 2001). Nicht beachtet wird dabei, dass Freiberufler vor allem aufgrund ihrer hochspezialisierten Qualifikationen (z.B. Architekten, Webdesigner etc.) in der Lage sind, flexibel auf ihrem Segment des Arbeitsmarktes zu agieren und ohne (größere) Vorbereitungszeit Aufträge zu übernehmen. Ihre Flexibilität auf der einen Seite ist also gepaart mit einer (bedingt durch die Spezialisierung) unflexiblen Qualifikation auf der anderen Seite. Von Arbeitnehmern, die mit dieser Berufsgruppe verglichen werden und von denen gewünscht wird, dass sie sich in diese Richtung entwickeln, wird jedoch eine doppelte Flexibilität verlangt, nämlich sowohl auf der arbeitsmarktlichen bzw. Beschäftigungsseite, als auch auf der qualifikatorischen, wenn man sich das Szenario des Arbeitskraftunternehmers mit wechselnden Tätigkeiten in verschiedenen, mitunter disparaten Bereichen der Wirtschaft vor Augen führt (z.B. bei Voß und Pongratz 1998). Das erfordert von den Mitarbeitern in hohem Maße eine Handlungsweise, wie sie eingangs dieses Kapitels als erster Ansatz zur Beschreibung von Kompetenz bzw. kompetenten Handelns genannt wurde, nämlich die selbständige Steuerung und Bewältigung komplexer Situationen. Voß und Pongratz (1998: 155f.) konkretisieren die gewünschten Eigenschaften in Bezug auf den Arbeitskraftunternehmer als die „Fähigkeit, die alltägliche Lebensorganisation, sich selbst als Person, die eigene Biografie, die soziale Umgebung usw. aktiv und effizienzorientiert zu steuern".

4.5 Folgen der gesellschaftlichen und wirtschaftlichen Entwicklung

Was bedeutet das für den Einzelnen? Arbeit, Beruf und Familie geben in der industrialisierten Gesellschaft dem Individuum den Rahmen, in dem sich sein Selbstverständnis, seine Vorstellung von seiner Position in der Gesellschaft und der Gestaltung seines Lebens entwickelt. Gerade Arbeit nimmt in dieser Aufstellung einen prominenten Platz ein. Die meisten beschäftigten Menschen verbringen mindestens ein Drittel des Tages an ihrem Arbeitsplatz, knüpfen dort Sozialkontakte und formen zum Teil ihr Weltbild in der Interaktion mit Kollegen.[113] Der Arbeitsplatz dient in diesem Zusammenhang als eine wesentliche „sekundäre Sozialisationsinstanz" (Wieschiolek 1999: 107) in Industriestaaten. In diesem Sinn, so konstatieren Baethge und Baethge-Kinsky (1998: 461), wurde der Beruf „als

[113] Interessanterweise lautet oftmals eine der ersten Fragen bei einem Zusammentreffen von Menschen: „Was machen Sie beruflich?"

Medium sozialer Verortung, als Raum für wesentliche Sozialkontakte und als zentrale Instanz für 'Umweltstabilisierung' und 'Innenstabilisierung der Person'" angesehen (vgl. zu diesem Punkt auch Beck, Brater und Daheim 1980: 199-233).[114] Identität entsteht im Zusammenspiel zwischen dem Selbst, dem Bewusstsein und der Gesellschaftsstruktur, in der sich das Individuum entwickelt und bewegt (vgl. Berger und Luckmann 1999: 185). Damit sind Arbeit bzw. die im Rahmen der Arbeit geknüpften und gepflegten Beziehungen sowie das mit einem Arbeitsplatz oder einem Beruf verbundene Selbstverständnis wesentliche Bestandteile der individuellen Identitätsentwicklung. Durch das viele Jahrzehnte gültige Vertrauen auf einen einmal erlernten Beruf, der mehr oder weniger für ein gesamtes Arbeitsleben Gültigkeit hatte und durch Weiterbildung allenfalls ergänzt wurde, sowie auf ein relativ festes 'Normalarbeitsverhältnis' (oftmals in einem 'Normalarbeitstag') mit relativ klar umrissenen Arbeitsaufgaben blieb dieser Rahmen lange stabil und konnte als Orientierung dienen.

Lösen sich diese Rahmenbedingungen auf, wie es z.Zt. von zahlreichen Wissenschaftlern prognostiziert wird, so ist der Einzelne darauf verwiesen, aktiver als bisher für die Gestaltung seines Lebens Verantwortung zu tragen: „Im Arbeitskraftunternehmer zeigt sich in fast idealtypischer Weise der Übergang von einer primär normativen oder direktiven Form der Vergesellschaftung zu einem Modus der Sozialregulierung und -integration, die auf einer zunehmenden Selbstvergesellschaftung von Individuen beruht" (Voß und Pongratz 1998: 153). Dazu gehört insbesondere auch der Aufbau und Erhalt der „Beschäftigungsfähigkeit": „Wenn kein Verlass mehr darauf ist, daß ein bereits über mehrere Jahre ausgefüllter Arbeitsplatz auch bis zum Ende des individuellen Erwerbslebens Bestand haben wird, dann ist eine relative Sicherheit neuer Art nur zu gewinnen durch die lebenslange Erhaltung bzw. beständige Wiederherstellung der Bewegungs- und Konkurrenzfähigkeit auf dem Arbeitsmarkt" (Knuth 1998: 301f.).

Um es noch einmal zu verdeutlichen: Die oben beschriebenen Szenarien präsentieren sich in Teilen nicht als empirisch überprüfbare Fakten, sondern sind Trendaussagen. Flexibilisierung und Individualisierung sind mehr als eine „Wunschvorstellung" zu betrachten, denn tatsächlich bisher in erheblichem Maße Realität. Vielmehr ist z.B. das Normalarbeitsverhältnis nur zu relativ geringen Teilen bisher durch Teilzeitarbeit etc. verdrängt worden, und dieser Teil entspricht der „politisch angestrebten Zunahme der Teilzeitbeschäftigung" (Kleinhenz 1998: 405). Allerdings stellen diese Wunschvorstellungen m.E. einen der Motoren der modernen Kompetenzdiskussion dar und liefern einen Erklärungs-

[114] Allerdings geben zumindest Arbeit und Beruf nur den Rahmen an und sind nicht das Entscheidende für die „Konstitution von Wirklichkeit und Gesellschaft" (vgl. ausführlicher dazu König 1990).

hintergrund für die Beschäftigung mit diesem Konzept. Das solche Trendaussagen keine 'Luftschlösser' sind, lässt sich anhand der Entwicklung in den westlichen Industriestaaten recht gut zeigen. Als Beispiel mag der Transformationsprozess in den neuen Bundesländern dienen:

In den neuen Bundesländern waren und sind Auflösungsprozesse der beschriebenen Art besonders deutlich zu beobachten. Die Menschen in diesen Regionen haben innerhalb kürzester Zeit den Wandel von einem planwirtschaftlich-sozialistischen System – das einen relativ starren Rahmen in Bezug auf Arbeit und Beruf setzte und in dem Arbeit nicht nur als Grundrecht, sondern auch als überaus sinnstiftend galt (vgl. Wieschiolek 1999: 117ff.) - hin zum bundesrepublikanischen marktwirtschaftlichen System, dass zur Zeit der Wiedervereinigung schon eine Reihe von Auflösungsprozessen durch Massenarbeitslosigkeit, Strukturwandel etc. über einen Zeitraum von beinahe 20 Jahren durchgemacht hatte, miterlebt. Sie waren also darauf angewiesen, neue persönliche und (zumeist auch) berufliche Orientierungen in einem Bruchteil der Zeit, die den Menschen in der alten BRD zur Verfügung stand, zu finden bzw. zu entwickeln. Das Interesse der Wissenschaft richtete sich im Anschluss auf diejenigen, die selbst oder mit nur geringer fremder Hilfe in der Lage waren, diese Umbruchprozesse persönlicher und beruflicher Art zu bewältigen und die Orientierung wiederzufinden.[115]

Wie auch immer das Beschriebene zu beurteilen ist, ob als Indikator und Trendaussage für einen grundlegenden gesellschaftlichen Wandel hin zu mehr Individualisierung und Auflösung traditioneller Arbeits- und Vergesellschaftungsformen, wie es bspw. Sennett und Beck deuten, oder eher als Randerscheinungen in einer ansonsten stabilen gesellschaftlichen und wirtschaftlichen Verfassung, wie z.B. Bertram (2000) oder Rosner (1989) annehmen, so wird immerhin deutlich, dass der Fokus der Wissenschaft (und der Politik) sich zunehmend auf das Individuum und die selbständige Gestaltung seiner Lebens- und Arbeitswelt richtet. Dies ist nicht zuletzt zu sehen vor dem Hintergrund anhaltend hoher Arbeitslosigkeit in praktisch allen entwickelten Industriestaaten und der beginnenden Resignation, diesem Problem unter Beibehaltung des status quo politisch und gesellschaftlich zu begegnen. Die Definition der Probleme nicht mehr als gesellschaftliche, sondern als individuelle, und damit der Rückzug von gesellschaftlicher Verantwortung zu Gunsten einer propagierten Selbstorganisation und „Kompetenz" scheinen das Ergebnis dieser Prozesse zu sein. Dabei ist es weitgehend unerheblich, ob diese Items im Zusammenhang mit neuen Anforderungen *innerhalb* der Erwerbsarbeit gesehen werden, oder ob, wie Giarini und Liedtke (1999) und Beck (1999) es andeuten, Erwerbsarbeit zu Gunsten von nichtmonetisierter

[115] Das, was schon seit Jahrzehnten in der Diskussion war, ließ sich jetzt am Beispiel der neuen Bundesländer empirisch erforschen (vgl. z.B. Sauer 1998).

bzw. von Bürgerarbeit an Stellenwert verliert und der Mensch sich außerhalb des Arbeitsprozesses selbst organisieren muss. In beiden Fällen wird er darauf verwiesen, in der Lage zu sein, seine Umwelt aktiv zu gestalten und in diesem Sinne „kompetent“ zu handeln.

4.6 Fazit

Die gesellschaftlichen Umbrüche der letzten Jahrzehnte in Verbindung mit den wirtschaftlichen Veränderungen liefern uns also den Hintergrund dafür, dass sich die Wissenschaft zunehmend mit besonderen „Fähigkeiten“ bzw. mit besonderen Handlungsformen des Menschen beschäftigt, nämlich Selbstorganisation, Flexibilität, Eigenverantwortlichkeit und Handlungsfähigkeit bzw. -bereitschaft. Kompetenzkonzepte lassen sich daher besonders mit Bezug zur Erwerbsarbeit und im Zuge der Veränderungen von Arbeit verstehen. Die hier angesprochenen Eigenschaften sind weitgehend mit den in der Weiterbildung bzw. Berufsbildung verwendeten Kompetenzkonzepten kompatibel, allerdings beheben unsere bisherigen Betrachtungen noch nicht die Unspezifiziertheit und Theoriearmut der konstatierten Modelle.

In einem weiteren Schritt werden wir versuchen, auf der Mesoebene der Organisation genauer zu spezifizieren, was sich in der Folge der Ergebnisse unserer Untersuchung über die Veränderungen in Gesellschaft und Wirtschaft und mit den daraus gefolgerten Anforderungen an den Einzelnen zur Bewältigung und Gestaltung seiner Umwelt für ein Kompetenzkonzept ergibt. Wir werden dazu gemäß der Chomskyschen Unterscheidung von Kompetenz und Performanz zwischen Kompetenz und kompetentem Handeln differenzieren und uns zunächst auf letzteren Aspekt beziehen. Diese Differenzierung ist notwendig, weil die bisherigen Ergebnisse eher auf einen bestimmten Typus von Handlungen verweisen, die als notwendig bzw. wünschenswert erachtet werden. Dass sich aus diesen Anforderungen an Handlungsweisen nicht umstandslos auf dahinter stehende Fähigkeiten und Persönlichkeitseigenschaften schließen lässt, haben wir verschiedentlich erwähnt und begründet.[116] Insofern bleibt der Kompetenzbegriff selbst weiterhin noch etwas unspezifiziert. Erst im Zuge der handlungstheoretischen Bearbeitung können wir seine Konturen deutlicher erfassen.

[116] Vgl. Kapitel 2.2. In Kapitel 6 werden wir für diesen Umstand auch eine handlungstheoretische Begründung geben.

5 Organisation

Im vorigen Kapitel haben wir untersucht, wie sich Veränderungen in der Gesellschaft und insbesondere in ihrem Teilbereich der Wirtschaft auswirken in Bezug auf das, was wir in einem ersten groben Ansatz als Kompetenz bezeichnet haben. Bisher ist allerdings dieses Konzept von Kompetenz nur sehr vage formuliert; noch lässt sich nicht genau ausmachen, was es bedeuten soll. Der Hinweis darauf, dass es sich um eine Art Befähigung zur Interaktion mit bzw. zur aktiven Gestaltung der Umwelt handelt, befriedigt kaum ein theoretisches Interesse. Ziel war es daher auch lediglich aufzuzeigen, welche gesellschaftlichen Strömungen sich als Begründung für die *Beschäftigung* mit einer solchen Begrifflichkeit ausmachen lassen.

Um den Gegenstand unserer Untersuchung nun genauer fassen zu können, müssen wir uns zunächst auf eine andere Ebene begeben, nämlich auf eine, auf der sich nicht mehr nur zeigt, warum das Konzept der Kompetenz für aussichtsreich und untersuchenswert gehalten wird, sondern auf der sich der Untersuchungsgegenstand selbst genauer in seinen Dimensionen beschreiben lässt. Dabei werden wir uns auf nicht auf die Persönlichkeitsdimension von „Kompetenz" selbst beziehen, sondern auf „kompetentes Handeln", dass sich als eine spezifische Form von Handeln in organisationellen Zusammenhängen zeigt. Diesen Faden werden wir auch im 6. Kapitel wieder aufnehmen, und erst nachdem die Grundlagen kompetenten Handelns erläutert wurden, werden wir uns wieder dem Konstrukt der Kompetenz zuwenden.

Eine solche Ebene, auf der sich kompetentes Handeln zeigen lässt, ist die der Organisation, wobei wir uns im Weiteren vor allem auf den Bereich der Betriebe[117] als eine Form der Organisation konzentrieren werden. Dafür sind ein paar Vorarbeiten nötig, die die Klärung des Organisationsbegriffs und ein Stück weit den Wandel von organisationellen Bedingungen betreffen.

Eine klassische Definition von Organisation finden wir bei Amitai Etzioni:

---

[117] Die Konnotation „Zuständigkeit" für Kompetenz wird dabei nicht Gegenstand der Untersuchung sein, obschon sie im organisationellen und besonders im betrieblichen Kontext eine bedeutende Rolle spielt. Für die Diskussion im berufspädagogischen Raum ist sie jedoch eher als randständig anzusehen.

„Organisationen sind soziale Einheiten (...), die mit dem Zweck errichtet wurden, spezifische Ziele zu erreichen.“ (Etzioni 1971: 12)

Merkmale einer solchen Definition von Organisation sind Arbeitsteilung, die Existenz von Machtzentren und Substitution von Arbeitskräften. Für unsere Untersuchung betrachten wir nur einen sehr kleinen Ausschnitt der vielfältigen Organisationstheorien.[118] In Bezug auf kompetentes Handeln werden dabei insbesondere die Kommunikation innerhalb von Organisationen, die Art der Führung der Organisationsmitglieder durch die Machtzentren und die Aufgabenerfüllung der Organisation in Bezug auf die Organisationsziele von Interesse sein.

5.1 Klassische Organisationstheorie

Im Konzept der wissenschaftlichen Betriebsführung, die als grundlegend für die klassische Organisationstheorie angenommen werden kann, wird ein Zusammenhang zwischen monetären Anreizsystemen und der Bereitschaft zur Leistungserbringung durch den Arbeitnehmer (das Organisationsmitglied) gesehen. Dieser Ansatz ist eng verbunden mit dem Namen Frederick W. Taylor Anfang des 20. Jhds. und seinen Untersuchungen zur physischen Leistungsfähigkeit des Menschen, in Verbindung mit einem Menschenbild des homo oeconomicus. Der Mensch, „von Hunger getrieben“ (Etzioni 1971: 40), ist dabei permanent auf der Suche nach seinem materiellen Vorteil und erbringt seine höchste Leistung, wenn eine möglichst enge Verbindung zwischen erbrachter Leistung und Belohnung besteht:

„(1) Der Mensch ist von Natur aus faul und nur auf sein Vergnügen bedacht.
(2) Glück erreicht der Mensch nur durch Konsum.
(3) Deshalb ist er zur Arbeit durch finanzielle Anreize zu motivieren.
(4) Da (1) und (2) im Widerspruch stehen, muß der Mensch seine Natur durch Disziplin überwinden, um Glück zu erreichen.
(5) Ingenieure, die die ‘Wissenschaft’ zur Erhöhung der Produktivität beherrschen, können diese Regeln am besten konstruieren. Auf diese treffen die Annahmen (1) bis

[118] Es ist nicht die Absicht und das Ziel dieser Arbeit, einen Überblick über klassische und moderne Organisationstheorien zu geben. Auch ist die Chronologie der vorgestellten Ansätze nicht systematisch. Die Darstellung des Taylorismus und der Human-Relations-Schule dienen lediglich dem Verständnis und der Vorbereitung der strukturorientierten Ansätze und der Betrachtung von Organisationen als sozialen Systemen, anhand derer beschrieben werden soll, was Kompetenz in organisationalen Bezügen bedeutet. Für einen Überblick über das weite Feld der sozialwissenschaftlichen und wirtschaftswissenschaftlichen Organisationstheorien siehe Kieser (2002d), Picot (1999) sowie Weik (2001; 2003).

> (5) nicht zu und deshalb setzen sie ihr Wissen ein, um den Arbeitern zu Einkommen, Konsum und Glück zu verhelfen." (zit. nach Kieser 2002b: 91)[119]

Dabei wird implizit ein behavioristisches Verhältnis und ein linearer Zusammenhang von Anreiz und Ergebnis unterstellt. Demzufolge richteten sich die Untersuchungen von Taylor vor allem auf Messungen der unmittelbaren physischen Leistungsfähigkeit (Bewegungsuntersuchungen, Belastungstests) und auf Verbesserungen bzw. Optimierungen des Mensch-Maschine-Verhältnisses. Die größte Motivation der Arbeitnehmer, so wurde angenommen, ergebe sich dabei durch einen engen Zusammenhang zwischen Leistungserbringung und Entlohnung (optimal: Akkordlohn).

Die bis dahin verwendeten Lohnsysteme wie Stücklohn oder Taglohn in Verbindung mit der mehr auf Intuitionen und 'Faustregeln' beruhenden Arbeitsweise erschienen Taylor zu uneffektiv, da sie den 'Untugenden' der Arbeiter entgegenkamen. Deshalb entwickelte er ein System, das diese Missstände beheben und die Arbeit vereinheitlichen sollte. Dazu seien die Kenntnisse der Arbeiter zu sammeln, systematisch zu erfassen und in Gesetze und Regeln „sowie sogar mathematische Formeln" zu überführen. Dadurch werde es möglich, das gesammelte Wissen strukturiert auf die Arbeit aller zu übertragen und so eine höhere Effizienz des Betriebes zu erreichen (Kieser 2002b: 77).

Im Zusammenhang mit dieser Motivationstheorie verweist die klassische Organisationstheorie auf den Grundsatz der möglichst kleinschrittigen Arbeitsteilung. Unter der Annahme, dass eine weitgehende Aufteilung der Arbeit in Teilschritte den Arbeiter für die einzelnen Tätigkeiten spezialisiere, wurde prognostiziert, dass die Gesamtleistungsfähigkeit der Organisation steige, je spezialisierter („geschickter") der Arbeiter werde (Etzioni 1971: 41f.). Diese Arbeitsteilung muss dann von einer „zentralisierten Kontrollinstanz" (ebd.) gesteuert werden, die die Zerlegung der Arbeit gewährleistet (d.i. die Entkoppelung von Planung und Ausführung der Arbeit), die jeweiligen Einzelleistungen überwacht und die Reintegration der Teilschritte in das Gesamtprodukt abstimmt. Durch Zuordnung einzelner Organisationsmitglieder zu jeweils übergeordneten Kontrollinstanzen ergibt sich so eine pyramidenförmige Kontrollhierarchie, die in einem Machtzentrum (der Geschäftsleitung) ihre Spitze hat.[120]

---

[119] Es erstaunt, dass Taylor annahm, dass Arbeiter gänzlich andere Menschen sein sollten als Ingenieure, dass für letztere das Primat der Faulheit und Konsumorientierung nicht gelten sollte (vgl. auch Kieser 2002b: 91).

[120] Für eine ausführliche Darstellung dieser Ansätze vgl. Taylor (1913) und Gulick (1947) sowie Kieser (2002b).

Dieser Ansatz, der noch heute in Organisationen anzutreffen ist, lässt sich vor allem in der Erzeugung weitgehend standardisierter bzw. standardisierbarer Produkte verwirklichen (vgl. auch Kieser 2002b: 84). Nur wenn eine solche Standardisierung gegeben ist, lassen sich die Arbeitsschritte an den einzelnen Produkten präzise festlegen. Eine solche Standardisierung wurde vor allem von Henry Ford in der Produktion seines Ford Modell T geleistet. Ford übte mit seinen Gestaltungsprinzipien für eine standardisierte Produktion mehr Einfluss auf die Rationalisierung in den USA Anfang des 20. Jhds. aus als Taylor (Kieser 2002b: 86). Die durch ihn initiierte Übernahme des Fließbandes in die industrielle Produktion in Verbindung mit einer genauen Beschreibung der jeweiligen Arbeitsumgebung und -schritte ermöglichte bei gleichzeitiger Standardisierung der Produkte eine Verringerung der Produktionszeit eines Automobils von 12,5 Stunden auf 93 Minuten und eine Verdopplung der Löhne bei Senkung der Arbeitszeit auf 8 Stunden. „Während Taylors Ansatz stark auf Verfahrensrichtlinien abstellte und den Einsatz von Experten für Planung, Koordination und Experimente vorsah, war bei Ford die Koordination der arbeitsteiligen Verrichtungen quasi in die Konstruktion des Fließbandes 'hineinprogrammiert'" (ebd.).

Sobald jedoch die Komplexität der Organisationsprodukte steigt, stößt die Zerlegbarkeit der notwendigen Arbeitsschritte an ihre Grenzen (vgl. auch Kieser 2002b: 94f.). Die Erzeugung eines komplexen und auf Ganzheitlichkeit angewiesenen Organisationsproduktes wie z.B. Gesundheit oder wissenschaftliche Publikationen lässt sich kaum noch in eine Trennung von Planung und Ausführung unterteilen.[121] Darüber hinaus erzeugt eine solche Entkoppelung von Planung und Ausführung einen Verlust an Verantwortlichkeit des Einzelnen für seine Arbeitsergebnisse. „Nur der naive, unerfahrene Verwaltungsfachmann kann annehmen, daß richtig gegebene Anweisungen in der Regel auch richtig ausgeführt werden" (Etzioni 1971: 45). Daraus resultiert die Notwendigkeit einer permanenten Kontrolle der Organisationsmitglieder durch die Hierarchie. Ein solcher Zusammen-

[121] Für das Automobil Ford „Modell T", einem durchweg standardisierten Produkt, war eine weitgehende Arbeitsteilung relativ leicht zu gewährleisten. Für das 'Produkt' einer Organisation wie ein Krankenhauses oder eine Universität, aber auch für die kundenorientierte Produktion moderner Just-in-time-Fabriken lässt sich kaum eine derartige Aufteilung komplexer Arbeitsschritte realisieren. Zwar wird bspw. auch im Krankenhaus versucht, eine Arbeitsteilung zwischen medizinischem und pflegerischem Personal sowie Reinigungs- und Hilfskräften zu gewährleisten (Betten machen, Essen bringen, Medikamente verabreichen, medizinische Untersuchungen etc.) und auch eine Hierarchie ist hier selbstverständlich anzutreffen, jedoch kann man weder von einem direkten Zusammenhang zwischen der Leistung des einzelnen Organisationsmitgliedes und seiner Entlohnung, noch von einer weitgehenden Standardisierung der jeweiligen Tätigkeiten in Verbindung mit einer Entkoppelung von Planung und Ausführung ausgehen, sofern man bei letzterem nicht annehmen möchte, dass die Behandlung von Patienten in einem Krankenhaus dem Prinzip eines Fließbandes folgt. Für solche Tätigkeiten ist eher der Begriff „Professionalität" angebracht.

hang von Kontrolle und unselbständiger, ausführender Arbeit zeigt sich alsbald als nachteilig. Zum einen werden auf diese Weise Entscheidungsfehler der Hierarchie unhinterfragt übernommen und multipliziert. Gerade bei der Herstellung komplexer Organisationsprodukte kann man in der Regel jedoch eher davon ausgehen, dass diejenigen, die unmittelbar mit der Produktion befasst sind, die wirklichen Experten der Prozesse sind. Weiter ist eine solche Organisationstheorie darauf verwiesen, dass die Mitglieder der Organisation sich nicht wie denkende und fühlende Menschen verhalten, sondern eher wie Maschinen. „Der Taylorismus reduziert den Menschen auf das Meßbare und kann damit der Komplexität, die sein Handeln ausmacht, nicht gerecht werden“ (Kieser 2002b: 94).

Im Taylorismus ist die Entmündigung und Dequalifizierung der Arbeiter strukturell enthalten, Entscheidungen über den Arbeitsablauf sind nicht vom Arbeiter, sondern von den koordinierenden Stellen zu treffen, der Arbeiter soll sich nur noch gemäß den detaillierten Anweisungen ‘verhalten’. Der Facharbeiter mit seinem umfangreichen Prozesswissen sollte so ersetzbar gemacht werden:

> „Es hieße, die Vorteile des Systems schlecht ausnutzen, wenn nicht beinahe an allen Arbeitsmaschinen geringer bezahlte Arbeitsleute anstatt der geschulten Facharbeiter angestellt würden. Die völlige Trennung der geistigen und vorschreibenden Arbeit von der ausführenden Arbeit in der Werkstätte und die Übernahme derselben in das Arbeitsbureau, die genauen und unzweideutigen Anweisungen über alle Einzelheiten der Arbeit und die eingehende Anleitung der Leute durch die Ausführungsmeister ermöglichen dieses selbst bei der vielgestaltigen Arbeit der Maschinenfabriken“ (Taylor 1920, zit. nach Kieser 2002b: 80f.).

Die Kritik am Taylorismus ist vielfältig. Sie reicht von der kritischen Überprüfung und Anzweiflung der von ihm propagierten Effektivitätssteigerung über eine detaillierte Kritik seiner Methoden und Intentionen bis hin dazu, dass dem Ansatz aufgrund des völligen Ignorierens sozialwissenschaftlicher Standards und des Fehlens einer theoretischen Grundlage die Wissenschaftlichkeit abgesprochen wird (Kieser 2002b: 90ff.). Trotz dieser Defizite übt der Taylorismus eine große Anziehungskraft auf Unternehmer aus, trägt er doch dazu bei, die Kontrolle über die Arbeiter zu sichern und auszubauen. Dass diese Kontrolle an Grenzen stößt und für moderne Produktionsverfahren nur schwierig nutzbar ist, haben wir bereits im letzten Kapitel gesehen. Das genaue Gegenteil des lediglich Befehle folgenden Arbeiters ist einer der Gründe für die Popularität von Kompetenzkonzepten. Mit der ‘Theorie’ des Taylorismus und seinen Organisationsprinzipien sind diese Ansprüche an Arbeitnehmer nicht vereinbar.

Für unsere Untersuchung zu kompetentem Handeln ergibt sich aus diesen Befunden, dass die Rigidität, mit der im Taylorismus die Trennung von planender und ausführender Arbeit betrieben wird, keinen Platz für den Einsatz oder die Entwicklung kompetenten Handelns in der bisher beschriebenen Form des selbständigen und aktiven Gestaltens der Umwelt enthält. Vielmehr werden diese Punkte explizit unterbunden. Auch die strukturell enthaltene Dequalifizierung deutet darauf hin, dass Kompetenz unter tayloristischen Ideen allenfalls den Aspekt der Zuständigkeit bedeuten kann.

5.2 Human-Relations-Schule

Die klassische Organisationstheorie ist in vielen Punkten modifiziert und erweitert worden, um der Probleme Herr zu werden, die sich durch die stringente Ausrichtung auf Hierarchie und Arbeitsteilung ergeben. Diese Modifikationen konzentrierten sich insbesondere auf die Perfektionierung der Hierarchie und der Kontrolle bzw. Kontrollinstanzen. Man sieht deutlich aus diesen Ansätzen, dass diese Theorie weniger zur Beschreibung sozialer Prozesse in Organisationen geeignet, sondern eher normativ für die Effektivierung betrieblicher und verwaltender Organisationen dienlich ist. Ein anderer Ansatz, die „Human-Relations-Schule" (vgl. Etzioni 1971: 56ff.; Kieser 2002a), geht von einem ganzheitlicheren Verständnis der organisationellen Abläufe aus und *beschreibt zwischenmenschliche Prozesse* in Organisationen. In den Untersuchungen der „Hawthorne-Studie", die ursprünglich zur Untersuchung von Effekten verschiedener Beleuchtungen auf die Arbeit ins Leben gerufen worden war (vgl. Kieser 2002a: 109), wurde sozusagen 'nebenbei' entdeckt, dass die Motivation und Leistungsfähigkeit von Arbeitern und die Effektivität der Produktion weniger von äußeren Faktoren wie perfekt gestalteten Arbeitsplätzen oder monetären Anreizen abhängt, als vielmehr von sozialen Gegebenheiten im organisationellen Umfeld. Etzioni erwähnt in diesem Zusammenhang vier zentrale Erkenntnisse:

> „1. Die Leistung eines Arbeiters (und damit das Niveau der Leistungsfähigkeit und Rationalität in der Organisation) wird *nicht* durch seine physische, sondern durch seine *soziale* 'Kapazität' bestimmt.
> 2. Nicht-finanzielle Anreize spielen eine Hauptrolle bei der Bestimmung der Motivation und Zufriedenheit des Arbeiters.
> 3. Der höchste Grad der Spezialisierung stellt keineswegs die wirkungsvollste Form der Arbeitsteilung dar.
> 4. Arbeiter reagieren gegenüber der Geschäftsleitung und ihren Normen und Belohnungen nicht als Individuen, sondern als Mitglieder einer Gruppe." (ebd.)

So zeigte sich bspw. im Bank-Wiring-Room-Experiment, dass die Anerkennung der Kollegen, z.B. der Erhalt von Freundschaften, genug Anreiz dafür war, sich nicht einem Akkordlohnprinzip unterzuordnen und absichtlich weniger zu leisten, als der Einzelne zu leisten in der Lage wäre. Der Druck der Gruppe bzw. der Wunsch nach sozialer Anerkennung wirkten stärker als die monetären Anreize.[122]

Im Zuge solcher Erkenntnisse betonte daher die Human-Relations-Schule insbesondere kommunikative Aspekte einer Organisationstheorie. Dabei nimmt sie an, „daß die für den Menschen befriedigendste Organisation auch die leistungsfähigste ist" (Etzioni 1971: 67). Organisationen müssten 'nur' dafür sorgen, dass sich ihre Mitglieder in ihr wohl fühlten und kämen so zum bestmöglichen Ergebnisse. Damit einher ging die Metapher vom Arbeitsteam als „Familie" (ebd.: 68), in der Zielgleichheit für das Organisationsmitglied und die Organisation angenommen wird[123] und der Einzelne sich vollkommen in die Organisation einbringt.

Nach diesem Ansatz sind es insbesondere soziale Aspekte, die die Leistungsfähigkeit einer Organisation ausmachen, im Gegensatz zu den mehr technischen Aspekten der klassischen Schule. Diese informellen Bestandteile von Organisationen stehen im Gegensatz zu der früher konstruierten, formalen Organisation. Beides lässt sich jedoch, so Etzioni (1971: 69), in Organisationen finden. So gibt es unterhalb der formalen Regeln meist eine Ebene, in der informelle Abkommen stillschweigend getroffen werden, bspw. bezüglich gewisser, in der Formalorganisation nicht vorgesehener Privilegien oder stillschweigender Duldungen (z.B. Mitnutzung betrieblicher Ressourcen für private Zwecke, stillschweigende Arbeitszeitverkürzungen etc.). Beide Theorien würden, so die Kritik, die Beziehung der beiden Ebenen nicht untersuchen.[124] Eine solche Untersuchung findet sich in der „strukturalistischen" Schule.

5.3 Strukturorientierte Ansätze

Der von Etzioni so genannte „strukturalistische Lösungsversuch" versucht, die Ansätze der Human-Relations-Schule und der wissenschaftlichen Betriebsführung zu vereinen (vgl. Etzioni 1971: 70).[125] Er richtet in der Kritik an den beiden anderen Ansätzen sein Augenmerk auf die Spannung zwischen den Interessen der Organisation und der Individuen. Es könne nicht davon ausgegangen werden,

---

[122] Es wurde allerdings in späteren Studien eine gewisse Abhängigkeit solchen Verhaltens von der sozialen Herkunft und der Erziehung herausgefunden (vgl. Etzioni 1971: 60).

[123] „...als sorge er (der Arbeiter, M.V.) sich darum, einen Tag in der Fabrik zu versäumen oder zu spät zu kommen, Zeit zu verpassen, die er mit seinen Freunden verbringen kann, und seinen Vorarbeiter zu enttäuschen, der wie ein warmherziger und verstehender Vater zu ihm ist" (ebd.).

[124] Zu weiteren kritischen Aspekten vgl. Kieser (2002a, insbes.: 113ff.).

[125] Die Klassifizierung von Organisationstheorien präsentiert sich relativ uneinheitlich. Zu weiteren, anders gearteten Definitionen von Strukturalismus siehe Weik (2003).

dass – wie die Human-Relations-Schule annahm – eine Interessengleichheit bei der Organisation und ihren Mitgliedern erzeugt werden könne bzw. immer schon bestehe (wie es in Bezug auf das Streben nach dem materiellen Vorteil von der klassischen Schule angenommen wird). Vielmehr sei eine solche Spannung unvermeidlich und könne allenfalls gemindert werden.

Organisation wird dabei als System aufgefasst, in dem unterschiedliche soziale Gruppen in Interaktion treten (Etzioni 1971: 70). Innerhalb einer solchen Einheit gibt es sowohl Interessengleichheiten als auch -differenzen (bspw. zwischen Arbeitern und Geschäftsführung in Bezug auf die Verteilung des Gewinns oder zwischen Gefängnisinsassen und Wärtern in Bezug auf die Freiheit). Dass eine Interessengleichheit z.B. zwischen Arbeitern und Geschäftführung eines Betriebes nie vollständig angenommen werden kann – sie also auch keine „Familie" (Etzioni 1971: 68) bilden können – ist unmittelbar aus der Geschichte der Arbeit, wie wir sie im letzten Kapitel betrachtet haben, einsichtig. In Bezug auf Arbeit findet sich in der Geschichte immer wieder der Gegensatz zwischen dem Arbeitgeber, der mit möglichst effektivem Einsatz seiner Mitarbeiter Gewinn erzielen will, und dem Arbeitnehmer, der die Arbeit als notwendiges Übel zur Bestreitung seines Lebensunterhaltes ansieht. In diesen Zusammenhang steht auch die Diskussion über Zeitsouveränität bei flexiblen Arbeitszeiten (vgl. Dichmann 1998).

Den wesentlichen Grund für dieses Dilemma sieht die strukturalistische Schule in Anlehnung an Marx und vor allem Max Weber darin, dass Organisationsmitglieder bezüglich ihrer für die Organisation zu erbringenden Beiträge zumeist fremdbestimmt sind. Sie verfügen nicht über die „notwendigen Instrumente..., um die zu erledigende Arbeit unabhängig auszuführen" (Etzioni 1971: 72). Diese sind in den Händen der Organisationsleitung, die sie zur Steuerung der Mitglieder einsetzt. Die 'Wohlfühl-Appelle' der Human-Relations-Schule können zwar dazu beitragen, dass der Einzelne sich besser fühlt, sie beseitigen aber nicht das grundsätzliche Problem der Entfremdung. Die strukturalistische Schule unterstellt also, dass die Organisationsmitglieder ein unmittelbares Interesse an ihrer Mitwirkung in der Organisation haben, dieses jedoch nicht kreativ umsetzen können, sondern durch die formale Struktur der Organisation gezwungen sind, entweder fremdbestimmt zu handeln, oder sich auf einer informellen Ebene eigene Freiräume zu schaffen. In Max Webers Analyse der Bürokratie ist dieser Umstand konstitutiv für alle bürokratisch verfassten Organisationen: „Schließlich trägt zur Effizienz von Bürokratien weiterhin bei, daß den *Beamten jeglicher Eigensinn ausgetrieben* wird. (...) Voraussetzung des formalen Gehorsams ist eine *umfassende Disziplinierung*: In der Bürokratie hat der Beamte die Amtsgeschäfte von seiner eigenen Person zu trennen; er ist zu 'unbeirrter Sachlichkeit' angehalten" (Kieser 2002c: 50f.). Gehorsam meint dabei, „daß das Handeln des Gehorchenden im wesentlichen so abläuft, als ob er den Inhalt des Befehls um dessen selbst willen zur Maxime seines Verhaltens gemacht habe, und zwar *lediglich* um des formalen Gehorsamsverhältnisses halber, ohne Rücksicht auf die eigene Ansicht über den Wert oder Unwert des Befehls als solchen" (Weber 1980: 123).

Lösungsansätze zu diesem Dilemma, das in einem Leistungsverlust der Organisation mündet, können sich durch die Ausübung von Macht ergeben, indem die Organisation durch Disziplinierungsmaßnahmen versucht, die Leistung der Mitglieder zu erhöhen. Macht wird dabei durch Sanktionierung ausgeübt. Ein solches Vorgehen ist jedoch insofern in seiner Wirkung begrenzt, als (negative) Sanktionierung die Unzufriedenheit der Mitglieder weiter steigern und entsprechend negative Effekte für die Gesamtleistung der Organisation haben kann (z.B. eine Häftlingsrevolte in einem Gefängnis) (Etzioni 1971: 84). Als effektiver für die Steuerung von Organisationen hat Max Weber in seiner Theorie der Bürokratie nicht die Ausübung von Macht, sondern von *Autorität* angesehen. Autorität ist ein Aspekt von Herrschaft, eine Form der Ausübung von Macht, die sich auf den Gehorsam der einer Autorität unterstellten Personen stützt (vgl. Weber 1980: 28f., 541ff.). Die Autorität gründet sich auf der Legitimität ihrer Herrschaft. Dieser Typus legitimer Herrschaft bedeutet bei Weber nicht die Ausübung von Macht qua ökonomischer oder sonstiger (diskursiver, 'erotischer' etc.) Überlegenheit, sondern auf der Grundlage der *Anerkennung* der Macht durch die Untergebenen (in unserem Falle die Mitglieder der Organisation), durch *Gehorsam* (ebd.: 122ff.).

Autorität setzt also voraus, dass der Herrschaftsanspruch der Organisationsleitung von den Mitgliedern anerkannt wird. Das ist bspw. der Fall, wenn die Anweisungen und Vorschriften in Übereinstimmung mit den Ansichten bzw. Werten der Mitglieder stehen, „das Handeln des Gehorchenden im wesentlichen so abläuft, als ob er den Inhalt des Befehls um dessen selbst willen zur Maxime seines Verhaltens gemacht habe" (Weber 1980: 123). Weber untersucht die Legitimität der Autorität unter den Gesichtpunkten rationaler, traditionaler und charismatischer Herrschaft. Charismatisch begründete Autorität beruht auf der besonderen Persönlichkeit des Vorgesetzten, traditionale auf Gewohnheit („das war schon immer so") und rationale darauf, dass die Untergebenen die Vorschriften als gerechtfertigt anerkennen, weil sie mit Regeln, die für legitim gehalten werden, übereinstimmen.[126] Wir finden diese Typen von Autorität in unterschiedlichen Formen von Organisationen wieder. Traditional wird bspw. in Kirchen Autorität ausgeübt, rational in Verwaltungen und Betrieben (obschon auch hier mitunter traditionale oder manchmal auch charismatische Führung anzutreffen ist) und charismatisch z.B. in politischen Parteien.

[126] Letzterer Punkt zeigt in etwa das, was Habermas als „normenreguliertes Handeln" bezeichnet (vgl. Habermas 1987a: 132ff.)

Auch bei einer legitimen Autorität kann nicht davon ausgegangen werden, dass die Organisationsmitglieder die Weisungen der Organisationsführung immer befolgen. Legitimität beinhaltet nicht das *vollständige* Übereinstimmen zwischen Mitgliedern und Führung, sondern ist auf Kontrolle verwiesen:

> „Die meisten Organisationen können sich die meiste Zeit bei den meisten ihrer Angehörigen nicht darauf verlassen, daß diese die erhaltenen Anweisungen ohne zusätzliche Anreize freiwillig ausführen. Deshalb benötigen Organisationen eine formal gesteuerte Verteilung von Belohnungen und Strafen, um die Befolgung der Normen, Satzungen und Anweisungen zu fördern." (Etzioni 1971: 96)

Die strukturalistische Theorie beschreibt die Notwendigkeit von Kontrolle dahingehend, dass es für Organisationen schwierig bis gar unmöglich ist, ihre Mitglieder derart zu erziehen, dass sie sich freiwillig den Begebenheiten der Betriebe fügen: „Wenn eine Organisation Individuen einstellen könnte, die sich von selbst fügen, oder wenn die Organisation ihre Mitglieder so erziehen könnte, daß sie sich ohne Aufsicht einfügten, dann bestünde kein Bedarf an Kontrolle" (ebd.: 110). Die Notwendigkeit von Kontrolle und Sanktionen ergibt sich also aus einem Problem der Erziehung der Mitglieder. Organisationen müssen deshalb schon mit Leistungen ihrer Mitglieder weit unterhalb des Optimums zufrieden sein. Die Organisation selektiert bei der Auswahl potentieller Mitglieder nach deren Eignung für die Organisation und „paßt diese Qualitäten später an die für eine zufriedenstellende Leistung erforderlichen Eigenschaften in einer organisatorischen Rolle an" (ebd.: 112).

In Bezug auf fachlich versierte Organisationsmitglieder, deren fachliche Qualitäten wichtig für die Organisationsziele sind, stößt die Kontrolle der Verwaltungsautorität (also der nicht zu den fachlichen Mitgliedern gehörenden Führung) an Grenzen, insbesondere wenn Kreativität und Fachwissen wichtig für das Erreichen der Organisationsziele sind. Kieser (2002c: 51) spricht in diesem Zusammenhang davon, dass Organisationen durch bürokratische Methoden zu „stahlharten Gehäusen" werden: „Sie engen den Bewegungsspielraum des Menschen ein, stellen seine Entscheidungsfreiheit und Selbstverantwortung in Frage". Diese Kritik übte schon Max Weber an bürokratisch verfassten Organisationen: „Weber beklagt eindringlich, daß die Verfolgung des Prinzips der Rechenhaftigkeit in kapitalistischen Arbeitsorganisationen und in Bürokratien deren Entpersönlichung vorantreibt und damit ein selbstverantwortliches Handeln unmöglich macht" (ebd.).

Kreativität ist ein Merkmal einer Person und lässt sich nicht befehlen, sondern benötigt (Handlungs-)Autonomie. Die Organisation muss sich dafür auf die Selbststeuerung und Selbstkontrolle der Fachmitglieder verlassen. „Dieses individualistische Prinzip ist nun aber dem ganzen Wesen der Kontrolle und der Koordination durch Vorgesetzte, d.h. dem Prinzip der Verwaltungsautorität diametral entgegengesetzt" (Etzioni 1971: 122). Die strukturalistische Theorie begegnet diesem Problem mit einer Klassifizierung nach Fach- und Verwaltungsautorität und untersucht diese in fachlichen und nichtfachlichen Organisationen.

5.4 Kompetentes Handeln in strukturalistischer Perspektive

Kontrolle in modernen Betrieben bspw. ist teuer und zeitaufwendig, wenn nicht gar kontraproduktiv im Sinne der Forderung nach Kreativität und Innovativität der Mitarbeiter. Unser Interesse an dieser Theorie der Organisation bezieht sich auf den Umstand, dass von den Organisationsmitgliedern angenommen wird, dass sie eine partielle Interessengleichheit mit den Werten und Zielen der Organisation entwickeln (können) und auf das Problem der Kontrolle des Fachpersonals. Im Zusammenhang mit der Entwicklung von Gesellschaft und Arbeit in Kapitel 4 ist deutlich geworden, dass Unternehmen steigenden Bedarf an hochqualifiziertem Personal haben und von ihren Mitarbeitern kreativen Umgang mit ihren eigenen Ressourcen fordern. Diesem Umstand begegneten wir auch in der Untersuchung über Kompetenzkonstrukte in der Weiterbildung. Hier wurde als ein Aspekt von Kompetenzentwicklung angenommen, dass die Ziele der Entwicklung der kompetenten Persönlichkeit bei der Organisation 'Betrieb' und ihren Mitgliedern 'Beschäftigte' gleichgesetzt werden, was mit den oben beschriebenen Problemen (siehe Kap. 2.2) behaftet ist. Unter dieser Perspektive kann man jedoch einen weiteren Motor der Kompetenzdiskussion annehmen, nämlich die Verwirklichung legitimer Herrschaft durch das Erzeugen von Einstellungen und Werten, die mit denen der Organisation übereinstimmen.

Wenn Kompetenzentwicklung in der oben beschriebenen Form die Entwicklung von Qualifikationen und einer mit Unternehmenszielen kompatiblen Persönlichkeit meint, dann dient sie zur Stabilisierung der Autorität in einer Organisation (einem Betrieb) durch die Erzeugung von Legitimität. Die Verantwortung für die Legitimität wird dann aber nicht auf die Seite der Vorgesetzten, sondern auf die der Mitarbeiter verlagert. Mit anderen Worten: Durch Kompetenzentwicklung soll der Herrschaftsanspruch der Organisationsleitung dadurch gesichert werden, dass die Legitimität dieser Herrschaft nicht durch die Leitung, sondern durch den 'selbsterzeugten' Gehorsam der Mitglieder geschaffen wird: „'Jetzt sind Sie auf sich gestellt' – das ist ein Weg, diejenigen zu manipulieren, denen man Befehle gibt; es fokussiert ihre Aufmerksamkeit nicht mehr auf die Legitimität des Befehls, sondern darauf, bei ihrem eigenen Status und dem unlösbaren Rätsel ihrer Autonomie zu verweilen" (Sennett 2000a: 443). Damit entlastet sich die Führungsebene hinsichtlich der Legitimation ihres Führungsanspruchs; sie kann sich darauf berufen, dass *kompetente* Mitarbeiter diesen qua Kompetenz anerkennen bzw. die Werte der Organisation sich zu eigen machen und nicht-kompetente keinen Anspruch auf die Mitgliedschaft in der Organisation (sprich: Entlassung) haben.[127] Es wird so also die Selbstkontrolle des Fachpersonals gefordert, wobei davon ausgegangen wird, dass die Kompetenz des Fachmanns die Interessenaffinität seiner eigenen Ziele mit denen der Organisation und kompetentes Handeln in diesem Zusammenhang das Orientieren an betrieblichen Normen bedeutet.

Wir sehen an diesem kurzen Beispiel deutlich, dass dieses Verständnis von Kompetenz mit seiner *Fremdbestimmtheit* nur schwer vereinbar ist mit der weiter oben aus den gesellschaftlichen und wirtschaftlichen Veränderungen entwickelten ersten Vorstellung einer Fähigkeit zur *selbständigen* Steuerung und Gestaltung der (sozialen) Umwelt. Das Problem entsteht aus der Verquickung von fachlichen Anforderungen und fremdbestimmter Entwicklung der Persönlichkeit unter vorgegebenen Werten und Maßstäben durch die Organisation[128] sowie dem Versuch der Bewältigung komplexer Probleme mittels bürokratischer Methoden der Steuerung und Kontrolle. Insofern stoßen bürokratisch verfasste Organisationen unter den veränderten Bedingungen von Wirtschaft und Gesellschaft auf Probleme der Bewältigung neuartiger Anforderungen mit bürokratischen Mitteln. Mehr Aufschluss über die Beziehung von Organisation und Umwelt und vor allem über den Umgang mit Komplexität können wir uns in einem weiteren Ansatz der Beschreibung von Organisationen erhoffen, der sich auf die Theorie sozialer Systeme bezieht.

5.5 Organisation als soziales System

Die Betrachtung von Organisationen als soziale Systeme abstrahiert zunächst von formalen Gestaltungskriterien, Untersuchungen der Herrschaftsverhältnisse und konkreten Analysen der Arbeitsleistungen. Die Systemtheorie versucht nicht, eine Organisation unter den Gesichtspunkten von Effektivität und Arbeitsteilung zu *entwerfen*, sondern sie beschränkt sich im ersten Ansatz auf die *Beschreibung und Erklärung* dessen, was als Organisation ohnehin vorfindlich ist. Unter diesen Aspekten kann dann versucht werden, Probleme in Organisationen zu deuten und diese mit Hilfe des Wissens über den systemischen Charakter von Organisationen und die damit implizierte Bedeutung von Kommunikationen zu lösen. In diesem

[127] Wobei diese dann auch für den Ausschluss aus der Organisation selbst verantwortlich gemacht werden können.

[128] Und ist insofern vergleichbar mit den Problemen von Kompetenzentwicklung in der Weiterbildung. Auch Etzioni merkt an, dass nicht die Organisation, sondern die Umwelt bzw. die Gesellschaft die Person formt (vgl. Etzioni 1971: 169ff.).

Zusammenhang werden wir dann untersuchen, was kompetentes Handeln unter einer systemtheoretischen Beschreibung von Organisation bedeuten kann und inwieweit es für das erfolgreiche Funktionieren von Organisationen von Bedeutung ist.

5.5.1 Grundlagen

Was ist also das Systemische an Organisationen? Zur Klärung dieser Frage benötigen wir zunächst einige Grundlagen aus der Systemtheorie, die hier nur kurz skizziert werden sollen: Unter einem System versteht man eine Menge von Elementen, die in einer bestimmten (Interaktions-)Beziehung zueinander stehen. Die Bestimmtheit der Beziehung liefert die Struktur des Systems. Die Elemente sind als solche eindeutig gekennzeichnet und ausreichend homogen. Dadurch, dass zu den Elementen die Interaktion zwischen den Elementen hinzukommt, wird aus dem System mehr als die Summe seiner Elemente (denn das wäre schlicht eine Menge). Eine andere Herangehensweise für die Definition von Systemen besteht darin, sie durch die Beziehung zwischen den Elementen, also durch die Struktur zu beschreiben. Jedes System ist endlich und die Endlichkeit eines Systems ist dadurch gegeben, dass die Elemente als solche eindeutig gekennzeichnet sind. Daraus folgt, dass alles, was nicht als Element eines Systems definiert ist, nicht zum System gehört, sondern zur Umwelt des Systems. Ein System ist damit begrenzt und definiert sich in der Differenz zu seiner Umwelt. Diese Differenz hat für das System vitale Funktionen, denn nur durch die Grenzziehung zu seiner Umwelt kann sich das System erhalten. Wenn die Elemente eines Systems sich nicht mehr von denen in seiner Umwelt unterscheiden, hört es auf zu existieren.

Der Grenzbereich von Systemen ist auch der Ort, an dem 'Kontakte' zwischen einem System und seiner Umwelt stattfinden können. Die Grenzen eines Systems dienen nicht dazu, das System für seine Umwelt prinzipiell unzugänglich zu machen, sondern lediglich zu seiner Selbsterhaltung. Trotz dieser Grenzen existieren Interdependenzen zwischen System und Umwelt, aber „der Grenzbegriff besagt, daß grenzüberschreitende Prozesse (zum Beispiel des Energie- oder Informationsaustausches) beim Überschreiten der Grenze unter andere Bedingungen der Fortsetzung (zum Beispiel andere Bedingungen der Verwertbarkeit oder andere Bedingungen des Konsenses) gestellt werden“ (Luhmann 1999b: 36). Die Verbindung zwischen zwei Systemen oder zwischen System und Umwelt stellt die „strukturelle Kopplung“ dar (Luhmann 1999a: 100ff.). Sie bindet das System an seine Umwelt in der Weise, dass das System zwar nur in der Differenz, gleichzeitig jedoch in der Kopplung an seine Umwelt existiert. Wenn ein soziales System bspw. aus Kommunikation besteht, dann kann es nur mittels struktureller Kopplung an psychische System, die für die Fortsetzung der Kommunikation sorgen, existieren: Ohne Bewusstsein gibt es keine Kommunikation (vgl. auch Baraldi, Corsi und Espositio 1999: 187). Ist die strukturelle Kopplung zwischen zwei Systemen so stark, dass das eine nicht ohne das andere existieren kann und sich beide ko-evolutiv entwickeln, so spricht man in der Systemtheorie von „Interpenetration" (Luhmann 1999b: 286ff.).

Will man eine Organisation mit systemtheoretischem Vokabular beschreiben, so ist man zunächst darauf verwiesen, die Elemente eines Organisationssystems zu definieren. Nach der Auffassung Luhmanns (2000) besteht ein Organisationssystem aus Kommunikation von und über Entscheidungen. Dabei erweist sich für ihn Organisation als autopoietisches soziales System (vgl. zum Punkt der Autopoiese insbes. Maturana und Varela 1987; Luhmann 1999b) in dem Sinne, dass das System sich über Kommunikation selbst erzeugt und reproduziert, dass also eine Entscheidung die nächste gebiert. Die Grenzen des Systems werden dabei durch die organisationsinterne Kommunikation gebildet, die sich nur auf Entscheidungen für die Organisation bezieht. Bei einer solchen Betrachtung wird das System nicht aus den Elementen, sondern aus der Struktur heraus definiert (vgl. auch Saldern 1998: 67ff.).

Ist nun Kommunikation von und über Entscheidungen das Konstituierende einer Organisation, dann lassen sich verschiedene Formen von Organisationen in Bezug auf die Richtung und die Inhalte ihrer Kommunikation betrachten. In einer bürokratischen Organisation bspw. werden Entscheidungen i.a. in der Organisationsspitze getroffen (vgl. auch Kieser 2002c: 48) und innerhalb der Hierarchie von oben nach unten kommuniziert. Die Hierarchie dient dabei als „Kommunikationstechnik zur Reduktion von Komplexität" (Baecker 1999: 182).

Aber was ist es, was in einer Organisation als komplex (nicht kompliziert) gelten kann? Nach Baecker (1999: 28) spricht man von der Komplexität eines Systems, „wenn es eine grosse Anzahl von Elementen aufweist, die in einer grossen Zahl von Beziehungen zueinander stehen können, die verschiedenartig sind und deren Zahl und Verschiedenartigkeit zeitlichen Schwankungen unterworfen sind". Wenn die Elemente eines Organisationssystems Kommunikationen sind, dann erschließt sich schnell die daraus resultierende Komplexität der Organisation: Sie entsteht aus der möglichen Vielfalt von Kommunikationen zwischen den einzelnen Organisationsmitgliedern. Zwar wollen wir hier nur Kommunikationen von Entscheidungen betrachten, aber auch diese sind vielfältig genug, dass man von einer generell hohen Komplexität in Organisationen ausgehen kann. Die Komplexität kann vom System reduziert oder gesteigert werden. Dabei geschieht Reduktion von Komplexität in sozialen Systemen mittels Selektion, d.h. mittels einer

Auswahl von als relevant empfundener und Ablehnung irrelevanter Kommunikation.

> „Entscheidungen fungieren in diesem Sinne als Entscheidungsprämissen. Ihre Funktion besteht in der Absorption von Unsicherheit. Die komplexen internen Zustände und Umweltbedingungen können in der Organisation auf ein verarbeitbares Maß gebracht werden. Zu betonen ist, daß die Verarbeitung, d.h. die Auswahl aus der Vielzahl der Möglichkeiten selektiv erfolgt. Die Organisation muß hierbei sicherstellen, daß einmal getroffene Entscheidungen im weiteren Verlauf nicht permanent in Frage gestellt werden. (...) Hergestellt wird ein Normalfall; Entscheidungen werden als Prämissen weiteren Entscheidens akzeptiert, ohne damit konkret festzulegen, wie weiteres Entscheiden konkret auszusehen hat" (Aderhold 2003: 154f.).

Diese Selektion wird in bürokratischen Organisationen z.B. von der Hierarchie geleistet. Indem nur die von der Hierarchie von oben nach unten kommunizierten Entscheidungen Gültigkeit beanspruchen können, reduziert sich die Komplexität möglicher Entscheidungen, da es für die Hierarchie zahlreiche Möglichkeiten der Ablehnung von Kommunikation gibt. Das einzelne Organisationsmitglied muss nicht selbst zwischen Relevanz und Irrelevanz unterscheiden, es kann davon ausgehen (und das wird in einer Hierarchie auch so erwartet), dass Entscheidungen aus der jeweils übergeordneten Ebene relevant sind: „James G. March und Herbert A. Simon... haben hierfür den Begriff der 'Unsicherheitsabsorption' vorgeschlagen. Der Empfänger einer Nachricht prüft die Mitteilung nicht mehr auf Richtigkeit ab. Im Vertrauen, daß richtig entschieden wurde, akzeptiert und übernimmt man ungeprüft den Sinnvorschlag" (Aderhold 2003: 155).

Dazu gehört auch, dass die Ausdifferenzierung der Kommunikation top-down über die einzelnen Ebenen geschieht und zwar in dem Sinne, dass Entscheidungen differenzierter werden, je weiter unten sie kommuniziert werden (ein Aufsichtsratsvorsitzender trifft keine Entscheidungen über die Wahl des richtigen Werkzeugs zum Autobau, sondern darüber, ob ein Modell überhaupt in die Modellpalette aufgenommen werden soll). Andererseits ist in einer Hierarchie die Richtung der Kommunikation von *Entscheidungen* beinahe ausschließlich von oben nach unten. Aus den unteren Hierarchieebenen werden keine Entscheidungen erwartet, die von dort kommende Kommunikation wird bestenfalls als Information gewertet (vgl. auch Baecker 1999: 182). Das stellt sich spätestens dann als Problem dar, wenn die zentrale Steuerbarkeit einer Organisation zweifelhaft wird, wenn also die Entscheidungen der Hierarchie beginnen, die Komplexität zu steigern anstatt sie zu reduzieren.

Organisationen sind mit ihrer Umwelt durch strukturelle Kopplung verbunden. Ein Unternehmen als Organisationssystem ist bspw. ohne Wirtschaftssystem, an das es strukturell gekoppelt ist, nicht denkbar, ebenso wenig wie ohne Gesellschaft. „Sie (die strukturelle Kopplung, M.V.) bestimmt nicht, was im System geschieht, sie muß aber vorausgesetzt werden, weil andernfalls die Autopoiesis zum Erliegen käme und das System aufhören würde zu existieren. Insofern ist jedes System immer schon angepaßt an seine Umwelt (oder es existiert nicht), hat aber innerhalb des damit gegebenen Spielraums alle Möglichkeiten, sich unangepaßt zu Verhalten – und das Resultat sieht man mit besonderer Deutlichkeit an den ökologischen Problemen der modernen Gesellschaft“ (Luhmann 1999a: 100f.).

Die strukturelle Kopplung bedingt für Organisationen, dass sie an die hohe Komplexität ihrer Umweltsysteme angeschlossen sein kann, ohne diese übernehmen zu müssen. Die Umweltkomplexität „wird zumeist nur in der Form von Voraussetzung und Störung oder von Normalität und Irritation im eigenen Operieren rekonstruiert“ (Luhmann 1999a: 108). Die Irritationen des Wirtschafts- oder des Gesellschaftssystems in Organisationen können dabei dazu führen, dass die interne Verarbeitung dieser Irritationen nicht mehr mit den herkömmlichen Selektionsinstrumenten geleistet werden kann und dass so die Komplexität steigt anstatt reduziert zu werden.

5.5.2 Komplexität und das Problem der Kommunikation von Entscheidungen

Jetzt sind wir auf dem Stand angekommen, den wir in Kapitel 4 mit Blick auf Gesellschaft und Wirtschaft untersucht haben. Eine solche systemtheoretische Betrachtungsweise hat gegenüber der Beschreibung von Organisation als Bürokratie den Vorteil, dass sie die Komplexität moderner Betriebe und Einrichtungen sowie die Interdependenzen mit Wirtschaft und Gesellschaft berücksichtigt. Die in Kapitel 4 beschriebenen gesellschaftlichen und wirtschaftlichen Entwicklungen deuten darauf hin, dass die Selektion von Kommunikation durch die Hierarchie in einer globalisierten, entstandardisierten Wirtschaft nicht mehr ausreicht bzw. nicht mehr zu leisten ist. Die strukturelle Kopplung der Systeme in der Umwelt von Organisationen (Kunden, Gesellschaft, Markt) mit den Organisationssystemen bewirkt eine Steigerung der Komplexität (vgl. dazu auch Luhmann 1999b: 289ff.), die es schwierig bis unmöglich erscheinen lässt, die Aufgabe der Komplexitätsreduktion allein der Hierarchie zu überlassen.

Wie im vorigen Kapitel dargestellt wurde, müssen Unternehmen Probleme bewältigen, die sich aus der steigenden Komplexität von Arbeitszusammenhängen, globalisierten Märkten, Verstärkung bzw. Einführung von Kundenorientierung etc. ergeben. Diese Probleme beziehen sich dabei auf die interne Organisation von Arbeit und somit auch auf die Kommunikation zwischen Arbeitnehmern und

Betrieb, also von Organisationsmitgliedern und Organisation. Bürokratie als Antwort auf diese Probleme setzte voraus, dass sich die internen Abläufe kontrollieren und steuern und dass sich Probleme weitgehend antizipieren sowie mit der Verfassung von Regeln und der Ausübung von Kontrolle beseitigen ließen. Dass dies nicht der Fall zu sein scheint, ergibt sich unmittelbar aus den Forderungen nach Flexibilisierung und Eigenverantwortlichkeit der Mitarbeiter. Solche Forderungen sind einer Bürokratie zunächst fremd, wenn man den Sonderfall der selbstverwaltenden Fachautorität beiseite lässt, denn sie implizieren, dass die Selektion von Kommunikation nicht mehr ausschließlich innerhalb der und durch die Hierarchie top-down geschieht, sondern auch bottom-up durch die unteren Ränge der Hierarchie.

Aus der Sicht der Systemtheorie ließe sich eine bürokratisch verfasste Organisation als „wohldefiniertes" System beschreiben. Wohldefinierte Systeme zeichnen sich dadurch aus, dass „alle möglichen Übergänge zwischen den verschiedenen Zuständen, die sie einnehmen können, bekannt sind; daß die Wahrscheinlichkeit dieser Übergänge bekannt ist; und daß sich weder die Übergänge noch die Zustände in Abhängigkeit von der Zeit ändern" (Baecker 1999: 15f.). Dagegen ist der Mensch selbst eher als schlechtdefiniertes System anzusehen. Für diese gilt, „daß die möglichen Übergänge zwischen verschiedenen Zuständen unbekannt sind; daß die Wahrscheinlichkeit dieser Übergänge unbekannt ist; und daß sich sowohl die Übergänge als auch die Zustände und nicht zuletzt die Wahrscheinlichkeit der Übergänge und Zustände in Abhängigkeit von der Zeit ändern" (ebd.: 16). Während das wohldefinierte System also Voraussagbarkeit impliziert, kann man dieses nicht von einem schlechtdefinierten System (und natürlich auch nicht vom Menschen) annehmen.

Eine bürokratische Organisation (und noch viel mehr eine auf tayloristischen Grundsätzen beruhende) versucht, die internen Abläufe möglichst exakt zu definieren und entsprechende Kontrollinstanzen zu etablieren, die die Einhaltung der Definitionen sicherstellen sollen. Wird ein solches wohldefiniertes System[129] mit einem schlechtdefinierten System (z.B. Mensch) konfrontiert, dann geschieht nach Baecker folgendes: Das schlechtdefinierte System wird das wohldefinierte in ein schlechtdefiniertes verwandeln. Konkret wird der „irrtumsanfällige Mensch" (Baecker 1999: 19) – konfrontiert mit einem wohldefinierten System – auf seinen Angewohnheiten, Unwissenheiten und Eigenarten beharren und so das wohldefinierte System in Schwierigkeiten bringen. Eine Eigenart des Menschen ist, dass er sich nur schwer mit fremdgesetzten Definitionen und Vorschriften (mit *Entscheidungen*) abfinden kann. Er versucht, seine Vorstellungen, seine Lebensweise und

[129] Tatsächlich sind moderne Organisationen eher schlechtdefinierte Systeme (vgl. Baecker 1999: 19), die beschriebenen Organisationstheorien versuchen jedoch, genau diesen Zustand zu verändern.

seine Wünsche innerhalb des wohldefinierten Systems zu platzieren und bringt damit die Wohlgeordnetheit in Gefahr. Am Beispiel eines Betriebes ließen sich dafür Eigenmächtigkeiten in Verfahrensweisen, Veränderungen der Gestaltung der Arbeitszeiten (längere Pausen etc.) uvm. anführen. Selbst wenn der Mensch sich den Definitionen des Systems angepasst hat, wird er spätestens bei einer Neudefinition (Reorganisation, Entwicklung neuer Produkte, Veränderung der Ziele einer Organisation) auf seinem status quo beharren und sich nur widerwillig den neuen Definitionen anpassen. Er ist nicht *flexibel* im Sinne des Unternehmens, obschon es durch die Unbestimmtheit der Übergänge zwischen verschiedenen Systemzuständen erheblich mehr Flexibilitätspotential hat als wohldefinierte Systeme.[130]

Aber sind es nicht gerade die Definitionen, die Einschränkungen, die Wohldefiniertheit des wohldefinierten Systems, die ihn davon abhalten, flexibel zu sein? Wenn eine Organisation die Selektion von Kommunikation von und über Entscheidungen in einer Hierarchie behält, dann verbleiben für die Organisationsmitglieder nicht mehr viele Möglichkeiten. Sie können die Kommunikation annehmen oder ablehnen, jedoch bis auf die Entscheidung über Ablehnung oder nicht keine eigenen Entscheidungen kommunizieren. Ihre Freiheit der Selektion besteht dabei nicht in einer Auswahl unter verschiedenen gleichwertigen Möglichkeiten, sondern in einem Entweder-Oder. Wenn sie die Entscheidung der Hierarchie ablehnen, dann riskieren sie damit ihren Ausschluss von der Organisation. Wenn sie sie annehmen, dann geben sie die Verantwortung für die Entscheidung zurück in die Hierarchie.

Hier haben wir den Fall einer Kommunikation von *Entscheidung* (und nicht nur von Information) von unten nach oben, nämlich der Entscheidung über Annahme oder Ablehnung der Entscheidungen der Hierarchie.[131] Diese Entscheidung wird auch als solche wahrgenommen und führt zu weiteren Entscheidungen innerhalb der Hierarchie, bspw. über Entlassungen etc. In bürokratischen Organisationen stellt die Kommunikation von Entscheidung bottom-up jedoch einen Sonderfall dar.

Das Problem der fehlenden Selektionsmöglichkeiten der Organisationsmitglieder äußert sich in Situationen, in denen die Hierarchie aufgrund der – bedingt durch die strukturelle Kopplung – von den Systemen in der Umwelt eingebrach-

---

[130] Diesem Punkt sind wir im letzten Kapitel bereits begegnet, und die Antwort darauf war die Forderung nach der Entwicklung der Flexibilität und Selbststeuerung des Arbeitnehmers. Es mutet wie ein Paradoxon an: Das schlechtdefinierte System soll sich zum einen dem wohldefinierten unterordnen und ebenfalls zu einem wohldefinierten werden. Auf der anderen Seite soll es sich aber die Unbestimmtheit der Übergänge und Zustände, durch die ein schlechtdefiniertes System gekennzeichnet ist, bewahren, um die notwendige Flexibilität zu erhalten.

[131] Wobei die Annahme von Entscheidungen der Hierarchie selbst wiederum vermutlich nicht explizit kommuniziert wird, im Gegensatz zur Ablehnung.

ten Komplexität nicht mehr in der Lage ist, alle notwendigen Entscheidungen rechtzeitig und wohlgeordnet selbst zu treffen. In solchen Fällen ist die Organisation darauf verwiesen, dass Selektion spontan und d.h. eher chaotisch stattfindet. Das kann jedoch nicht von einem wohldefinierten System erwartet werden, sondern nur von einem schlechtdefinierten, nicht determinierten. Baecker (1999: 23) nennt schlechtdefinierte Systeme daher auch „intelligente Systeme".

Zur Bewältigung dieser Probleme muss die Organisation neue Wege gehen. Sie muss sich auf die Bewertung von Kommunikation als Kommunikation von Entscheidungen (und nicht von: Information) auf allen Ebenen einlassen. Damit solche Kommunikation aber überhaupt möglich ist, müssen zum einen die nötigen Freiräume vorhanden sein und zum anderen muss jedes Organisationsmitglied (oder zumindest ein größerer Teil) in der Lage sein, selbständige Selektionsleistungen zu erbringen. Wie wir im letzten Kapitel gesehen haben, setzen bspw. Zielvereinbarungen letzteres voraus, ohne notwendigerweise ersteres zu gewährleisten.

Die Schwierigkeiten der Hierarchie, sich von dieser Kontrollfunktion zu trennen, kann man darin begründet sehen, dass sie in Organisationen dazu angetreten ist, die Interaktionen unter den Organisationsmitgliedern zu beobachten und zu steuern, indem sie für die Selektion der Kommunikation sorgt. In klassischen Organisationstheorien geht man zunächst davon aus, dass die Mitglieder einer Organisation nicht die gleichen Ziele wie die Organisation selbst verfolgen. Daher sind die Interaktionen zwischen den einzelnen Organisationsmitgliedern permanent dahingehend zu kontrollieren, dass diese sich nicht gegen die Organisation, bspw. ihre Struktur oder ihre Ziele richten. Systemtheoretisch gesprochen muss das wohldefinierte System durch Selektion von Kommunikation (und das bedeutet in den meisten Fällen: Ablehnung von Kommunikation) aus den jeweils niedrigeren Hierarchieebenen dafür sorgen, dass das schlechtdefinierte es nicht untergräbt und ebenfalls in ein schlechtdefiniertes verwandelt.

Die Aussetzung der Hierarchie bzw. die Reduzierung der Hierarchieebenen wird jedoch in einigen Managementkonzepten vorausgesetzt, wie bspw. im Falle der lean production. Dass eine solche Reduktion von Kontrolle überhaupt gewagt wird, erklärt Baecker damit, dass „man jetzt davon ausgehen zu können scheint, daß sich die Interaktion der Arbeiter, so bald sie möglich ist, nicht *gegen* die Organisation richten wird, sondern *für* die Zwecke der Organisation einspannen läßt. Und das wiederum kann nur durch eine hierarchische Differenzierung sichergestellt werden, die dafür sorgt, daß Organisationsmitglieder, die nicht hinreichend 'partizipativ' mitziehen, durch Entlassungsentscheidungen oder auch Entscheidungen des Ressourcenentzugs erreicht werden können" (Baecker 1999: 213).

5.5.3 Von der Fremd- zur Selbstkontrolle

Entlassungsentscheidungen und Ressourcenentzug sind Machtmittel der Hierarchie. Insbesondere unter dem Aspekt der Verminderung von Kontrolle, also der Voraussetzung der Partizipativität der Mitglieder, sind solche Kontrollmittel eher schwieriger einzusetzen, laufen sie doch der Intention der Verringerung von Kontrolle zuwider. Zu ihrem Einsatz ist ja wieder die Kontrolle nötig, die gerade durch die Partizipativität abgebaut werden soll. In Anlehnung an Zündorf (1986) werden wir für eine Untersuchung der weiteren Mittel zwischen den Formen „Macht", „Einfluss", „Vertrauen" und „Verständigung" als Einflussmöglichkeiten auf die Interaktion der Organisationsmitglieder unterscheiden.

„Macht (...) bezieht sich ... auf die Durchsetzung kollektiv verbindlicher Entscheidungen im Rahmen einer geltenden Herrschaftsordnung" (Zündorf 1986: 35). Der Einsatz von Macht, z.B. in Form von Ressourcenentzug oder Entlassungsentscheidungen zur Sicherstellung der Partizipativität der Organisationsmitglieder, entspricht dabei strukturalistischen Vorstellungen von Organisationen. Die Organisationsentscheidungen – im Falle moderner Managementkonzepte die Entscheidung, dass zukünftig davon auszugehen ist, dass die Organisationsmitglieder sich in ihren Interaktionen nicht gegen die Organisation richten und daher auch in ihren Interaktionen nicht mehr ständig zu kontrollieren sind – werden mit den Mitteln der Hierarchie durchgesetzt. Hier laufen wir Gefahr, uns in einen performativen Widerspruch zu verstricken: Man kann nicht einerseits vom Abbau von Kontrolle sprechen und gleichzeitig versuchen, (Arbeits-)Ergebnisse mit Hilfe der Macht der Organisation zu kontrollieren. Die Selektion von Kommunikation, die ja durch die Freigabe der Interaktionen gerade aus der Hierarchie in die Mitgliederebene verschoben werden soll, würde damit retransferiert in die Hierarchie, so dass die Hierarchie die Selektion der Selektion betriebe und die Selektionen der Mitglieder sanktionierte.[132] Das heißt der Einsatz machtlicher Mittel zur Durchsetzung und Überprüfung des Erfolgs partizipativ orientierter Managementmethoden konterkariert die Intention dieser Methoden.

Einfluss unterscheidet sich gegenüber Macht dadurch, dass er nicht eine Folge hierarchischer Strukturen ist, sondern auf „Ansehen und Überzeugungskraft von Personen" beruht (Zündorf 1986: 37). Einfluss bezieht sich auf ein wechselseitiges Verhältnis zwischen Einflussübenden und Beeinflussten. Zur Ausübung von Einfluss gehört, dass der Einflussübende seine Stellung nicht aufgrund von Zuweisungen der Hierarchie bzw. der Organisation erhält, sondern sich erwerben muss.

[132] Dennoch wird diese Art von Kontrolle ausgeübt, bspw. in Qualitätsmanagementsystemen.

Zündorf unterscheidet dabei zwei Grundformen von Einflussnahme: a) strategische und erfolgsorientierte und b) konsensuelle und verständigungsorientierte Einflussnahme. In Bezug auf die Selektion von Kommunikation bedeutet a), dass diese vom Einflussübenden auf der Grundlage seiner persönlichen Überlegenheit übernommen und dieses Vorgehen wegen „spezifischen Sachwissens und überlegener Informationspotentiale“ (ebd.) des Einflussübenden von den Organisationsmitgliedern akzeptiert wird. Man könnte hier von einem bewussten Verzicht auf die Möglichkeit der Selektion durch die Organisationsmitglieder zu Gunsten des Einflussübenden sprechen. Im Falle von b) übernimmt dieser ebenfalls die Selektion, jedoch hier nicht durch (stillschweigende) Übereinkunft sondern durch „Überredungs- und Überzeugungsleistungen“ (ebd.), die zu einem Konsens führen. Einfluss findet sich als Steuerungsinstrument sowohl in Hierarchien als auch vor allem innerhalb von Teams.

Vertrauen als dritte Kategorie präsentiert sich als besondere Form einer Tauschbeziehung zwischen Vertrauendem und Vertrautem (vgl. Zündorf 1986: 40ff.). Geht man davon aus, dass Akteure in Organisationen rational, d.h. eigeninteressiert und erfolgsorientiert handeln, so bedeutet Vertrauen das Erbringen einer Vorleistung in Erwartung einer zukünftigen Gegenleistung. Von ökonomischen Transaktionen unterscheidet sich Vertrauen dabei durch die Unbestimmtheit des Zeitpunktes und der Art der Gegenleistung. Vertrauen in einer Organisation kann bspw. das Gewähren von Entscheidungsbefugnissen durch die Organisation an einzelne Mitglieder sein, verbunden mit der Erwartung eines organisationskonformen Umgangs mit diesen Befugnissen. Hier wird deutlich, dass Vertrauen auf Seiten des Vertrauenden mit einem erhöhten Risiko (des Missbrauchs) behaftet ist.

Vertrauen hat in einem solchen Kontext keine moralische Komponente, sondern kann als Kalkül des Vertrauenden (und auch des Vertrauten) behandelt werden.[133] So wie sich derjenige, der Einfluss ausüben will, diesen 'verdienen' muss, so wird Vertrauen vor allem denjenigen entgegengebracht werden, von denen der Vertrauende erwartet, dass sein Vertrauen nicht enttäuscht werden wird. Eine solche Erwartungshaltung kann sich jedoch nur im Verlaufe einer länger dauernden Beziehung aufbauen. Insbesondere in der Anfangsphase von Vertrauensbeziehungen müssen daher andere Kriterien als erwiesene Zuverlässigkeit gefunden werden, die für den Vertrauenden ein Einlassen auf das Risiko des Vertrauens rechtfertigen. Das ist einerseits die Erwartung der Steigerung des Nutzens durch das Entgegenbringen von Vertrauen: Wenn der erwartete Nutzen einer Vertrauensbeziehung

[133] Vgl. zur spieltheoretischen Konzeption von Vertrauen auch Dasgupta (1988).

das Risiko des Vertrauensmissbrauchs übersteigt, erscheint es für den Vertrauenden als lohnend, zu vertrauen.

Zum anderen lassen sich äußere (also nicht in der Vertrauensbeziehung selbst zu verortende) Kriterien finden, die Vertrauen kalkulierbar machen.[134] Ein Kriterium kann dabei in der Dauer der Beziehungen zwischen Vertrauendem und Vertrautem liegen: Wenn zu erwarten ist, dass diese Beziehungen einigermaßen dauerhaft sind, vermindert sich zwar nicht direkt das Risiko einer Vertrauensbeziehung, da positive Erfahrungen ja noch nicht in jedem Fall gemacht sind; es erscheint für den Vertrauenden jedoch als kalkulierbarer als bei kurzfristigen Beziehungen, da bei längerfristigen Beziehungen die Nachteile dessen, der Vertrauen missbraucht, im Hinblick auf künftige Vertrauenstransaktionen schwerwiegender sind. Bspw. könnte Vertrauensbruch einen Ausschluss von vertrauensbasierter Ressourcenverteilung etc. bewirken.[135] In Bezug auf (Arbeits-)Organisationen spielt daher für Vertrauensverhältnisse die Dauer der (auch zukünftigen) Zugehörigkeit zu einer Organisation eine Rolle: „Da die Entwicklung von Vertrauenssystemen dauerhafte und langfristige soziale Beziehungen zwischen potentiell Vertrauenden und Vertrauenspersonen voraussetzt, kommen als Adressaten von Vertrauensvorschüssen vor allem Mitglieder der Stammbelegschaft in Frage, kaum jedoch solche der Randbelegschaft" (Zündorf 1986: 43).

Dem Nutzenkalkül des Vertrauens kommt in unserer Betrachtung eine besondere Bedeutung zu. Eine Form des Nutzens von Vertrauensvergabe durch die Organisation an ihre Mitglieder kann durch das Versagen traditioneller Steuerungsinstrumente wie Macht oder Einfluss entstehen:

> „Unter Annahme, daß die Vertrauensgewährung von seiten der Manager als zweckrationales und nutzenorientiertes Handeln aufzufassen ist, werden sie vor allem dann Vertrauen gewähren, d.h. die Kontrolle über Ressourcen, Handlungen oder Ereignisse übertragen, wenn andere Lenkungs- oder Kontrollmethoden ineffektiv oder unangemessen erscheinen, insbesondere wenn Qualifikationspotentiale und Arbeitsreserven durch Vertrauensvorschuß möglicherweise besser zu mobilisieren und zu nutzen sind als etwa durch machtliche oder bürokratische Methoden." (Zündorf 1986: 43)

Die Mobilisierung der „Qualifikationspotentiale und Arbeitsreserven" haben wir im letzten Kapitel als einen Ausgangspunkt der Beschäftigung mit Kompetenz ausmachen können. Will eine Organisation im Rahmen neuer Managementme-

[134] Coleman spricht in diesem Zusammenhang von einer „Standardeinschätzung der Wahrscheinlichkeit... (von) Vertrauenswürdigkeit", die man jeder noch nicht näher bekannten Person am Anfang einer Vertrauensbeziehung entgegenbringt (Coleman 1991: 132).

[135] Nicht nur Vertrauen ist daher ein Kalkül, sondern auch das Einlösen oder Enttäuschen von Vertrauen seitens des Vertrauten kann so betrachtet werden.

thoden diese Reserven ausschöpfen, so bietet sich als Steuerungsinstrument also 'Vertrauen' an und damit die Übertragung der Selektion von Kommunikation und der Produktion von Entscheidungen in die Ebene der Organisationsmitglieder im Zuge der Freigabe der Interaktionen. Vertrauen bietet gegenüber Macht oder Einfluss die Möglichkeit, dass tatsächlich Kontrolle reduziert und der für die Selektionsleistungen notwendige Freiraum geschaffen werden kann. Für das Management ist das Entgegenbringen von Vertrauen Reduktion von Komplexität (vgl. Luhmann 1989). Es entledigt sich damit eines Teils seiner Verantwortung für Entscheidungen und vereinfacht so die eigenen Steuerungsaufgaben. Damit verbunden ist auch die Übernahme von Verantwortung durch die Organisationsmitglieder. Da Vertrauen immer auch missbraucht werden kann, muss entweder ein Teil der Kontrolle aufrechterhalten werden, indem bspw. stichpunktartig das Management überprüft, ob sein Vertrauen gerechtfertigt ist, oder die Organisationsmitglieder, denen Vertrauen entgegengebracht wird, werden mehr als in klassischen Konstellationen für ihre Handlungen verantwortlich gemacht und ihre Selektionen werden als Entscheidungen gewertet.[136]

Als letzten Punkt der Koordinierung von Organisationen betrachtet Zündorf „Verständigung". Verständigung „ist der Gegenpol zu Macht" (Zündorf 1986: 43). Im verständigungsorientierten oder – wie Zündorf in Anlehnung an Habermas formuliert – kommunikativen Handeln ist die Intention nicht primär ein Nutzenkalkül, sondern das Verfolgen individueller Ziele geschieht über eine kommunikative Abstimmung mit den Interaktionspartnern, über „sprachliche Verständigung und Konsensbildung" (ebd.: 44). Diese Verständigung und Konsensbildung erfolgt dabei nicht über Einflussnahme, sondern über Einverständnis (siehe dazu auch Kapitel 6.3).

Das Problem von Verständigung innerhalb von Organisationen ist die dabei zu Grunde liegende Gleichberechtigung der Interaktionspartner. Sie ergibt sich unmittelbar aus der Abwesenheit von Macht und Einfluss. Ein solcher Akt der Verständigung lässt sich daher am ehesten in Teams innerhalb von Organisationen

[136] Das wiederum werden die Vertrauten – unter der Annahme rationaler Handlungen auf beiden Seiten – nur dann auf sich nehmen, wenn sie sich einen Nutzen davon versprechen können. Dieser Nutzen wird in vielen Fällen vermutlich eher weniger in der Möglichkeit der Entfaltung der eigenen Arbeitsreserven liegen. Wir finden solche Anforderungen an Selbstverantwortlichkeit in den oben beschriebenen Kompetenzkonzepten wieder und auch die Untersuchung der gesellschaftlichen und wirtschaftlichen Entwicklungen haben als einen wesentlichen Hintergrund der Kompetenzdiskussion die Fokussierung auf die Selbstverantwortlichkeit des Individuums erbracht. Organisatorisch betrachtet bedeutet ihre Betonung eine Art „Meta-Kontrolle", indem die Kontrollfunktion der Hierarchie auf die Mitarbeiter übertragen und gleichzeitig diese Selbstkontrolle in die Anforderungen an kompetentes Handeln übernommen wird. Die Kontrollfunktion der Hierarchie beschränkt sich dann darauf, „kompetente" von nicht kompetenten Mitarbeitern zu selektieren.

lokalisieren, in denen sich die Interaktionspartner „nicht nur als Rolleninhaber, sondern auch als Personen akzeptieren" (ebd.: 45). Zündorf vermutet, dass 'Verständigung' im Zuge posttayloristischer Organisationsformen und der damit verbundenen Konzentration auf die „*Subjektivität* der Besitzer von Arbeitskraft und auf ihre *soziale* Integration im Rahmen des Betriebssystems" zunehmend wichtiger wird (ebd.).

Verständigung gewinnt an Bedeutung, wenn die Organisationsziele selbst unklar oder disponibel sind. In beiden Fällen kann Verständigung dann sowohl zwischen den Organisationsmitgliedern und dem Management, als auch zwischen den Mitgliedern selbst zur Klärung und Definition beitragen. Als „Steuerungsinstrument" von Organisationen ist Verständigung hoch anspruchsvoll. Es setzt voraus, dass Management und Mitglieder zwar nicht unbedingt die gleichen Organisationsziele teilen, zumindest jedoch als gemeinsames Ziel den Erhalt der Organisation als solche haben.[137] Findet Verständigung nur zwischen den Organisationsmitgliedern statt, so kann von einem vorherigen Akt des Vertrauens seitens des Managements ausgegangen werden. In jedem Fall *erfordert* Verständigung von den Organisationsmitgliedern die Fähigkeit der Selektion von Kommunikation und vom Management die Freigabe der Interaktion, denn nur auf der Ebene der gemeinsamen Produktion von Entscheidungen ist Verständigung möglich.

Alternativ zur Machtausübung bieten also vor allem Einfluss, Vertrauen und Verständigung die Möglichkeit, die Selektion von Kommunikation aus der Management- in die Mitgliederebene zu übertragen und die dazu nötigen Freiräume zu verschaffen. Schwierig bleibt i.d.R. der damit (zumindest theoretisch) verbundene Kontrollverzicht. Dass trotzdem mitunter alternative Steuerungsmechanismen in Organisationen gewagt werden, kann in der Erwartung größeren Nutzens (Vertrauen!) begründet sein. Aber auch Einfluss spielt dabei eine bedeutende Rolle. Wie Rößer (2000) ausführt, wird Einfluss zur Erhöhung der Produktivitätspotentiale über die Kommerzialisierung von Gefühlen ausgeübt. Das Individuum soll „über den Prozess der Vergemeinschaftung" dazu gebracht werden, dass es „subjektiv eine Verschmelzung von Fremd- und Eigeninteresse empfindet" (ebd.: 240). Dadurch werden „*störende Momente zurückgedrängt und für den Produktionsprozeß schöpferische Kräfte ermuntert. 'Autonomie' und Handlungsfreiheit kann darin umso absoluter gewährt werden, je vollständiger die Übernahme vorgegebener Logiken stattfindet*" (ebd.).

[137] Davon allerdings kann in Organisationen in den meisten Fällen wohl ausgegangen werden.

5.5.4 Arbeitslosigkeit als Externalisierung von Kontrolle – ein Exkurs

Das Problem der Führung und Kontrolle der Mitarbeiter in Organisationen im Zusammenhang mit der Steigerung der Produktivität beschäftigt die an diesem Problemkreis beteiligten Disziplinen seit jeher (vgl. 5.1 – 5.3). Zur Lösung wurde immer wieder auf erfolgversprechende Ansätze in anderen Ländern zurückgegriffen, wobei die besonderen Umstände der einzelnen Länder zumeist eher weniger beachtet wurden. Am Beispiel Japan sollen diese Vorgänge in einem Exkurs kurz skizziert und mit unserem Problem der Freigabe der Interaktionen von Organisationsmitgliedern, also der Verringerung von Kontrolle in Verbindung gebracht werden.

Das Konzept der lean production und andere, Anfang der 90er Jahre des letzten Jahrhunderts mit dem Erfolg der japanischen Wirtschaft aus diesem Kulturkreis übernommene Konzepte der Organisationsführung, sind i.d.R. darauf angewiesen, dass die Organisationsmitglieder die gleichen oder ähnliche Ziele verfolgen wie die Organisation (vgl. Georg 1992: 40). In Japan konnte man lange Zeit von einer solchen Gleichheit ausgehen, was jedoch den Spezifika der japanischen Gesellschaft und Wirtschaft geschuldet war.

Anders als in den meisten westeuropäischen Gesellschaften gründet sich Arbeit in Japan nicht auf ein mehr oder minder individualistisches Berufskonzept, sondern auf das Handeln in Gemeinschaften. Das Bildungssystem der japanischen Pflichtschule bspw. ist nicht auf Konkurrenz und möglichst frühzeitige Diversifizierung nach Leistung ausgerichtet, sondern auf Integration (Georg 1992: 42).[138] Bereits in der Schule werden die Sekundärtugenden für eine gute Integration in einen Betrieb trainiert: „Es sind weniger die Lehrinhalte als vielmehr das Training von Verhaltens- und Orientierungsmustern, die die Schule zu einer so wichtigen Sozialisationsinstanz machen. Das Schulsystem ist geprägt von hohen Anforderungen an Disziplin, Pünktlichkeit, Ein- und Unterordnungsbereitschaft" (ebd.: 45). Das wirkt sich letztlich für die Unternehmen insofern positiv aus, als es für japanische Firmen konstitutiv ist, dass ein Arbeitsverhältnis nicht im Sinne der Bereitstellung von Zeit gegen Geld verfasst ist, sondern sich auf eine möglichst vollständige Integration der gesamten Persönlichkeit des Arbeitnehmers in den Betrieb gründet:

> „Im Gegensatz zum westlich-bürokratischen Organisationstypus ist für das japanische Unternehmen gerade die Vereinnahmung der ganzen Person des Arbeitenden

[138] In einem Bericht über japanische Studienreisende in Deutschland wird erwähnt, dass die Dreigliedrigkeit des deutschen Schulsystems bei den japanischen Vertretern „Irritation bis hin zu offenem Entsetzen" auslösten, da es für sie unvorstellbar war, dass Kinder im Alter von 10 Jahren (resp. deren Eltern) über ihre weitere Zukunft entscheiden sollten (Georg 1993: 19).

kennzeichnend, seine soziale Integration in die 'Firmengemeinschaft' durch moralische Normen und die Einbindung in eine Vielfalt persönlicher (nicht formaler) Beziehungen und Abhängigkeiten." (Georg 1992: 50)

Im Gegensatz dazu ist Bildung und Berufsbildung in Deutschland eher auf Individualität und Mündigkeit orientiert. Gerade die Überwindung der Fixierung auf Sekundärtugenden wurde und wird immer wieder als wichtiger Fortschritt in der Entwicklung des (beruflichen) Bildungswesens betrachtet (vgl. zur Veränderung der Ansprüche an „Sekundärtugenden" Lisop 1998: 37). Mündigkeit verträgt sich jedoch nur bedingt mit der „Vereinnahmung der gesamten Persönlichkeit" in einem Unternehmen. Vermutlich sind aus diesen und ähnlichen Gründen Kontrolle und Bürokratie nach wie vor zentrale Instrumente der Steuerung von Organisationen. Dass diese Instrumente zu Gunsten von lean production nun der 'Freigabe' der Interaktion zwischen Organisationsmitgliedern ein Stück weit weichen zu können scheinen, könnte in der Externalisierung der Kontrolle der Leistungsbereitschaft, die sonst die Hierarchie ausgeübt hat, auf den Arbeitsmarkt verortet werden. Mit anderen Worten: Das Überangebot von Arbeitskräften gibt der Organisation die Möglichkeit, diejenigen auszuwählen und zu behalten, die sich in ihren Interaktionen innerhalb der Organisation und zwischen den Organisationsmitgliedern so verhalten, dass sie den Organisationszielen dienen.[139] Dabei wird an den geeigneten Organisationsmitgliedern jedoch nicht ein 'Untertanenverhalten' geschätzt, sondern der eigenverantwortliche Einsatz für die Organisation. Ein solcher Einsatz setzt voraus, dass der Einzelne in der Lage ist, Selektionen, die vormals von der Hierarchie geleistet wurden, selbsttätig zu vollbringen.

Etzioni (1971: 110) formulierte: „Wenn eine Organisation Individuen einstellen könnte, die sich von selbst fügen, oder wenn die Organisation ihre Mitglieder so erziehen könnte, daß sie sich ohne Aufsicht einfügten, dann bestünde kein Bedarf an Kontrolle". Wir haben gesehen, dass sich Organisationen an diesem Punkt im Kreise drehen. Die wirtschaftlichen und gesellschaftlichen Umstände erfordern ein Mehr an Flexibilität, das nicht mit den bisherigen Mitteln der Kontrolle in der Organisation zu gewährleisten zu sein scheint. Die Konsequenz wäre, dass Organisationen auf Kontrolle zu Gunsten des Vertrauens in die Mitglieder verzichteten. Dies wiederum stößt auf grundsätzliche Bedenken gegenüber den Einstellungen und Handlungsweisen der Mitglieder, von denen vermutet wird, dass sie sich eher gegen als auf die Organisationsziele richten, dass die Mitglieder also nicht von selbst (und zwar aus Überzeugung) das tun, was ihnen ohnehin ansonsten von der Hierarchie befohlen würde. Daher wird Kontrolle – entgegen den Anforde-

[139] Wie wir in Kapitel 2 festgestellt haben, ist das ein Ziel von Kompetenzentwicklung. Zugegebenermaßen mutet eine solche Erklärung sozialdarwinistisch an.

rungen moderner Arbeitsorganisation – weiterhin als notwendig angesehen. Der Ausweg aus diesem Dilemma scheint mit dem externen Druck auf die Mitglieder, der durch konstant hohe Arbeitslosigkeit erzeugt wird, zu kommen. Dieser von außen eingeführte Druck könnte dazu beitragen, die Partizipativität der Mitglieder sicher zu stellen und gleichzeitig Möglichkeiten zur Reduktion organisationsinterner Kontrolle zu eröffnen.

Das durch hohe Arbeitslosigkeit vergleichsweise höhere Risiko, von Entlassungsentscheidungen betroffen zu werden und anschließend geringere Möglichkeiten auf dem Arbeitsmarkt zu haben, erhöht damit die 'Chancen', dass sich Arbeitnehmer (zumindest nach Außen) 'von selbst' konform zu den Zielen der Organisation verhalten.[140] Da es jedoch nicht dauerhaft das Ziel von Organisationen ist (bzw. sein kann), ihre Mitglieder unter Repressalien zur Kooperation zu zwingen, lässt sich mit Blick auf die Diskussionen über lernende Organisationen und Bemühungen der Weiterbildung der Mitarbeiter (siehe die Analyse von „Kompetenzentwicklung" in Kapitel 2) konstatieren, dass Organisationen mit Hilfe des Kompetenzbegriffs alternative Wege gehen, um die Mitglieder entsprechend Etzionis Hinweis zu *erziehen* bzw. zu sozialisieren oder sie gemäß der Kompetenzkriterien auszuwählen. Der von außen eingeführte Druck lässt sich dann als Unterstützung der Einführung solcher Konzepte deuten, die im Weiteren verstetigt werden und so von den Externalitäten unabhängig machen, also dauerhaft 'kompetente' Mitarbeiter zur Verfügung stellen.

5.6 Kompetentes Handeln als Selektion in Organisationssystemen

Kehren wir zurück zu unserer Ausgangsfrage, nämlich wie sich kompetentes Handeln in Organisationen beschreiben lässt bzw. wie es sich in Organisationen äußern könnte. Betrachten wir Kommunikation als grundlegend für Organisationssysteme, dann deuten die Befunde über den Wunsch nach Flexibilität und Eigenverantwortung auf der einen Seite und das Potenzial für Steuerung und Gestaltung der Umwelt auf der anderen Seite auf eine spezifische Form der Selektion von Kommunikation und der Produktion von Entscheidung bei Organisationsmitgliedern hin. Wir sahen in Kapitel 4, dass Arbeit komplexer wird und im Zuge von Individualisierungstendenzen der Einzelne verstärkt auf sich selbst verwiesen wird. Damit steigen die Anforderungen an Selektion von Entscheidungen für den Einzelnen und die der Organisation an Komplexitätsreduktion.

[140] Allerdings wird der externe Druck zumindest in westeuropäischen Ländern zumeist durch ein mehr oder weniger dichtes soziales Netz gemildert.

Welche Entscheidungen sind es, die getroffen und kommuniziert werden müssen? Gehen wir von einem Nachlassen der Kontrolle aus, so ist damit eine Übertragung von Verantwortung aus der Hierarchie auf die Mitgliederebene verbunden. Wenn sich Mitglieder nicht mehr auf Entscheidungen der Hierarchie berufen können, dann sind sie selbst verantwortlich für ihre Handlungsentscheidungen. Mit dem Übergang der Verantwortung geht auch der Verlust der Funktion der Komplexitätsreduktion durch die Hierarchie einher, bzw. die Hierarchie reduziert ihre eigene Komplexität durch Verschiebung dieser in die Mitgliederebene, wie am Beispiel „Vertrauen" zu sehen war. Die Selektion von Kommunikation auf der Mitgliederebene muss also zur Reduktion der Komplexität in der Organisation beitragen, mithin müssen die Mitglieder die Selektionsleistung der Hierarchie übernehmen. Die selbständige Selektion zur Reduktion von Komplexität können wir nun zunächst als „kompetentes Handeln" bezeichnen. Ihm kommen alle Eigenschaften dessen zu, was wir in der bisherigen Untersuchung entdeckt haben: Selbständigkeit, Steuerung und Gestaltung der sozialen Umwelt, Zielgerichtetheit. Diesen Aspekt gilt es nun zu konkretisieren.

Baecker (1999: 23) beschreibt die Fähigkeit des Menschen im Umgang mit schlechtdefinierten Systemen als „Intelligenz des Rechnens mit Kommunikation". Es ist eine Fähigkeit, die es dem Einzelnen ermöglicht, kreativ mit Unordnung umzugehen, Ordnung aus dem Chaos zu erschaffen. In diesem Zusammenhang plädiert er auch dafür, Organisation nicht als Organisation von Einheit, sondern von Differenz zu betrachten (ebd.: 20ff.). Die Differenz besteht zwischen den unmittelbar organisationsrelevanten („Entscheidungsverfahren, Handlungsgewohnheiten, Abstimmungsmöglichkeiten und Konfliktgefahren") und den nicht unmittelbar organisationsrelevanten („Flirts, Freundschaft, Feindschaft, Gleichgültigkeit, Unsicherheit, Ehrgeiz, Brillanz und Ignoranz") Bestandteilen der Kommunikation in Organisationen.

In Organisationen, die wohldefinierten Systemen nahe kommen, wird die Organisation dieser Differenz von der Hierarchie geleistet. Sie entscheidet, welche Kommunikation organisationsrelevant ist und versucht – geht man von Macht als Steuerungsinstrument aus –, andere Formen zu unterbinden. Wie Rößer (2000) vermutet, wird alternativ zur Unterdrückung von nicht unmittelbar organisationsrelevanter Kommunikation durch Macht auch die Kommerzialisierung von Gefühlen (im Rahmen des Ausübens von Einfluss) verwendet. Systemtheoretisch betrachtet ist eine solche Kommerzialisierung der Versuch, schlechtdefinierte Systeme in wohldefinierte zu verändern bzw. anzupassen. Abgesehen von den von Baecker formulierten Problemen wird der Vorteil schlechtdefinierter Systeme – nämlich die Kreativität im Umgang mit Chaos – dadurch ein Stück weit zunichte gemacht. Denn die „Übernahme vorgegebener Logiken" bedeutet in vielen Fällen die Übernahme der Selektionen der Hierarchie. Die Organisation der Differenz wird zwar auch hier geleistet, jedoch nicht als selbständige Leistung der Organisationsmitglieder, sondern als Übernahme der Entscheidungen der Organisation, als 'Kopie'. Die geforderte und an schlechtdefinierten Systemen geschätzte Flexibilität ist so nicht aufrecht zu erhalten.

Mit einem Übergang der Verantwortung für die Selektion von Kommunikation aus der Hierarchie auf die Organisationsmitglieder – bspw. durch Vertrauen oder Verständigung – müsste auch die Organisation der Differenz durch die Mitglieder erfolgen. Kompetentes Handeln in der bisher betrachteten Bedeutung würde damit ergänzt um die Organisation der Differenz in einer Organisation, mithin um die Organisation der Mitglieder der Organisation durch sich selbst: Selbstorganisation. Diese Selbstorganisation[141] bedeutet dabei auch die Selektion zwischen organisationsrelevanter und -irrelevanter Kommunikation.

Jetzt können wir einen ersten Konkretisierungsversuch kompetenten Handelns wagen. Dieser kann sicherlich nur hermeneutisch begründet sein, da Kompetenz und kompetentes Handeln soziale Konstrukte sind. Kompetentes Handeln begründet sich durch eine Summe von Merkmalen, die dem Handeln von Personen in gewissen Konstellationen zugeschrieben werden. Bisher haben wir versucht, diese Eigenschaften genauer zu beschreiben, die Umstände zu beleuchten, in denen besondere Anforderungen an Personen gestellt werden, und die Bedingungen der Umsetzung dieser Eigenschaften zu verdeutlichen. Zusammenfassend lässt sich demnach konstatieren: Kompetentes Handeln äußert sich darin, selbständig, selbstverantwortlich, kreativ, selbstorganisierend und flexibel Entscheidungen zur Reduktion von Komplexität zu treffen.[142] Wie sich diese Aspekte handlungstheoretisch beschreiben lassen und was Kompetenz in diesem Zusammenhang bedeutet, werden wir im Weiteren untersuchen.

---

[141] In gewissem Sinne gehört hierzu auch die Bereitschaft für eine solche Selbstorganisation. Jedoch halte ich es für verfehlt, diese Bereitschaft als Teil unserer sich in Entwicklung befindenden „Kompetenz" zu bezeichnen. Vielmehr sind es personenexterne Faktoren, die diese Bereitschaft erzeugen (bspw. drohende Arbeitslosigkeit oder auch organisationsinterne Voraussetzungen wie Entbürokratisierung).

[142] Oftmals werden diese Handlungsanforderungen mit der Übernahme des betrieblichen Referenzrahmens verbunden. Wir beziehen diesen in unsere Beschreibung bewusst nicht ein, ist es doch das Ziel unserer Untersuchung, möglichst kontextunabhängige Kriterien für die Analyse kompetenten Handelns zu gewinnen. Die Berücksichtigung des betrieblichen Referenzrahmens ist in der Tat auch nicht notwendig, wie unsere handlungstheoretischen Betrachtungen im nächsten Kapitel zeigen werden. Allerdings lassen sich existierende Kompetenzkonzepte in diesem Rahmen besonders gut verdeutlichen.

6 Handlungstheoretische Aspekte von kompetentem Handeln und Kompetenz

Das, was wir im Vorangegangenen als gesellschaftliche Hinergründe von Kompetenz und kompetentem Handeln identifiziert und mit Blick auf Organisationen beschrieben haben, bedarf im Weiteren einer Konkretisierung auf der Ebene des handelnden Subjekts. Beginnen wir mit einer einfachen Feststellung: Kompetenz ist die Grundlage von kompetentem Handeln. Nun ist es schwierig, die Grundlage für etwas genauer zu bestimmen, wenn dieses „etwas" selbst nicht richtig bekannt ist. Wir werden uns daher im Folgenden zuvorderst mit der Frage beschäftigen, was kompetentes Handeln – über das Treffen von Entscheidungen zur Reduktion von Komplexität hinaus – bedeuten kann. In der Kompetenzdebatte der beruflichen Bildung wird diese Frage – wie wir in unseren bisherigen Betrachtungen beobachten konnten – so explizit nicht gestellt. Vielmehr wird dort ein Bezug zwischen speziellen situativen Anforderungen und Kompetenz hergestellt. Als kompetentes Handeln könnte dann das erfolgreiche[143] Bewältigen einer Situation bezeichnet werden, wobei sich die Beurteilung, ob eine Handlung kompetent war, von Situation zu Situation verändern kann, je nachdem, was als 'erfolgreiche' Bewältigung gedeutet wird. Kompetenz wird somit zu einem situativ bestimmten bzw. bestimmbaren Konzept (vgl. auch Euler 2001).

Anforderungen der Arbeitswelt erzeugen die Notwendigkeit zur Ausführung bestimmter Handlungen zur Bewältigung arbeitsweltlicher Situationen. Von diesen Handlungen wird auf Fähigkeiten und Fertigkeiten (oftmals auch verbunden mit Einstellungen etc.) geschlossen, eben solche Handlungen hervorbringen, und diese werden mit dem Terminus „Kompetenz" versehen. Diese Vorgehensweise folgt ein Stück weit der Theorie Chomskys, in der für Sprache ein Regelsystem postuliert wird, das mit einer begrenzten Anzahl von Regeln dem Einzelnen ermöglicht, eine unbegrenzt vielfältige Sprachperformanz zu erzeugen. An dieser Stelle allerdings enden die Gemeinsamkeiten. Denn übertragen wir Chomskys Annahmen auf die aktuelle Kompetenzdiskussion in der beruflichen Bildung mit ihren ausufernden Kompetenzbegrifflichkeiten und der Annahme, dass es zu jeder Tätigkeitsklasse eine zugeordnete Kompetenz gebe, dann hieße das, dass wir über

[143] Wobei 'erfolgreich' zumeist gleichzusetzen ist mit 'erfolgreich im Sinne des Unternehmens'.

eine Vielzahl unterschiedlicher und sich zum Teil überschneidender Regelsysteme verfügten, die jeweils den entsprechenden Tätigkeiten bzw. Tätigkeitsklassen zu Grunde liegen.

In Bezug auf Sprache ist die Existenz eines Regelsystems nachvollziehbar, beruht Chomskys Sprachkompetenz doch auf den endlichen und bestimmbaren syntaktischen Regeln einer Sprache. Betrachten wir allerdings Beispiele aus der aktuellen Kompetenzdiskussion wie 'personale Kompetenz' oder 'Führungskompetenz', dann erscheint das Postulat eines diesen Kompetenzen zu Grunde liegenden Regelsystems deutlich begründungsintensiver zu sein.[144] Tatsächlich gehen die verschiedenen Kompetenzkonzepte jedoch nicht von einer Vielzahl von Regelsystemen aus, sondern von einem Regelsystem des Handelns in Form eines Repertoires von Handlungsschemata, auf dem die Handlungen eines Menschen basieren (vgl. Aebli 1980: 99)[145], verbunden mit jeweils anforderungs- und situationsadäquat besonderen bzw. tätigkeitsklassenspezifischen Fähigkeiten und Fertigkeiten und zusätzlich angereichert um willens- und wertbezogene Aspekte (vgl. Frei, Duell und Baitsch 1984: 30).

Es lässt sich nun die Frage stellen, ob die Tätigkeiten, die zu betrachten sind, sich tatsächlich in ihren zugehörigen Kompetenzen unterscheiden, oder ob sie nicht vielmehr ihre *Gemeinsamkeit in der Kompetenz* haben. Der kompetente Mensch, die kompetente Persönlichkeit zeichnete sich dann nicht durch ein Bündel von Kompetenzen aus, sondern wäre als ein 'Kompetenz besitzender Mensch' zu verstehen. Dazu gehört, dass er verschiedene Qualifikationen, Schlüsselqualifikationen, Fertigkeiten und Fähigkeiten besitzt, nicht jedoch verschiedene Kompetenzen. Mit anderen Worten: Verändert das Anreichern des Regelsystems um einige Aspekte das grundsätzliche Repertoire von Handlungsschemata so sehr, dass wir von verschiedenen (und unterscheidbaren!) Kompetenzen sprechen können? Im Hinblick darauf, dass Fertigkeiten und Fähigkeiten Bestandteile von Handlungsschemata sind, müssten wir diese Frage zumindest teilweise[146] bejahen und von einer allgemeinen Handlungskompetenz ausgehen, die sich dann unterteilen lässt in tätigkeits- oder anforderungsspezifische Unterkompetenzen. Mit Bezug zu unseren bisherigen Untersuchungsergebnissen scheint dieser Weg jedoch nicht erfolgversprechend zu sein, denn offensichtlich erzeugt diese Art der Vorgehens-

144 Welches Regelsystem liegt einer solchen Kompetenz zu Grunde? Lassen sich Regeln aufstellen, aus denen man den Umgang mit der eigenen Person in all seiner Vielfältigkeit ableiten kann (personale Kompetenz) oder endliche Regeln für unbegrenzt vielfältige Führungsaufgaben?

145 „Chomsky lanciert einen Kompetenzbegriff, den die Psychologen rasch übernehmen. Er spricht von der Erzeugung von Sprache aus Regeln. Die Psychologen sprechen bald ihrerseits von der Erzeugung von Handlungen aus Regeln, Algorithmen und Heuristiken" (Aebli 1980: 80).

146 Auch wenn die Frage der Unterscheidbarkeit und der Differenziertheit dieser Kompetenzen dabei offen bleiben muss.

weise eine Reihe von Problemen. Dafür können wir verschiedene Ursachen identifizieren. Eine besteht darin, dass die einzelnen Kompetenzen nicht aus handlungstheoretischen Betrachtungen abgeleitet werden, sondern wirtschafts- und bildungspolitische bzw. unternehmensstrategische Aspekte bei ihrer Konstruktion eine Rolle spielen und damit eine handlungstheoretische Beschreibung von Kompetenz erschweren. Dieser Umstand trägt dazu bei, dass sich selbst für identisch bezeichnete Kompetenzen disparate Beschreibungen finden lassen (vgl. Harteis et al. 2001). Wir haben in Kapitel 4 und 5 daher versucht, zunächst die Hintergründe von Kompetenz und kompetentem Handeln zu erhellen, um uns an dieser Stelle auf eine handlungstheoretische Betrachtung konzentrieren zu können.

Diese Hintergründe haben uns dabei auch vor Augen geführt, dass wir kompetentes Handeln auf einige grundsätzliche Aspekte reduzieren können, nämlich die des selbständigen, selbstverantwortlichen, kreativen, selbstorganisierenden und flexiblen Treffens von Entscheidungen zur Reduktion von Komplexität. Nehmen wir diese handlungstheoretisch noch auszuarbeitenden Merkmale kompetenten Handelns als Grundlage, dann können wir annehmen, dass eine noch näher zu beschreibende Kompetenz dazu im Singular auftreten kann. Wir werden dazu die Ebene der psychologischen Handlungstheorie weitgehend verlassen und uns anderen Handlungstheorien zuwenden, die Handlungen nicht primär als Ergebnis von Handlungsschemata bzw. in Form von Handlungsregulationen beschreibt, sondern einen allgemeineren, weniger auf die psychischen Vorgänge bezogenen Weg geht. Für das heutige Verständnis von Kompetenz scheint mir dieser Weg notwendig zu sein, haben unsere Betrachtungen der gesellschaftlichen und organisatorischen Ausgangsbedingungen für Kompetenz doch gezeigt, dass das, was gemeinhin mit dem Terminus „Kompetenz" bzw. mit kompetentem Handeln gefordert wird, nicht eine weitere Kategorie von besonderen, tätigkeitsbezogenen Fertigkeiten, sozusagen eine 'Überqualifikation' oder eine „Meisterschaft im Handeln" (Volpert 1999) ist, sondern es betrifft im Wesentlichen den *sozialen* Aspekt des Handelns.[147] Wir werden daher im Folgenden nicht die Ebene der Handlungsregulation, sondern die des sozialen Handelns näher betrachten und dabei unsere bereits angelegte Trennung der Begriffe „Kompetenz" und „kompetentes Handeln" beibehalten. Das hilft uns auch dabei, einige der im modernen Kompetenzbegriff angelegten Probleme zu vermeiden, bspw. den der Herleitung von Kompetenzen aus Tätigkeiten bzw. Anforderungen.

[147] Auch die dem Kompetenzbegriff in der beruflichen Bildung zu Grunde liegenden Theorien haben den ursprünglichen handlungstheoretischen Rahmen längst überschritten und sich auf eine normative Bestimmung von Kompetenzen aus Anforderungen heraus begeben, in dem sie Persönlichkeitsaspekte, Willen und Werte in den Kompetenzbegriff mit aufgenommen haben (vgl. bspw. Schwadorf 2003: 68).

In Kapitel 2.2 ist bereits dargelegt worden, dass sich das, was in einigen Fällen als Kompetenz oder Kompetenzen verstanden wird, nicht ohne Weiteres aus Tätigkeiten herleiten lässt, zumal wenn man gleichzeitig Persönlichkeitseigenschaften und Umweltbedingungen in Kompetenzen mit aufnimmt. Allenfalls Qualifikationen können, im Zusammenhang mit einer sehr engen Bestimmung des Qualifikationsbegriffs, in direktem Zusammenhang zu speziellen Tätigkeiten bestimmt werden. Gleichzeitig kann jedoch nicht behauptet werden, dass jemand für alle Tätigkeiten gleichermaßen befähigt ist. Befinden wir uns also in einem Irrtum, wenn wir annehmen, dass Kompetenz nicht im Zusammenhang mit spezifischen Fertigkeiten steht? Ist Kompetenz nicht gerade das, was bspw. einen Menschen, der in kritischen Situationen besonnen und auf der Grundlage vielfältigen und gesicherten Wissens zielgerichtet und verantwortungsbereit handelt, von einem anderen, der situationsunangemessene Entscheidungen trifft und einen Handlungsfehler nach dem anderen begeht, unterscheidet? Gibt es also in diesem Sinne doch verschiedene Kompetenzen?

Das Problem befindet sich auf einer anderen Ebene. Wenn sich kompetentes Handeln in der obigen Beschreibung zeigt, wenn darüber diskutiert wird, unter welchen Bedingungen am besten Kompetenzen gelernt werden können, wenn von kompetenzförderlicher Arbeitsgestaltung, Lernumgebungen und selbstorganisiertem bzw. selbstgesteuertem Lernen die Rede ist, dann sind damit *Fähigkeiten und Fertigkeiten* gemeint, die gelernt und auch angewandt werden sollen, und zwar im Sinne eines *sich freiwillig und aktiv an seine sich ändernde (Arbeits-)Umgebung anpassenden bzw. sie gestaltenden Menschen*. Dazu sind jedoch nicht verschiedene Kompetenzen nötig, sondern unterschiedliche Kenntnisse, Fähigkeiten und Fertigkeiten (Qualifikationen!) in Verbindung mit *kompetentem Handeln*. Ludwig beschreibt dieses Problem sehr treffend, wenn er ausführt: „Der Kompetenzbegriff vom Außenstandpunkt geht weitgehend im Qualifikationsbegriff auf und verweist gegenüber dem Qualifikationsbegriff nur mehr darauf, dass Funktionalität in der Arbeit (festgemacht im Begriff der Qualifikation) ohne subjektive Momente nicht auskommt“ (Ludwig 2002: 100).[148]

Man benötigt nicht unterschiedliche Kompetenzbegriffe, um dieses Phänomen zu charakterisieren. Den ‘Krisenmanager’ in der obigen Situation unterscheiden nicht seine unterschiedlichen Kompetenzen im herkömmlichen Sinne von seinem ‘handlungsunfähigen’ Kollegen. Beide können die gleichen Wissensbestände und Fertigkeiten besitzen und in einer kritischen Situation trotzdem völlig unterschiedlich handeln. Sie unterscheiden sich darin, dass der eine selbständig, selbstverantwortlich, kreativ, selbstorganisierend und flexibel Entscheidungen zur Re-

[148] Den Innenstandpunkt repräsentiert in diesem Zusammenhang das Regelsystem, wobei wir festgestellt haben, dass diese Ebene im modernen Kompetenzbegriff verlassen worden ist.

duktion von Komplexität trifft, der andere nicht. Der Unterschied liegt letztlich in der Bewertung des Handelns als kompetent oder nicht. In unserem Beispiel könnte man – wie es auch in der Kompetenzdebatte vielfach getan wird – diese Bewertung an ein Werteset des Bezugssystems binden. Dann würde eine Handlung als kompetente Handlung gedeutet, wenn sie mit den Vorgaben der (zumeist betrieblichen) Umwelt konform ist. Diesen Umstand suchen wir jedoch gerade zu vermeiden, bedeutete er doch, dass sich die Beurteilung einer Handlung als kompetent nach disparaten Kriterien richtete. Wir werden statt dessen versuchen, allgemeiner gültige und handlungstheoretisch begründete Kriterien zur Identifizierung kompetenten Handelns zu entwickeln. Diese Kriterien werden dabei lediglich der Qualifizierung von Handlungen dienen, nicht jedoch der Beschreibung einer 'Kompetenz' selbst. Letztere werden wir zwar auch aus handlungstheoretischen Argumenten heraus beschreiben, jedoch ohne die kausale Verbindung, die ihr in den bisherigen Konzeptionen anhaftet. Das liegt nicht zuletzt an der notwendigerweise zu treffenden Unterscheidung zwischen Handlungen und Handlungsursachen bzw. -gründen.

Im Vorgriff auf unsere handlungstheoretischen Betrachtungen können wir eine erste Darstellung dieser Unterscheidung bereits andeuten. Aus der Sicht eines Beobachters ist die Charakterisierung einer Handlung immer eine Beschreibung des Wahrgenommenen. Wird in diesem Sinne eine Handlung von anderen als kompetente Handlung beurteilt, so beruht diese Charakterisierung auf einer Zuschreibung. Eine solche Zuschreibung des Status „kompetent" ist dabei zum einen von der Person des Zuschreibenden abhängig, zum anderen aber auch vom sozialen Kontext, in dem die Handlung erlebt und der Status vergeben wird. Man kann nicht eine Handlung charakterisieren und beurteilen, ohne die Situation, in der die Handlung aktualisiert wird, mit zu beachten (vgl. Böhler 1985: 121; Brandtstädter und Greve 1999: 187 und 204).[149] Dabei geht es an dieser Stelle weniger darum, dass für die Beurteilung die situativen Bedingungen mit zu berücksich-

[149] Ein einfaches Beispiel soll diesen Umstand verdeutlichen: Wenn Hans sieht, wie Maria mit dem Kopf nickt, dann kann diese Bewegung je nach Kontext und in Abhängigkeit von Hans' Erfahrungen bzw. auch seiner Herkunft unterschiedlich gedeutet werden. Hat Hans Maria gerade eine Frage gestellt und beide sind Westeuropäer, dann kann Hans das Kopfnicken als Zustimmung bzw. Bejahung seiner Frage deuten. Wären jedoch Hans und Maria aus Bulgarien, so bedeutete für Hans das Kopfnicken Verneinung, denn in Bulgarien ist Kopfnicken eine Geste der Ablehnung. In Abhängigkeit von der Person und ihrer Herkunft kann also die gleiche Handlung unterschiedlich gedeutet werden. Wenn Maria aus Bulgarien wäre und Hans nicht, dann gäbe es an dieser Stelle eine erste Fehldeutung einer Handlung. Gleiches gilt für die Situation. Ein Außenstehender, der die Szene beobachtet, könnte, ohne dass er von Hans Frage wüsste, nicht entscheiden, ob das Kopfnicken eine Reaktion auf eine etwaige Frage war, oder ob z.B. Maria mit Kopfnicken signalisieren wollte, dass Hans gehen sollte. Die Beurteilung von Marias Handlung ist abhängig von der Situation und von der Kenntnis der Situation.

tigen sind (bspw. die Normen und Werte eines Unternehmens), als vielmehr um die Begründung der hier postulierten Differenz zwischen Kompetenz und kompetentem Handeln. [150]

Eine als kompetent beobachtete und bezeichnete Handlung ist nicht gleichzusetzen mit einer Kompetenz.[151] Jemand, der die Handlung eines anderen als kompetent bezeichnet, deutet sie vor dem Hintergrund seiner persönlichen Erfahrungen und Einstellungen und seiner Kenntnis der Situation. Hier sehen wir einen weiteren Grund für die Vermehrung von Kompetenzbegriffen nicht nur in Werbung und Politik, sondern auch in der Wissenschaft. Jemand, der eine bestimmte Aufgabe zur besonderen Zufriedenheit seines Auftraggebers erfüllt, wird als kompetent für diese Aufgabe beschrieben. Es wird damit einer Person eine Eigenschaft zugeschrieben, obwohl das Prädikat „kompetent sein" lediglich auf der Grundlage einer erlebten Handlung vergeben wird.[152] Und da es eine Vielzahl von möglichen Handlungen gibt, lassen sich auch viele 'Kompetenzen' (er-)finden, die solchen Handlungen zugeordnet werden können. Jedoch wird so nur eine (interpretierte) Handlung als kompetent charakterisiert. Über die *Kompetenz des Handelnden* sagt das noch nicht viel aus. Denn in einer anderen Situation oder bei einem anderen Beobachter kann dieselbe Handlung auch als nicht kompetent gedeutet werden.[153] Eine kompetente Handlung ist eine Zuschreibung und nicht identisch mit einer Kompetenz.

Das stellt uns nun vor ein neues Problem: Wenn eine kompetente Handlung zunächst keine Rückschlüsse auf die Kompetenz des Handelnden zulässt, wie lässt sich dann ohne Rückgriff auf Handlungsbeschreibungen erklären, was die Kompetenz eines Handelnden ist? Was bleibt nach einer solchen Reduktion übrig, das das Handeln eines Menschen einmal kompetent werden lässt, ein anderes mal aber nicht? Wir werden uns diesen Fragen im Folgenden zuwenden. Zunächst werden wir dabei untersuchen, was kompetentes Handeln ausmacht. Die Kriterien dafür werden wir aus Handlungstheorien zu entnehmen versuchen, um uns von der Bestimmung kompetenten Handelns aus spezifischen Kontexten heraus unabhängig zu machen. Die Beobachterperspektive können wir dabei nicht verlassen, aber wir können versuchen, die Beurteilungskriterien auf eine allgemeiner gültige theoretische Grundlage zu stellen, kompetentes Handeln auf einer Metaebene der Beobachtung zu beurteilen. Im Anschluss daran werden wir mit diesem Wissen

---

[150] Zur Erklärung der Problematik des Verstehens von Handlungen vgl. auch Habermas (1987a: 152ff.).

[151] Das entspricht im Übrigen auch der chomskyschen Zweiteilung von Kompetenz und Performanz.

[152] Hier sprechen wir natürlich nicht mehr von einfachen Handlungen wie Kopfnicken etc., sondern von komplexen Handlungsvollzügen.

[153] Wir erinnern uns an das Beispiel des kompetenten Autofahrers aus Kapitel 2.2.

eine Beschreibung von Kompetenz wagen. Für dieses Unterfang werden wir uns nun mit einigen Untersuchungen zu den Grundlagen menschlichen Handelns beschäftigen, vor allem in Bezug auf Absichtlichkeit und auf soziales Handeln. Wir werden uns die dort gewonnenen Erkenntnisse zu Nutze machen, um dann mit der Betrachtung von Handlung und Kompetenz fortzufahren.

6.1 Zum Begriff des Handelns

Der Handlungsbegriff ist ausgesprochen vielfältig und eine Vielzahl unterschiedlicher Theorien verschiedener Wissenschaftsbereiche wie z.B. Philosophie, Soziologie, Psychologie, Erziehungswissenschaft, Linguistik und Wirtschaftswissenschaften beschäftigt sich mit den Grundlagen und Ausformungen menschlichen Handelns. Einen kleinsten gemeinsamen Nenner für diese Ansätze zu finden, bereitet einige Schwierigkeiten. Im Zusammenhang mit Handlung stehen Begriffe wie „Tätigkeit", „Verhalten", „Aktivität", „Betätigung" etc. Teilweise wird Handlung in Abgrenzung zu bzw. Präzisierung von einem oder mehreren dieser Begriffe definiert, so z.B. im „Philosophischen Wörterbuch", das Handlung als „Betätigung, für die man sich verantwortlich fühlt" beschreibt (Schischkoff 1991). Genau entgegengesetzt dazu definiert Leontjew (1982: 102) Handlungen als „Haupt-'Komponenten' der einzelnen menschlichen Tätigkeiten". Für Weber (1980: 1) ist Handeln eine besondere Kategorie sinnbezogenen menschlichen Verhaltens: „'Handeln' soll dabei ein menschliches Verhalten (einerlei ob äußeres oder innerliches Tun, Unterlassen oder Dulden) heißen, wenn und insofern als der oder die Handelnden mit ihm einen subjektiven *Sinn* verbinden". Davidson definiert „alles, was eine handelnde Person absichtlich tut – einschließlich absichtlicher Unterlassungen –, als Handlung" (Davidson 1998: 21). Wieder anders versteht Rutsch (1980: 223) aus entscheidungstheoretischer Perspektive Handeln sehr grundlegend als „bewußtes, zweckgerichtetes Einwirken eines Subjektes auf seine Umwelt". Für Aebli (1980: 87) stellt sich Handlung als etwas dar, dass darauf hin zielt, „eine Beziehung zwischen Elementen zu verwirklichen".

Wie diese Handvoll Definitionen zeigen, lässt sich Handeln nicht ohne weiteres als etwas beschreiben, das ein Lebewesen 'tut'. Handeln kann sich sowohl in sichtbarem Verhalten äußern, als auch nicht sichtbar im Inneren vollzogen werden.[154] Es kann in einer äußerlichen Aktivität als auch in einer Unterlassung von Aktivität münden usw. Konstitutiv für alle oben erwähnten Definitionen ist jedoch

[154] Beispielsweise beschreibt Mead (1997: 73) „Denken" als Vorwegnahme der Reaktionen eines anderen in sich selbst. Für Luckmann (1992: 65) ist das (gedankliche) Erstellen eines Handlungsentwurfs selbst bereits eine Handlung (auch wenn in diesem Fall zu untersuchen wäre, inwieweit hier nicht der Vorwurf des Solipsismus angebracht sein könnte).

das Moment der *Absicht*, dass einer Handlung zu Grunde liegt (vgl. auch Wagner 1997). Ob man sich für eine Tätigkeit verantwortlich fühlt oder ein Verhalten mit Sinn verbindet, ob man Handlung als Komponente von Tätigkeiten ansieht, als zweckgerichtetes Einwirken auf eine Umwelt oder als Verwirklichung einer Beziehung zwischen Elementen, in allen Fällen handelt es sich um etwas Absichtliches.[155] Es macht nicht einmal Sinn, von einer „unabsichtlichen Handlung“ zu sprechen, da „Handlung“ gerade der Begriff für eine absichtliche Tätigkeit ist (vgl. auch Davidson 1998: 21). Für unsere Untersuchung kompetenten Handelns kommt dem Aspekt der Absichtlichkeit dabei eine besondere Bedeutung zu. Wie wir sehen werden, gibt es eine Reihe von intentionalen Aspekten, die beim Handeln eine Rolle spielen und deren Beachtung wesentlich ist für kompetentes Handeln. An dieser Stelle wollen wir nur festhalten, dass alle kompetenten Handlungen absichtlich sind, jedoch nicht alle absichtlichen Handlungen kompetent.

Handeln wird zumeist verstanden als Teilmenge von Verhalten, als intentionales, zielgerichtetes Verhalten eines Subjekts in Bezug zu einer Umwelt.[156] Davon unterscheiden lässt sich Verhalten als Beobachtungskategorie. Die Unterscheidung beruht dabei auf dem Umstand der Absicht, die für eine Handlung als konstitutiv angenommen wird. Während Verhalten zunächst nur einen beobachtbaren Vorgang eines Organismus darstellt, die „Gesamtheit menschlicher Aktivitäten“, wird bei Handlungen von einer Zielgerichtetheit ausgegangen (Birkhan 1986). Diese Zielgerichtetheit lässt sich jedoch nur indirekt aus dem Verhalten durch Beobachtung erschließen bzw. vom Handelnden selbst angeben. „Verhalten“ stellt damit eine Beobachtungskategorie dar, „Handlung“ bereits eine Interpretation von beobachtetem bzw. erlebtem Verhalten.

An der Feststellung, dass Handeln ein intentionaler und intendierter Prozess ist, enden allerdings auch schon die Gemeinsamkeiten vieler Handlungstheorien. Unterscheidungen ergeben sich bei der Frage, ob Handeln als rationales Kalkül anzusehen ist, wie es Rational-Choice-Ansätze oder auch Handlungsregulationstheorien propagieren, oder ob andere, nicht rationalistische Konzeptionen das Handeln besser beschreiben.[157] Weitere Differenzen existieren über den Stellenwert von in-

[155] Auch die Verbindung von Sinn und Verhalten bei Weber enthält natürlich Absicht. Allenfalls wenn man den Sinn eigenen Verhaltens außerhalb seiner selbst sucht, also in einer Art ‘göttlicher Vorsehung’ oder anderen metaphysischen Gründen, kann man leugnen, dass ein subjektiv als sinnhaft bezeichnetes Verhalten auch subjektiv absichtlich ist.

[156] Vgl. kritisch zum Punkt der Intentionalität Joas (1996) und Wagner (1997).

[157] Unmittelbar deutlich ist, dass Intentionalität und Rationalität nicht identisch sind. Unter Rationalität wird das Abwägen von unterschiedlichen Nutzen bzw. Folgen im Ergebnis einer potentiellen Handlung verstanden, während Intentionalität nur die Ausrichtung geistiger Zustände auf Welt bezeichnet (vgl. Searle 1991: 15).

strumentellem und sozialem Handeln. Eine Reihe von Handlungstheorien geht explizit oder stillschweigend davon aus, dass sich menschliches Handeln zuvorderst auf den Umgang mit oder die Bearbeitung von Gegenständen bezieht. Handeln wird dabei verstanden als Einwirkung eines Individuums auf seine gegenständliche Umwelt – instrumentelles Handeln. Davon unterschieden werden dann Interaktionen mit einer sozialen Umwelt als 'soziales' Handeln. Diese Unterscheidung ist rein analytisch in Bezug auf den Gegenstandsbereich von Handlung zu sehen (vgl. auch Ropohl 1980: 324). Sie hat für die betreffenden Theorien den Vorteil, sich bei der Beschreibung von Handlungsvorgängen ganz auf den Handelnden, den Aktor konzentrieren zu können, ohne die unberechenbaren Nebenwirkungen einer Interaktion mit in das Kalkül aufnehmen zu müssen. Das bedeutet jedoch nicht, dass diese Handlungstheorien die soziale Eingebundenheit und die gesellschaftliche Bedingtheit des Handelns ignorierten oder gar negierten.[158]

Auf einer anderen Ebene lassen sich Handlungstheorien über die mit ihnen intendierte Reichweite klassifizieren – deskriptiv vs. normativ (vgl. Diekmann 1999: 142). Während deskriptive Handlungstheorien im Wesentlichen versuchen, menschliches Handeln zu beschreiben, setzen normative auf die Ausarbeitung dessen, was man als „richtiges“ Handeln bezeichnen könnte. Letzteres ist vor allem im Bereich der praktischen Philosophie, insbesondere der Ethik der Fall. Hier geht es weniger um die Beschreibung von Handlungs*vollzügen* an sich, als vielmehr um die ethische Ausformung der Handlungs*intentionen* (vgl. bspw. Kant 1993). Aber auch jenseits ethischer Theorien beschäftigt sich bspw. die psychologische Handlungsregulationstheorie nicht nur (wenn auch vor allen Dingen) mit der Beschreibung von Handlungen, sondern diese Beschreibungen werden auch genutzt, um 'richtiges' Handeln pädagogisch zu initiieren (vgl. bspw. Fischbach und Notz 1980; Volpert 1999: 14).

Deskriptive Handlungstheorien z.B. in der Soziologie, der analytischen Philosophie oder der Ökonomie nutzen Handlungsbeschreibungen auf andere Weise. So steht bei den vornehmlich ökonomischen (aber auch soziologischen und philosophischen, vgl. etwa Kliemt 1986; Coleman 1991) Rational-Choice-Theorien die Voraussagbarkeit von Handlungen im Vordergrund. Soziologische Handlungstheorien versuchen bspw., gesellschaftliche Prozesse über menschliches Handeln zu erklären oder auch das Gegenteil, nämlich menschliches Handeln aus gesellschaftlichen Zusammenhängen heraus zu deuten, während in der analytischen Philosophie zumeist die Beschreibung der Entstehung und des Vorganges der Handlung selbst im Vordergrund stehen. Letzteres gilt auch für die

[158] Wenn wir in den folgenden Kapiteln gelegentlich von einem „einsamen Aktor“ sprechen, dann meint das lediglich das Handeln eines Individuums ohne direkten Bezug zu Interaktionen, nicht jedoch eine 'Robinsonade'.

(arbeits-)psychologische Handlungsregulationstheorie, wenn auch hier mit deutlichen Tendenzen der Möglichkeit der Initiierung menschlichen Handelns.

Es sollte deutlich geworden sein, dass die Intentionen, unter denen sich verschiedene Wissenschaften mit Handlungen beschäftigen, einigermaßen vielfältig sind.[159] Unsere Intention bezieht sich im Weiteren auf die Beschreibung kompetenten Handelns. Wir werden uns daher auf deskriptive Handlungstheorien beziehen. Es ist zunächst nicht unser vorrangiges Interesse zu beschreiben, wie jemand handeln *soll*, sondern zuerst müssen wir versuchen, Handeln selbst und seine Grundlagen zu beschreiben und daraus Rückschlüsse für das zu ziehen, was kompetentes Handeln ausmachen könnte bzw. anhand welcher handlungstheoretischen Aspekte sich kompetentes Handeln erkennen lässt.[160]

6.2 Absicht als Grundlage des Handelns

Bei der Beschreibung von Handeln und Handlungen treffen wir auf eine Reihe von Faktoren, die menschliches Handeln beeinflussen bzw. bestimmen. Zunächst steht in den meisten Theorien der Handelnde selbst im Vordergrund. Von ihm ausgehend wird das Handeln gedacht und beschrieben. Er ist es, der in der Welt – d.h. in Raum und Zeit – existiert und aktiv ist. Diese Aktivität kann sowohl innerlich als auch äußerlich (sichtbar) sein, denn auch Denken ist natürlich eine (innere) Aktivität eines Lebewesens. Wir sprechen von einer Aktivität als einer Handlung, wenn weitere Bedingungen gegeben sind. Wie wir gesehen haben, ist eine dieser Bedingungen die, dass eine Aktivität nicht als bloße Reaktion auf einen Reiz stattfindet oder eine unwillkürliche Körperbewegung darstellt, sondern dass sie absichtlich ist. Dabei verschwindet dann die Unterscheidung zwischen innerer und äußerer Aktivität. Mit anderen Worten: Handeln ist eine besondere Form von Aktivität, und zwar absichtliche Aktivität. Die Absicht gehört zur Definition von Handeln. Ist eine Aktivität nicht beabsichtigt, dann können wir dem Akteur auch

[159] Natürlich kann in dieser Abhandlung nur auf einige wenige handlungstheoretische Ansätze verwiesen werden. Das gesamte Feld der Handlungstheorien ist derart umfangreich, dass es den Rahmen dieser Arbeit bei weitem sprengte. Eine umfangreiche Übersicht über eine Vielzahl von handlungstheoretischen Ansätzen findet sich bei Lenk (1977-1984).

[160] Zwar erscheint es verlockend, normativ zu bestimmen, wie man kompetent handeln solle, insbesondere natürlich unter einem pädagogischen Blickwinkel. Jedoch soll es hier zunächst nur um die Analyse solcher Handlungen gehen. Normative Ansätze finden sich in der Literatur bereits viele, insbesondere in der Kompetenzentwicklungsdebatte. Uns geht es hier jedoch um ein handlungstheoretisch begründetes Set von Kriterien zur Beurteilung einer Handlung als kompetent. Dafür werden wir nicht normativ bestimmen, was 'richtiges' oder 'gutes' Handeln ist, denn dann gäben wir dieses Vorhaben auf und steuerten zu den gesellschaftlich oder betrieblich begründeten, normativen Anforderungskatalogen lediglich einen weiteren bei. Für einen ethisch fundierten, normativen Kompetenzansatz vgl. bspw. Lempert (1988).

nicht ohne weiteres die Verantwortung dafür zuschreiben, noch können wir davon sprechen, er habe eine Beziehung zwischen Elementen verwirklicht oder bewusst und zielgerichtet auf seine Umwelt eingewirkt. Alle diese aus den obigen Definitionen von Handeln abgeleiteten Kriterien treffen sich in dem Punkt der Absichtlichkeit einer Handlung.[161]

Eine Handlung kann dabei aus unterschiedlichen Einzelhandlungen bestehen, die jeweils selbst der Bedingung der Absichtlichkeit genügen müssen. Wir wollen solche Handlungen als Teilhandlung, eine umfassendere, aus mehreren (Teil-) Handlungen bestehende als komplexe Handlung bezeichnen (vgl. auch Luckmann 1992: 57). Wann eine Handlung zu einer Teilhandlung oder zu einer komplexen Handlung wird, liegt an der Situation und an der Absicht des Handelnden.[162]

Des Weiteren gehen verschiedene Handlungstheorien davon aus, dass sowohl einer komplexen Handlung als auch den einzelnen Teilhandlungen jeweils Intentionsbildungen voraus gehen, die dann in einem Handlungsbeschluss münden. Will Herr Meier einen Baum fällen, dann hieße das bspw., dass er zunächst den Beschluss der komplexen Handlung „Baum fällen“ fasst, dann das entsprechende Werkzeug und – falls noch nicht geschehen – den entsprechenden Baum auswählt und sich an die Arbeit des Fällens macht. Er hat sich also zuerst eine Absicht gebildet und diese Absicht dann in Handeln umgesetzt. Eine solche oder ähnliche Vorgehensweise in der Beschreibung von Handlungen findet sich in einer Reihe von Handlungstheorien wieder. So beschreibt bspw. Volpert (1980; 1999) Handlungen als eine Abfolge von Teilhandlungen, die auf ein gemeinsames Ziel ausgerichtet sind. Dabei werden die Teilhandlungen nach Abschluss auf das Erreichen der mit ihnen verbundenen Ziele überprüft und bei Nichterreichen werden die nächsten Teilhandlungen mit Blick auf das übergeordnete Handlungsziel entsprechend modifiziert: „Im Falle möglicher Abweichungen wird also das (überraschende) Ergebnis einer Handlungseinheit daraufhin geprüft, ob es noch im Einklang steht mit der Hierarchie übergeordneter Ziele. Zudem ist anzunehmen, daß eine solche Kontrolle immer beim Abschluß von Teileinheiten einer Handlung erfolgt. Der Handelnde überprüft also ständig, ob er noch 'auf dem Kurs' ist“

[161] Wir erinnern uns an die oben festgestellte Schwierigkeit der Bestimmung von Handlungen aus der Perspektive eines Beobachters. Wir werden sie im Moment ignorieren und im weiteren Verlauf darauf zurückkommen.

[162] Wir stoßen hier auf einige logische Schwierigkeiten. Angenommen, alle Teilhandlungen einer komplexen Handlung misslingen (und sind damit per definitionem keine Handlungen mehr), aber die komplexe Handlung ist trotzdem erfolgreich, bspw. weil äußere Umstände dazu führen. In einem solchen Fall müsste man sagen, dass der Handelnde die komplexe Handlung nicht weil, sondern trotz seiner anderen Handlungen ausgeführt hat. Aber haben wir es dann überhaupt noch mit einer Handlung zu tun, die auf einer Absicht des Handelnden beruht? Wir werden dieses Problem zunächst vertagen und später untersuchen.

(Volpert 1999: 47).[163] Dabei entwickeln sich die einzelnen Teilhandlungen i.d.R. während des Ausführens der komplexen Handlung und sind nicht von vorne herein in toto präsent. Aebli (1980: 90f.) geht davon aus, dass ein Handelnder Handlungsschemata besitzt, die sich im Verlaufe seiner bisherigen Handlungen entwickelt haben und nach denen er seine Handlungen ausrichtet (ähnlich auch Volpert 1999: 45). Auch hier ist also eine Absicht vorher präsent, die zur Auswahl und Anwendung des situativ angemessenen Schemas führt. Luckmann (1992: 48ff.) spricht in einem ähnlichen Kontext von einem „Handlungsentwurf", der dem Handeln vorausgeht. Und in Theorien rationalen Handelns geht einer Handlung eine Entscheidung voraus, die selbstverständlich ebenfalls auf einer vorgängigen Absicht beruht (vgl. bspw. Diekmann 1999: 140).

Sicherlich existieren Situationen, in denen ein Mensch tatsächlich auf diese Weise handelt.[164] Wir können diese jedoch eher als Ausnahme behandeln, anstatt zu vermuten, dass Handeln grundsätzlich nach einer hierarchisch-sequentiellen Ordnung mit vorausgehender Absicht abläuft (vgl. auch Volpert 1999: 57ff.). Es gibt eine Reihe von Beispielen, die zeigen, dass sich allein mit der Annahme einer dem Handeln vorgeschalteten Absicht viele, wenn nicht sogar die meisten menschlichen Aktivitäten nicht ohne Weiteres als Handlung charakterisieren lassen, bzw. dass die Beschreibung der Handlung auf Widersprüche stößt (vgl. auch Joas 1996). Fällt bspw. der Baum in unserem Baumfällerbeispiel auf den Hühnerstall des Nachbarn, dann können wir nicht ohne weiteres sagen, Herrn Meiers Handlung sei das Zerstören des Hühnerstalls gewesen, obwohl das Fällen des Baumes in seiner Absicht lag. Gleichzeitig ist jedoch unmittelbar deutlich, dass er es war, der ihn zerstört hat. Die Lösung ist natürlich, dass es eine missglückte Handlung war, in deren Folge der Hühnerstall vom Baum getroffen wurde. Es ergeben sich in diesem Zusammenhang zwei Problembereiche: 1. Welche Rolle spielt die Absicht bei Handlungen genauer und 2. wie ist der Zusammenhang von Absicht, Handlungen und Handlungssituation zu deuten. Diesen beiden Aspekten werden wir uns im Folgenden näher zuwenden. Für die Untersuchung kompetenten Handelns bilden sie eine wesentliche Grundlage, wie wir in 6.4 sehen werden.

163 Volpert beschreibt diese Vorgehensweise anhand der Zubereitung eines Essens, das aus einzelnen Schritten wie Einkaufen, Zubereiten, Kochen etc. besteht, die in wechselseitigem Bezug zueinander stehen und sequentiell oder parallel aufgebaut sind (vgl. Volpert 1999: 47ff.).

164 Wenn wir uns ein Auto kaufen wollen, dann werden wir dazu vorher die entsprechende Absicht fassen und unsere weiteren Aktivitäten danach ausrichten, wie bspw. Modelle begutachten, Preise einholen, Probe fahren etc.

6.2.1 Einige Aspekte der Absichtlichkeit von Handlungen

Brandtstädter und Greve (1999: 194) konstatieren, dass Absichten sich „definitionsgemäß nur auf gewußte, antizipierte oder mit gewissen subjektiven Wahrscheinlichkeiten erwartete Effekte des Handelns erstrecken" können. Anscombe erwähnt in diesem Zusammenhang: „Daher folgt aus der Aussage, daß ein Mensch weiß, daß er X tut, nicht die Aussage, daß er weiß, daß er irgendetwas tut, worin sein X-Tun außerdem noch besteht" (Anscombe 1986: 20). Insofern, als in unserem Beispiel die Zerstörung des Hühnerstalls nicht erwartet wurde, war sie natürlich auch nicht in der Absicht des Handelnden präsent. Für Brandtstädter und Greve stellen sich in diesem Zusammenhang drei Fragen: (1) Warum tut jemand, was er gerade tut, (2) wie kann man den Umstand erklären, dass bei einer Handlung etwas anderes herauskommt, als das, was man beabsichtigte und (3) warum kann ein Handelnder manchmal nicht die Folgen seiner Handlung abschätzen (ebd.: 195). Uns interessiert im Kontext unserer Untersuchung vor allem der dritte Aspekt, nämlich die Möglichkeit der Folgenabschätzung im Handeln. Diese ist wesentlich für die Untersuchung kompetenten Handelns, denn unsere bisherigen Untersuchungen zeigen einen Aspekt sehr deutlich: Kompetentes Handeln ist erfolgreiches Handeln im Sinne der Bewältigung einer Handlungssituation.[165] Die Aspekte der Absichtlichkeit von Handlungen geben uns die Möglichkeit, jene Kriterien zu entwickeln, an denen sich kompetentes Handeln beurteilen lässt.

Für das Erreichen des Handlungszieles und damit für die Handlung selbst ist Absicht „nicht die Kausalursache" (Brandtstädter und Greve 1999: 187). Absicht ist zwar der Grund für eine Handlung, wir können jedoch nicht behaupten, dass sie die Handlung auch kausal determiniert. Zwischen der Absicht und der Handlung liegt eine Reihe von Hindernissen, die die Handlung entgegen der ursprünglichen Absicht umgestalten, sie fehlschlagen lassen oder ihre Ausführung verhindern können. Wäre Absicht die Kausalursache für eine Handlung, dann müssten sich auch fehlgeschlagene Handlungen darauf zurückführen lassen können.

Searle (1991: 109) bezeichnet in seiner Theorie der Intentionalität Handlung als „Erfüllungsbedingung" einer Absicht. Intentionalität ist dabei „diejenige Eigenschaft vieler geistiger Zustände und Ereignisse, durch die sie auf Gegenstände oder Sachverhalte in der Welt gerichtet sind oder von ihnen handeln" (Searle 1991: 15). Solche intentionalen Zustände sind bspw. Wünsche, Überzeugungen, Hoffnungen und auch Absichten. Absicht (Intention) ist also nicht gleichzusetzen mit Intentionalität, sondern nur eine ihrer möglichen Formen. Intentionale Zustände sind auf etwas oder jemanden in der Welt gerichtet. Dieses Objekt oder

[165] Das kann auch bedeuten, eine Handlung abzubrechen, wenn der Erfolg zweifelhaft wird. Wesentlich ist nicht der Handlungserfolg selbst sondern das Bewältigen der Handlungssituation.

dieses Ereignis, auf das der intentionale Zustand gerichtet ist, kann den Zustand 'erfüllen', sofern es eintritt, existiert etc. Wenn ich bspw. den Wunsch habe, dass es regnet, dann ist dieser Wunsch genau dann erfüllt, wenn es regnet. Wenn ich der Überzeugung bin, dass morgen Donnerstag ist, dann ist diese Überzeugung genau dann erfüllt, wenn heute Mittwoch ist (und die Welt bis morgen nicht untergeht etc.). Ebenso verhält es sich mit Absichten. Auch sie sind auf etwas in der Welt gerichtet, nämlich auf Handlungen. Wenn ich bspw. die Absicht habe, ein Buch zu lesen, dann ist diese Absicht genau dann erfüllt, wenn ich das Buch lese. Der Umstand, der gegeben sein muss, damit der Gehalt einer Absicht erfüllt ist, ist eine (absichtliche) Handlung.

Auf dem Weg zwischen der Bildung einer Absicht und ihrer Erfüllung in einer Handlung kann jedoch viel geschehen, was nicht in der Absicht des Handelnden liegt und die Erfüllung einer Absicht positiv oder negativ beeinflusst und begleitet. Brandtstädter und Greve (1999) nennen diese beeinflussenden Faktoren unbeabsichtigte und kontraintentionale, paraintentionale, periintentionale, präintentionale und subintentionale Aspekte des Handelns. Als unbeabsichtigte Aspekte präsentieren sich Nebenwirkungen von Handlungen, die nicht in der Absicht präsent waren. Sie sind zunächst indifferent in ihrer Bedeutung für den Handelnden im Sinne des Erreichens seiner Absicht. Sie können natürlich Folgen haben, die negative Konsequenzen für den Handelnden bedeuten, aber sie verhindern nicht das Ausführen der ursprünglichen Absicht. Wenn Herr Meier bspw. den Baum absägt in der Absicht, dass er auf sein eigenes Grundstück falle, der Baum aber in die falsche Richtung stürzt und den Hühnerstall des Nachbarn zerstört, dann hat er seine Absicht ausgeführt und seine Handlung vollzogen, wird jedoch wahrscheinlich für den Hühnerstall bezahlen müssen, auch wenn dessen Zerstörung nicht in seiner Absicht lag, sondern unbeabsichtigt war.

Kontraintentionale Aspekte sind solche, die nicht nur unbeabsichtigt, sondern explizit in der Absicht ausgeschlossen sind. Sie richten sich damit gegen das Ausführen der Absicht. Wenn Herr Meier beim Fällen des Baumes auf jeden Fall verhindern wollte, den Hühnerstall des Nachbarn zu treffen, und dieser trotzdem durch den Baum zerstört wird, dann ist seine Absicht nicht erfüllt worden. Trotz seiner gegenteiligen Absicht zögen wir ihn jedoch auch in diesem Fall zur Verantwortung für den defekten Stall. Hier haben wir einen Fall von divergierenden Handlungsbeschreibungen. Ein Außenstehender sähe nicht nur das Fällen des Baumes, sondern auch das Zerstören des Stalls als eine Handlung von Herrn Meier an, denn das eine ist eine unmittelbare Folge des anderen.[166] Er selbst jedoch gäbe als seine Handlung nur das Baumfällen an.

[166] Vermutlich wäre in juristischer Hinsicht noch von Belang, in wie weit die Folgen der Handlung für Herrn Meier absehbar waren.

Bisher sind wir davon ausgegangen, dass ein Handelnder *eine* Absicht hat und diese im Handeln ausführt. Tatsächlich ist dies wohl eher selten der Fall. Zumeist gibt es eine Reihe von bewussten und unbewussten Absichten gleichzeitig nebeneinander und mitunter steuern die nicht bewussten Absichten das Handeln. Brandtstädter und Greve erläutern diese „paraintentionalen" Aspekte des Handelns am Beispiel des Autofahrens:

> „Wenn ich zerstreut an der Ampel geradeaus fahre wie sonst immer auf dieser Strecke, anstatt, wie ich es eigentlich vorhatte, hier ausnahmsweise abzubiegen (etwa weil ich 'mit den Gedanken woanders war', oder auch weil konkurrierende, momentan nicht bewußt repräsentierte Motive mich davon abgehalten haben), so ist dies nicht unbedingt das, was ich jedenfalls verhindern wollte, obwohl ich, sozusagen, 'eigentlich' abbiegen wollte." (Brandtstädter und Greve 1999: 198)

In dieselbe Kategorie paraintentionaler Aspekte fallen andere Handlungen, die nicht im strengen Sinne beabsichtigt, aber auch nicht entgegen den oder außerhalb der Intentionen des Handelnden sind. Damit weicht der strenge Handlungsbegriff ein Stück weit auf und gibt Raum für eine weiter gefasste Begriffsbestimmung, in der Handeln nicht nur das Ausführen eines Handlungsschemas oder einer bewusst vorher gefassten Absicht bedeutet, sondern alle in irgend einer Form beabsichtigten Aktivitäten einschließt.

Dass eine solche, weiter gefasste Bestimmung notwendig ist, zeigt auch Searle (1991). Er untersucht Teilhandlungen unter dem Aspekt der Absichtlichkeit. Ebenfalls am Beispiel des Autofahrens wirft er die Frage auf, ob man bspw. bei den dazugehörigen Vorgängen des Schaltens und Lenkens etc. davon ausgehen könne, dass sie einer bewusst gefassten Absicht folgten (ebd.: 113ff.). Searle unterscheidet in diesem Zusammenhang zwischen vorausgehenden Absichten und Handlungsabsichten. Erstere stellen die bisher betrachteten Absichten dar, die vor einer Handlung entstehen (also bspw. den Entschluss, mit dem Auto ins Büro zu fahren), letzteres sind Absichten, die nicht vor, sondern während des Handelns gebildet werde. So kann man sicherlich nicht sagen, dass ein Autofahrer unabsichtlich schaltet, lenkt etc., sondern diese Teilhandlungen der komplexeren Handlung „Autofahren" sind selbst wiederum absichtliche Handlungen, bei denen die Absicht jedoch in der Handlung selbst liegt.[167] Die vorausgehende Ab-

[167] Einige Handlungstheorien erklären solche Vorgänge damit, dass dies Handlungen (Fertigkeiten) seien, die ursprünglich einmal vorausgehende Absichten und Handlungspläne hatten, im Laufe der Zeit und mit zunehmender Übung jedoch automatisiert wurden (vgl. bspw. Volpert 1999: 126). Für das Beispiel des Schaltens und Lenkens trifft das sicherlich auch zu, jedoch nicht für spontane, kreative Handlungen, wie Joas (1996) zeigt. Außerdem behebt auch die Automatisierung von Handlungsabläufen noch nicht das Problem der Entstehung der Absicht, diese Fertigkeiten anzu-

sicht bestimmt dabei die Handlung, die sich wiederum aus der Handlungsabsicht, dem Erlebnis des Handelns und der Aktivität zusammensetzt. Die Aktivität wird so von der Handlungsabsicht bestimmt. Das bedeutet, dass die vorausgehende Absicht – sofern sie vorhanden ist – die Handlungsabsicht konstituiert, die wiederum die Aktivität steuert (vgl. Searle 1991: 122ff.). Aus einer solchen weiteren Bestimmung von Handlungen ergibt sich damit: „Alle absichtlichen[168] Handlungen haben Handlungsabsichten, aber nicht alle absichtlichen Handlungen haben vorausgehende Absichten" (ebd.: 115). Paraintentionale Aspekte von Handlungen rekurrieren auf solche Handlungsabsichten, wie das obige Beispiel zeigt.

Insbesondere beim Handeln mit vorausgehenden Absichten gibt es Folgen der Handlung, die nicht unmittelbar in der Absicht des Handelnden liegen, jedoch auch nicht in die bisher betrachteten Kategorien fallen. Solche Aspekte sind vor allem bewusst in Kauf genommene Nebenwirkungen von Handlungen. In der ethischen Beurteilung von Naturwissenschaften und Technik spielen diese von Brandtstädter und Greve (1999: 199ff.) „periintentionale Aspekte des Handelns" genannten Effekte eine bedeutende Rolle (vgl. bspw. Jonas 1995). Sie beziehen sich auf Handlungen, in denen „persönlich unerwünschte Nebeneffekte eines Handelns in Kauf genommen werden" (Brandtstädter und Greve 1999: 199). Die relative Gleichgültigkeit bezüglich dieser unerwünschten Nebeneffekte resultiert dabei aus einer Güterabwägung, in der die Nebeneffekte im Hinblick auf das in der Absicht formulierte Handlungsziel in den Hintergrund treten. In allen Lebensbereichen finden wir solche, insbesondere in Entscheidungstheorien untersuchten Abwägungen möglicher Handlungsfolgen (bspw. in der Politik bei der Abwägung von Gemein- und Einzelinteressen, oder auch ganz einfach ob man für den Weg zum Bäcker das Auto benutzt, obwohl man weiß, dass man besser laufen sollte und so unnötig Benzin verbraucht etc.). In Bezug auf unsere Untersuchung zu Absichten bedeuten sie, dass sie keineswegs als unbeabsichtigt anzusehen sind, sondern einen Bestandteil der ursprünglichen Absicht darstellen. Denn der Umstand, dass eine Abwägung von Interessen und Folgen stattfindet, zeigt, dass periintentionale Aspekte zwar nicht Gegenstand des mit der Handlung verfolgten Zieles sind, dass sie jedoch bei der Bildung der Absicht miterwogen werden und damit nicht als unbeabsichtigt oder kontraintentional gelten können.[169]

wenden. Was jemand kann ist mit anderen Worten keine Erklärung dafür, warum er dieses Können in Handlungen umsetzt.

168 Wobei wir festgestellt haben, dass eine Handlung natürlich immer absichtlich ist, ansonsten ist es keine Handlung.

169 Freilich ist die Beurteilung, ob Handlungsfolgen unbeabsichtigt oder periintentional sind, eine schwierige und fallweise zu entscheidende Gratwanderung, die sich vor allem in der juristischen Beurteilung von Handlungen widerspiegelt.

Damit sind wir jetzt in der Lage, die einleitend angeführten Differenzen zwischen Handlungsbeschreibungen durch Dritte und den Intentionen eines Handelnden ein Stück weit aufzulösen. Diese bezogen sich auf das Problem, dass ein Beobachter auf der Grundlage seiner Kenntnis einer Handlungssituation einem Handelnden den Status „kompetent“ oder „inkompetent“ zuweist, obwohl er damit nur die erlebte Handlung beurteilen kann und nicht den Handelnden selbst. Unter der Perspektive periintentionaler Handlungsaspekte stellt sich nicht nur ein und dieselbe Aktivität für verschiedene Beobachter und Akteure als unterschiedliche Handlungen dar. Es lassen sich so auch Handlungen beschreiben, die auf Aspekte rekurrieren, die zumindest nicht vordringlich in der Absicht des Handelnden lagen und so nicht seine eigentlich intendierte Handlung darstellen. So können Differenzen entstehen zwischen dem, was ein Beobachter als die Handlung eines Akteurs betrachtet, und dem, was ein Akteur für sich selbst als Handlung angibt.[170] Wir sehen hier, dass periintentionale Aspekte des Handelns auf die Bedeutung der Kenntnis des Beobachtenden von der Handlungssituation, zu der Wissen über die Absichten des Handelnden gehört, verweisen. Für die Beurteilung kompetenten Handelns heißt das, dass die Selbsteinschätzung bzw. die Offenlegung der Intentionen des Handelnden von Bedeutung sind, wollen wir eine kontextabhängige Bestimmung kompetenten Handelns vermeiden, die dazu führen könnte, dass Handlungen kompetent genannt werden, die so nicht in der Absicht des Handelnden lagen.

6.2.2 Die Geschichtlichkeit von Absicht und Handlung

Die bisher betrachteten Aspekte von Handlungen beschreiben Absichten als etwas, das ‘geschichtslos’ bzw. spontan im Vorfeld oder während des Handelns entsteht. Tatsächlich haben viele Absichten jedoch eine Vorgeschichte, beruhen auf Gewohnheiten, Emotionen, Einstellungen, Erfahrungen usw. Absichten werden zumeist nicht im unmittelbaren Vorfeld oder während einer Handlung geboren, sondern sind oftmals das Ergebnis der persönlichen Entwicklung des Handelnden und des gesellschaftlichen Umfeldes[171] (vgl. zu letzterem auch Habermas 1987a: 121). Solche Aspekte nennen Brandtstädter und Greve (1999: 201ff.) „präintentional“.

[170] Beides gilt natürlich nur, insoweit die beobachtete Aktivität auf Aspekte von Absicht zurückführbar ist.

[171] Absichten existieren deswegen nicht notwendigerweise bereits im Verlauf der persönlichen Entwicklungsgeschichte und werden dann in der Handlungssituation aktualisiert. Es soll vielmehr verdeutlicht werden, dass Absichten oftmals nicht spontan entstehen, sondern an die individuelle Entwicklung gebunden sind.

Das bedeutet natürlich nicht, dass Absicht und Handeln immer schon determiniert wären in der Form, dass *ausschließlich* die persönliche oder gesellschaftliche Vergangenheit die Absichten des Handelnden und damit das Handeln bestimmten. Ein solcher Determinismus beschränkte die Freiheit der Bildung von Absichten zu sehr und machte es schwierig bis unmöglich, von bspw. Kreativität und Phantasie zu sprechen.[172] Andererseits wäre es vermessen anzunehmen, dass Absichten völlig frei von persönlicher Vergangenheit entstünden. In den meisten intentionalistischen Handlungstheorien fehlen jedoch Erklärungen der Entstehung von Absicht (vgl. auch Brandtstädter und Greve 1999: 202). „Der rationale Akteur hat keine Vergangenheit" (Esser 1999: 115).

Betrachten wir Absicht und Handlung als einen Vorgang in der Zeit, dann stellt sich Absicht zumeist als zukunftsgerichtet und vergangenheitsbezogen zugleich dar. Luckmann beschreibt solche Beziehungen in Anlehnung an Alfred Schütz als „um-zu"- und „weil"-Aspekte[173] (Luckmann 1992: 56ff.). Die „um-zu"-Aspekte richten die Absicht auf ein Ziel in der Zukunft aus („Ich tue dies, *um* jenes *zu* erreichen"), die „weil"-Aspekte binden die Absicht an die Vergangenheit des Handelnden (im Sinne von: „Ich werde das tun, *weil* ich jeden Montag genau dieses tue"). Diese vergangenheitsbezogenen Aspekte von Handlungen müssen dabei dem Handelnden nicht unbedingt präsent sein und sie sind auch nicht wieder Ergebnis von Absichten: „Emotionen, Präferenzen, Einsichten, Einstellungen, die die Intentionsbildung beeinflussen, lassen sich ihrerseits nicht als intentional herbeigeführte Eigenzustände verstehen" (Brandtstädter und Greve 1999: 201), denn man kann nicht die Absicht haben, etwas bestimmtes zu empfinden oder eine bestimmte Einsicht zu haben, und auch Präferenzen und Einstellungen sind nicht Gegenstände von Absicht, sondern anderweitig, bspw. durch die Biografie, Erziehung und Sozialisation bestimmt. Jedoch spielen diese Aspekte bei der Bildung der Absicht eine große Rolle.

Prinzipiell ist der Mensch frei, seine Absichten zu bilden, wie merkwürdig oder besser kreativ auch immer diese sein mögen. Jemand könnte bspw. die Absicht haben, ohne Hilfsmittel fliegen zu wollen. Allerdings werden die meisten Menschen eine solche Absicht aufgrund ihrer Unmöglichkeit nicht nur nicht ausführen, sie werden sie gar nicht erst fassen, weil die dafür notwendigen intentionalen Zustände nicht zu ihrem Erfahrungsschatz gehören. Die meisten Absichten, die wir uns

[172] Wir wollen es bei der Feststellung der Problematik bewenden lassen und in dieser Arbeit keine Diskussion über Freiheit versus Determinismus führen, die den Rahmen bei weitem sprengte.

[173] Luckmann schreibt allerdings nicht von Absichten, sondern von „Handlungsentwürfen". Genauer betrachtet enthalten diese Handlungsentwürfe Absicht und darüber hinaus noch einen Plan oder eine Vorstellung von der Ausführung der Handlung selbst. Die angeführten Aspekte treffen jedoch gleichermaßen bzw. insbesondere auf Absichten zu, denn die Planung der Ausführung einer Handlung hat weniger mit der Begründung durch „um-zu"-Antworten zu tun als die Absicht.

bilden, sind derart gestaltet, dass zumindest ansatzweise eine Chance besteht, sie in einer Handlung zu verwirklichen. Man könnte mit Luckmann (1992: 61) sagen, dass „das individuelle System von Durchführbarkeiten sozusagen eine biografische Dimension" hat, dass wir vor allem solche Absichten bilden[174], über deren Durchführbarkeit wir irgendwelche Erfahrungen in der Vergangenheit gesammelt haben. Das schließt dabei natürlich nicht die Bildung von Absichten aus, von deren Durchführbarkeit wir nicht von vorne herein überzeugt sind, wohl aber ein Stück weit solche, von denen wir aus der Erfahrung wissen, dass sie sich nicht in Handlungen umsetzen lassen. Dieser schmale Grad zwischen Unsicherheit und Undurchführbarkeit zeigt in Ansätzen, was menschliche Kreativität in Bezug auf Absicht und Handlung ausmacht.

Es stellt sich hier die Frage, woher wir denn von der Unausführbarkeit von Absichten wissen, wenn wir sie nicht in der Vergangenheit bereits erfolglos versucht haben umzusetzen. Das bedeutet, dass wir nur solche Absichten nicht fassen, bei denen wir bei den zugehörigen Handlungen bereits von ihrer Undurchführbarkeit wissen. Aus einer theoretischen Position heraus sind also zunächst alle Absichten möglich, tatsächlich jedoch wissen wir aus persönlicher und gesellschaftlicher Erfahrung, dass es undurchführbare Handlungen gibt, für die wir deshalb gar nicht erst die Absicht bilden, weder bewusst noch unbewusst.

Wir erinnern uns, dass Absicht ein Aspekt von Intentionalität ist, ebenso wie bspw. Wünschen oder Wollen. Die Erfüllungsbedingung einer Absicht ist jedoch eine Handlung. Man kann zwar Unmögliches wünschen, vielleicht kann man es auch wollen (denn Wünschen und Wollen sind nicht Gegenstand von Intentionen), aber man wird es in den meisten Fällen nicht *beabsichtigen*. Denn in der Absicht steckt immer auch die Ausrichtung auf eine Handlung, und wenn wir im Vorfeld der Absicht bereits wissen, dass etwas undurchführbar ist, dann werden wir es allenfalls wünschen, nicht jedoch beabsichtigen, eben weil wir wissen, dass die Erfüllungsbedingung dieser Absicht nicht möglich ist. Die Art und die Anzahl der Handlungen, die uns im Laufe des Lebens möglich erscheinen und die wir beabsichtigen, ändert sich mit den Erfahrungen, die nicht nur individuell, sondern auch von einer Gesellschaft gemacht werden. Einiges, was lange Zeit unmöglich zu sein scheint, rückt so mit der Zeit in den Bereich des Möglichen.

Die Fälle, in denen die der Intentionsbildung zu Grunde liegenden intentionalen Zustände derart gestaltet sind, dass sie zu einer allgemein als unmöglich betrachteten Absicht und Handlung beitragen, sind im vorliegenden Zusammenhang besonders interessant. Beispiele dafür finden sich in der Geschichte viele, bspw. die kopernikanische Wende, das Fliegen, die Reise zum Mond etc. In den meisten

[174] Wobei unter dem Terminus „Bilden einer Absicht" kein Willensakt zu verstehen ist, sondern lediglich das Auftreten einer Absicht.

solcher Fälle handelt es sich um Einzelne oder Gruppen, die eine Absicht bilden, die zwar für ihre soziale Umgebung unmöglich auszuführen zu sein scheint, von ihnen selbst jedoch als praktikabel angesehen wird. Das „individuelle System von Durchführbarkeiten" hat dann eine von der gesellschaftlichen Dimension abweichende „biografische Dimension".

6.2.3 Absicht, Handeln und Situation

Absicht stellt sich also als biografisch und gesellschaftlich beeinflusst dar, und zwar über die der Intention zu Grunde liegenden intentionalen Zustände wie Wollen, Wünschen, Präferenzen etc.[175] Zu klären ist jetzt, wie Absichten als handlungssteuernde Momente entstehen.[176] Allein der Hinweis, dass sie mit der Biografie des Handelnden und dem gesellschaftlichen Umfeld zusammenhängen, vermag noch nicht, ihre Herkunft ausreichend zu beschreiben.[177] Wir haben gesehen, dass die Erfüllungsbedingung einer Absicht eine Handlung ist und dass die Absicht oftmals eine Vergangenheit hat. Was wir noch nicht betrachtet haben ist das Moment, das zur Bildung der Absicht führt. Dieses Moment bezeichnet man gemeinhin als Zweck bzw. als Ziel einer Handlung.

Der Zweck oder das Ziel kann dabei dem Handeln äußerlich oder immanent sein. Ist ersteres der Fall, dann unterstellen wir eine *zeitliche* Abfolge von Erkennen, Absicht und Handlung derart, dass zunächst Welt[178] erkannt wird und – im Idealfall unabhängig von Handlungsoptionen - Ziele in ihr fixiert werden, die sich dann in der Bildung von Absichten und so im Handeln niederschlagen: „Als wäre der natürliche Zustand des Menschen träge Ruhe, beginnt das Handeln nach dieser Denkweise erst, wenn zuvor in der erkannten Welt sinnvolle Zwecke festgelegt wurden und dann – in einem separaten Willensakt – der Entschluß zur Verfolgung eines solchen Ziels gefaßt wurde" (Joas 1996: 231). Arbeitshandeln (z.B. taylorisierte Teilarbeit) kann unter einem solchen Primat betrachtet werden: Der Zweck des Handelns in der Arbeit liegt dann in der Welt, das Handeln des Individuums stellt lediglich das auf diesen Zweck gerichtete Ausbilden von

[175] Das bedeutet, dass Absichten auf intentionalen Zuständen beruhen, die selbst in engem Zusammenhang mit der Biografie des Handelnden und seinen sozialen Bezugssystemen stehen.
[176] Die Relevanz der Entstehung von Absichten wird deutlich, wenn wir über den Zusammenhang von Absicht, Handlung und Kompetenz diskutieren werden.
[177] Wobei natürlich der Kontext des beruflichen Handelns, in dem wir kompetentes Handeln vornehmlich untersuchen, dazu beiträgt, das Möglichkeitsspektrum von Absichten zu begrenzen.
[178] Unter „Welt" ist nicht nur die gegenständliche Welt zu verstehen, sondern auch die soziale Welt.

Absichten (Erfüllung des Zwecks) und daraus abgeleitetes Handeln dar.[179] Eine solche Betrachtungsweise stellt uns allerdings vor mehrere Probleme (vgl. Joas 1996: 228ff.). Zunächst kann diese Verbindung von Ziel und Absicht nicht prototypisch für menschliches Handeln sein. Beispielsweise lässt sich spielerisches Handeln nicht auf externe Ziele/Zwecke zurückführen, es trägt den Zweck in sich (ebd.). Auch gibt es, wie wir in 6.2.1 gesehen haben, eine Vielzahl von Handlungen, die sich nicht auf eine vorgängige Absicht beziehen, sondern bei denen Handlung und Absicht in unmittelbarer Verbindung stehen. Das bedeutet, dass „weder routinisiertes noch sinnerfülltes, weder kreatives noch existenziell reflektiertes Handeln nach diesem Schema zu denken ist" (ebd.: 230).

Ein weiteres Problem liegt in der mangelnden Berücksichtigung der Situation, in der gehandelt wird. In einem solchen Zweck-Mittel-Schema müssten „*zunächst* im Erkennen der Welt Orientierungen gefunden werden, die *dann* im Handeln verfolgt werden" (Joas 1996: 231). Das Problem ist in der Trennung von Handeln und Erkennen verortet, die Absicht ist hier abhängig vom Ziel bzw. Zweck des Handelns, nicht vom Handeln selbst oder von Handlungsoptionen. Während der Zweck in einer dem Handelnden äußerlichen Welt gefunden wird, ist die Absicht nur noch der „Willensakt" (ebd.) der Umsetzung des Zwecks in Handeln.

Ein solches Modell ist weder dazu geeignet, menschliches Handeln in seiner ganzen Vielfalt zu beschreiben, noch lässt es sich mit unseren Befunden über kompetentes Handeln verbinden. Denn wie sich in Kapitel 4 und 5 gezeigt hat, bezieht sich kompetentes Handeln u.a. auf kreatives und selbstverantwortliches Agieren. Dieses wiederum lässt sich nicht mit Handlungstheorien, die von einem extern gegebenen Zweck einer Handlung ausgehen, erklären. Das liegt auch daran, dass „das abendländische Denken das erkennende Subjekt zumeist von der Welt mit ihren Objekten und objektiven Gesetzen trennt (und sogar den Körper des Subjekts zu diesen Objekten zählt). Für eine Theorie des Handelns ist aber dessen Situationsgebundenheit Ausgangspunkt" (Volpert 1999: 57). Wir sind also darauf angewiesen, den Zusammenhang von Erkennen und Handeln anders zu fassen und das Moment der Situation stärker zu berücksichtigen.

Die Vorstellung des Gegebenseins eines Zwecks außerhalb der Handlung geht von einer Gegenüberstellung von Welt und Subjekt aus. Dabei ist das Handlungsziel bereits in einer Welt existent und muss vom Individuum im Prozess des Erkennens aufgenommen und in Handeln überführt werden. Dadurch wird Absicht selbst zu einem intentionalen Akt, mit dem das Handeln auf das erkannte Ziel bewusst ausgerichtet wird. Alternativ dazu können wir versuchen, Erkennen und

[179] Als Beispiel können wir das Montieren eines Motors an einem Fließband betrachten. Der Zweck des Handelns ist dann fremdgesetzt, er liegt in der Welt und wird vom Individuum erkannt und in Handeln überführt.

Handeln als einheitlichen Vorgang zu betrachten, den Zweck also nicht außerhalb der Handlung und des handelnden Subjekts zu verorten, sondern als Bestandteil der Handlung zu sehen. Dann stellt sich ein Handlungsziel nicht als das Ergebnis eines Erkenntnisprozesses in einer ontischen Welt dar, sondern als Ergebnis einer Reflexion über die Handlungssituation durch das Subjekt. Diese Reflexion bezieht sich zum einen auf die Erfahrungen und Handlungsgewohnheiten des Einzelnen, zum anderen berücksichtigt sie die Handlungssituation selbst. Aus der Reflexion in der Handlungssituation und über Handlungsmöglichkeiten und -erfahrungen bildet sich so das Ziel der Handlung, das sich in der Absicht des Handelnden wiederfindet. „Situationen lösen unsere Handlungen nicht aus, stellen aber auch nicht nur das Terrain für die Exekution von Intentionen bereit. Unsere Wahrnehmung der Situation ist vorgeformt in unseren Handlungsfähigkeiten und unseren aktuellen Handlungsdispositionen; welche Handlung realisiert wird, entscheidet sich dann durch eine reflexive Beziehung auf die in der Situation erlebte Herausforderung“ (Joas 1996: 236).

Der Unterschied zu einer mehr positivistischen Betrachtung des Verhältnisses von Ziel, Absicht und Handlung besteht hier vor allem darin, dass das Ziel einer Handlung nicht in einer Welt dem Individuum gegenüber steht, sondern immer bereits Bestandteil der vom Einzelnen wahrgenommenen und reflektierten Handlungssituation ist. „Wahrnehmung“ meint dabei nicht das Erkennen einer Welt, sondern eine Konstruktion durch den Handelnden. Erkenntnis von Welt ist so Bestandteil von Handlungen, sie ist dem Subjekt im Handeln gegeben als Handlungsmöglichkeiten und Hindernisse, findet im Handeln statt, indem das Subjekt Beziehungen zwischen Subjekt und Objekten und zwischen Objekten herstellt und im Handeln überprüft (vgl. Mead 1969: 106; Joas 1996: 233): „Unsere Wahrnehmung zielt nicht auf die Beschaffenheit der Welt als solcher, sondern gilt der praktischen Verwendbarkeit des Wahrgenommenen im Kontext unserer Handlungen“ (Joas 1996: 233).[180]

Für unsere Betrachtung von Absicht heißt das, dass ihre Entstehung zumeist auf die Konstruktion einer Handlungssituation und ihrer Bedingungen verwiesen ist. Die Situation enthält dabei den Anlass des Handelns in Form einer Herausforderung für den Handelnden. Das ist nicht behavioristisch in dem Sinne zu verstehen, dass Handeln nur als Reaktion auf die Herausforderung der Situation gedacht wird, sondern es besteht eine wechselseitige Beziehung zwischen der Reflexion der Situation und den eigenen Handlungsgewohnheiten und Erfahrungen in der Art, dass die Situation einerseits zum Handeln herausfordert, andererseits

[180] Konstruktivistisch ausgedrückt bedeutet das, dass unsere Erkenntnis von Welt darauf angewiesen ist, sich im Handeln zu bewähren (und/oder im sozialen Austausch), um den Status der Objektivität zu erreichen.

die Handlung bereits in der Situation präsent ist und die Handlungsoptionen beschränkt. Dafür muss eine Situation jedoch zunächst persönlich bedeutsam werden, der Handelnde muss seine Aufmerksamkeit auf eine Situation lenken. Dieses Lenken der Aufmerksamkeit stellt ebenfalls mehr als eine Reaktion dar, es resultiert aus präintentionalen Aspekten: „Wir wären nicht überlebensfähig und kämen nicht zum Handeln, wenn wir nicht durch gewisse Präformierungen unserer Wahrnehmungs-, Urteils- und Bewertungsprozesse entlastet wären" (Brandtstädter und Greve 1999: 202). Mit anderen Worten: Die persönliche Geschichtlichkeit, die Biografie des Handelnden (und die darin einfließende, gesellschaftliche Bedingtheit) präformiert seine Aufmerksamkeit für die Situation und seine Konstruktion der Situation (vgl. Böhler 1985: 272f.; Joas 1996: 236).[181] Absichten werden dann gebildet aus der Reflexion über die Herausforderungen der Situation und vor dem Hintergrund der Biografie. In diesem Sinne zeigt sich der oben beschriebene doppelte Bezug von Absicht: einerseits vergangenheitsbezogen, andererseits zukunftsgerichtet, wobei letzterer Aspekt das Ziel/den Zweck der Handlung enthält.

Intentionen können dabei sowohl in der Form vorausgehender Absichten als auch als Handlungsabsichten im Sinne Searles auftreten. Denn auch vorausgehende Absichten (Handlungsentwürfe, Handlungspläne etc.) sind an die Situation gebunden. Das gilt zum einen unter der Prämisse, dass vorausgehende Absichten immer auch Handlungsabsichten enthalten (Searle 1991: 115), die ja wiederum situativ sind; zum anderen 'überlebt' keine vorausgehende Absicht eine Handlungssituation ohne wenigstens rudimentäre Veränderungen: „... selbst wenn Pläne vorliegen, ist der konkrete Handlungsverlauf von Situation zu Situation konstruktiv zu erzeugen und offen für kontinuierliche Revision" (Joas 1996: 237).[182]

6.3 Kommunikatives Handeln

Die Welt, oder vielmehr die 'Welten', die Gegenstand der Konstruktion des Handelnden sind und in denen die Situativität des Handelns demnach gegeben ist bzw. erzeugt wird, klassifiziert Habermas. Er unterscheidet zwischen objektiver, subjektiver, sozialer und Lebenswelt (Habermas 1987a: 27-35). Handeln in seinen verschiedenen Formen geschieht mit Bezug zu einer oder mehreren dieser Welten. Wir werden uns daher im Folgenden der Darstellung der einzelnen Welten

[181] Joas lokalisiert diese Präformation nicht primär im Mentalen, sondern im Körperlichen (ebd.: 236). Korrespondierend dazu sprechen Brandtstädter und Greve (1999: 203ff.) von „subintentionalen Aspekten" des Handelns.

[182] Wir finden diese Auffassung von Modifizierungen ursprünglicher Absichten im Handlungsverlauf in der Handlungsregulationstheorie in abgewandelter Form wieder (bspw. Volpert 1999).

und der jeweils zugehörigen Handlungstypen zuwenden. Die Untersuchung wird uns die Grundlagen für die Betrachtung zunächst des kommunikativen Handelns nach Habermas und im Weiteren des kompetenten Handelns liefern.

Die objektive Welt stellt eine transsubjektive Konstruktion in Bezug auf die ontische Welt dar, wie sie dem Handelnden gegeben ist. Sie ist die „Gesamtheit existierender Sachverhalte" (Habermas 1992: 68). Objektivität bekommt die Konstruktion[183], wenn sie „für beliebige Beobachter und Adressaten dieselbe Bedeutung hat wie für das jeweils handelnde Subjekt selbst" (Habermas 1987a: 27). Die objektive Welt ist damit zwar kein Abbild der ontischen Welt, aber sie ist als transsubjektive Konstruktion prinzipiell anderen als dem Handelnden zugänglich in der Form, dass andere den Richtigkeitsanspruch, d.h. die proklamierte Wirksamkeit einer vom Handelnden geäußerten[184] Absicht einer Handlung überprüfen können.

Das Problem der Objektivität von Welt bzw. von Weltdeutungen findet sich auch in der Wissenstheorie des Konstruktivismus wieder. Hier wird die prinzipielle Möglichkeit der Erkenntnis der ontischen Welt als Abbild – wie in vielen anderen Erkenntnis- bzw. Wissenstheorien auch – bestritten. Vielmehr präsentiert sich unser Wissen von Welt als jeweils subjektive Konstruktion. Soll diese Konstruktion den Status der Objektivität erreichen, ist es notwendig, dass die jeweils eigenen Konstruktionen mit denen anderer verglichen werden können: „Was wir zumeist als 'objektive' Wirklichkeit betrachten, entsteht in der Regel dadurch, daß unser eigenes Erleben von anderen bestätigt wird. Dinge, die nicht nur von uns, sondern auch von anderen wahrgenommen werden, gelten ganz allgemein, d.h. im Alltagsleben wie auch in der Epistemologie, als real" (Glasersfeld 1998: 33).

Der Umstand, dass das Wissen von der Welt eine Konstruktion ist, bedeutet jedoch gleichzeitig, dass auch unsere Vorstellungen der Anderen selbst wieder Konstruktionen sind: „Da andere ebenso subjektive Konstrukte im Erlebensfeld des handelnden Subjekts sind wie alle anderen Dinge, Verhältnisse und Vorgänge, kann die Tatsache, daß ein anderer mir ein Erlebnis bestätigt, dem Erlebten unmöglich eine unabhängige, ontologische 'Existenz' verleihen. Doch – und das ist weitaus wichtiger – solche Bestätigung zeigt, daß die jeweiligen kognitiven Strukturen (die Begriffe, Beziehungen und Regeln), die man im Aufbau des Erlebnisses verwendet hat, in zwei verschiedenen Kontexten viabel sind: erstens im

---

[183] Habermas spricht allerdings nicht von Konstruktion, sondern von einer „Beurteilung" der Welt, die den Anspruch der Objektivität erheben kann. Allerdings entspricht seine Beschreibung von Beurteilung der Welt recht gut der konstruktivistischen Auffassung von Objektivität als einer intersubjektiv überprüfbaren Konstruktion von Welt (vgl. Glasersfeld 1998: 36f.).

[184] Und nur wenn der Handelnde seine Absichten preisgibt, lassen sich diese überprüfen (vgl. auch Habermas 1987b: 104).

Kontext des eigenen Ordnens und Organisierens, des Erlebens und zweitens im Kontext des Modells, das man sich von dem Anderen aufgebaut hat. Dieser zweite Kontext entsteht eben dadurch, daß wir uns nach und nach Modelle von anderen zurechtlegen, denen wir unsere eigenen Fähigkeiten zuschreiben und schließlich auch unsere eigenen Begriffe und Vorstellungen von der Erlebenswelt. Wenn diese Begriffe und Vorstellungen sich dann auch in den Modellen der anderen als viabel erweisen, dann gewinnen sie eine Gültigkeit, die wir mit gutem Recht 'objektiv' nennen können" (Glasersfeld 1998: 37).

Habermas nennt Handelnde in Bezug auf die objektive Welt rational, wenn sie in der Lage sind, den mit ihrem Handeln verknüpften Anspruch auf Wirkung zu begründen. Rationalität ist dabei eine graduelle Eigenschaft; je besser die Begründung ist, als um so rationaler wird das Handeln betrachtet (Habermas 1987a: 27). „Besser" bedeutet in diesem Fall allerdings kein Gütekriterium der Absicht eines Handelnden, sondern bezieht sich auf die Verständlichkeit der Begründung, auf die Kritisierbarkeit: Wenn die Begründung für ein Handeln sich auf die objektive Welt bezieht, dann ist sie prinzipiell auf der Grundlage der gemeinsamen Konstruktion kritisierbar. Das wäre bspw. dann nicht der Fall, wenn sie sich auf Gefühle oder andere nicht allgemein zugängliche Aspekte bezöge, die sich einer Beurteilung durch andere in dieser Form entziehen.

Die subjektive oder Innenwelt stellt die jedem Handelnden eigene Welt der Gefühle, Einstellungen, Wünsche, Absichten etc. dar, sie ist die „Gesamtheit privilegiert zugänglicher Erlebnisse" (Habermas 1992: 68). Zu ihr hat nur der Handelnde selbst Zugang. Mit „expressiven" Handlungen kann er allerdings andere daran teilhaben lassen. Auch diese können trotz des privilegierten Zugangs des Handelnden zur Innenwelt Rationalität beanspruchen, sofern der Aktor es versteht, Gewissheit über die Aufrichtigkeit seiner Äußerung zu vermitteln. Das bedeutet, dass er sich in der Folge expressiver Handlungen konsistent verhalten muss (Habermas 1987a: 35). Jemand könnte bspw. angeben, er fürchte sich vor dem Autofahren und könne deswegen einen geschäftlichen Termin, der nur mit dem Firmenfahrzeug erreichbar ist, nicht wahrnehmen. Wenn er dann im Anschluss dabei beobachtet wird, wie er mit einem privaten Wagen ein Ausflugsziel ansteuert, dann kann ein Kritiker berechtigte Zweifel an der Wahrhaftigkeit der Expression (der Äußerung der Angst) annehmen und mangelnde Rationalität unterstellen (sofern nicht andere Gründe für das Verhalten entgegen der Expression geltend gemacht werden). Einer Begründung des Gegenstandes der Expression bedarf es allerdings im Falle des Bezuges auf die subjektive Welt nicht, d.h. man muss z.B. seine Angst nicht weiter erläutern.

Die soziale Welt konstituiert sich als gemeinsamer normativer Kontext, als „Gesamtheit legitim geregelter interpersonaler Beziehungen einer sozialen Gruppe"

(Habermas 1992: 68): „Eine soziale Welt besteht aus einem normativen Kontext, der festlegt, welche Interaktionen zur Gesamtheit berechtigter interpersonaler Beziehungen gehören. Und alle Aktoren, für die entsprechende Normen gelten (von denen sie als gültig akzeptiert werden), gehören derselben sozialen Welt an" (Habermas 1987a: 132).[185] Auch bei Handlungen mit Bezug zu einer sozialen Welt lässt sich Rationalität unterstellen und überprüfen, insofern der Handelnde seine Handlungsbegründungen auf „einen als legitim anerkannten normativen Kontext" (ebd.: 35) stützt. Unter diesem Gesichtspunkt ist die Handlung wiederum prinzipiell kritisierbar. Auch hier ist der Handelnde nicht genötigt, die zugrunde liegenden Normen selbst zu begründen, es reicht aus, wenn er sich darauf bezieht.

Ebenso wie die objektive Welt stellt die soziale Welt kein Faktum dar, sondern präsentiert sich als Konstruktion der an ihr Beteiligten. Sie wird durch das gesellschaftliche Handeln der Einzelnen produziert und reproduziert:

> „Das spezifisch Menschliche des Menschen und sein gesellschaftliches Sein sind untrennbar verschränkt. *Homo sapiens* ist immer und im gleichen Maßstab auch *Homo socius*. (...) Die allgemeinste Antwort wäre, daß Gesellschaftsordnung ein Produkt des Menschen ist, oder genauer: eine ständige menschliche Produktion. Der Mensch produziert sie im Verlauf seiner unaufhörlichen Externalisierung. Gesellschaftsordnung ist weder biologisch gegeben noch von irgendwelchen biologischen Gegebenheiten ableitbar. Auch in der natürlichen Umwelt des Menschen ist sie nicht angelegt, obgleich allerdings gewisse Merkmale der natürlichen Umwelt bestimmende Faktoren für gewisse Merkmale von Gesellschaftsordnungen sein können – zum Beispiel für wirtschaftliche oder technische Einrichtungen. Gesellschaftsordnung ist nicht Teil der 'Natur der Dinge' und kann nicht aus 'Naturgesetzen' abgeleitet werden. Sie besteht einzig und allein als ein Produkt menschlichen Tuns. Will man ihre empirischen Erscheinungen nicht hoffnungslos verdunkeln, so kann ihr kein anderer ontologischer Status zugesprochen werden. Sowohl nach ihrer Genese (...) als auch in ihrer Präsenz in jedem Augenblick (...) ist Gesellschaftsordnung als solche ein Produkt des Menschen." (Berger und Luckmann 1999: 54f.)

Der normative Kontext, der der sozialen Welt seine Gestalt und seine Grenzen gibt, dient dabei zugleich als Orientierungsrahmen für das, was als gesellschaftlich akzeptable Handlungen angesehen wird. Die soziale Welt einer Organisation schreibt bspw. den Organisationsmitgliedern vor, an welchen Normen sich ihr Handeln zu orientieren hat. Gleiches gilt im Prinzip für berufliches Handeln. Für

[185] Eine Organisation mit den dort herrschenden Normen bildet bspw. eine soziale Welt innerhalb der sozialen Welt der Gesellschaft. In der Organisation gelten bestimmte Normen, an denen sich die Organisationsmitglieder in ihrem Handeln orientieren. Dabei kann eine Organisation auch eine soziale Welt außerhalb der Gesellschaft bedeuten, deren Normen sich von den gesellschaftlich akzeptierten unterscheiden, bspw. eine terroristische Organisation.

viele, insbesondere für professionalisierte Berufe (bspw. Ärzte) existieren mehr oder minder detaillierte Sets von Normen, die den Orientierungsrahmen für berufliches Handeln vorgeben (und auch Verstöße gegen diese Normen sanktionieren können).

Während die objektive, die subjektive und die soziale Welt *Ziel*welten von Handlungen darstellen, kann die Lebenswelt als Ausgangspunkt betrachtet werden. Sie konstituiert sich als gemeinsame Deutung und Konstruktion der Welt über Kommunikation, ist „durch einen kulturell überlieferten und sprachlich organisierten Vorrat an Deutungsmustern repräsentiert" (Habermas 1987b: 189). Im Zusammenhang mit verständigungsorientiertem Handeln werden die Unterschiede deutlich. Während die Lebenswelt den Hintergrund bildet, vor dem Verständigung überhaupt erst erfolgen kann, bilden „die formalen Weltbegriffe ein Bezugssystem für das, *worüber* Verständigung möglich ist" (ebd.: 192).

Der zunächst von Edmund Husserl geprägte und später u.a. von Alfred Schütz übernommene Lebensweltbegriff beschreibt „die vorwissenschaftliche gemeinsame Erfahrungswelt, das 'Reich der ursprünglichen Evidenzen'" (Dietz 1993: 31). Sie ist nicht Gegenstand von Interpretationen der Handelnden, sondern der Rahmen, innerhalb dessen interpretiert wird. „Die Lebenswelt ist gleichsam der transzendentale Ort, an dem sich Sprecher und Hörer begegnen; wo sie reziprok den Anspruch erheben können, daß ihre Äußerungen mit der Welt (der objektiven, der sozialen oder der subjektiven Welt) zusammenpassen; und wo sie diese Geltungsansprüche kritisieren und bestätigen, ihren Dissens austragen und Einverständnis erzielen können" (Habermas 1987b: 192).[186] Dabei ist diese Lebenswelt entstanden aus den bereits erfolgten Konstruktionen und Interpretationen von Welt, besteht aus den intersubjektiven Gewissheiten und zu Selbstverständlichkeiten gewordenen Deutungen.

6.3.1 Handlungstypen

Den drei formalen Welten (objektive, soziale und subjektive Welt) lassen sich nun unterschiedliche Handlungstypen zuordnen. Habermas unterscheidet die Gesamtheit handlungstheoretischer Ansätze in die Bereiche teleologisches, strategisches, normenreguliertes, dramaturgisches und kommunikatives Handeln (Habermas 1987a: 126ff.). Teleologisches Handeln stellt das in den meisten Handlungstheorien betrachtete, zielgerichtete Handeln dar: „Der zentrale Begriff ist

[186] Der von Habermas verwendete Lebensweltbegriff ist nicht ganz eindeutig und unproblematisch (vgl. Dietz 1993: 95ff.). Ich werde versuchen, nur eine Variante zu verwenden, nämlich die der „Lebenswelt als das gemeinsame und im aktuellen Handeln als unproblematisch vorausgesetzte Hintergrundwissen" (Habermas 1987a: 455).

die auf die Realisierung eines Zweckes gerichtete, von Maximen geleitete und auf eine Situationsdeutung gestützte *Entscheidung* zwischen Handlungsalternativen" (ebd.: 127). Nach dieser Deutung repräsentiert teleologisches Handeln das Handeln eines einsamen Aktors, der in der Welt etwas bewirken will.[187]

Werden die Entscheidungen anderer Handelnder in die eigenen Entscheidungen mit einbezogen, Handlungsentscheidungen also unter der Erwartung, Berechnung der Entscheidungen anderer getroffen, dann erweitere sich das teleologische zum strategischen Handeln (ebd.). Teleologisches und strategisches Handeln sind erfolgsorientiert. Eine solche Handlung scheitert, wenn das angestrebte Ziel nicht eintritt. Die Erfüllungsbedingungen der diesen Handlungsarten zugrunde liegenden Intentionen ist also die Verwirklichung eines Ziels in der Welt.[188]

Normenreguliertes[189] Handeln ist dagegen nicht im gleichen Maße erfolgsorientiert, sondern eher verständigungsorientiert (Habermas 1989b: 281). Zwar kann auch normenreguliertes Handeln scheitern, „aber nicht so, wie wir mit einer instrumentellen oder einer strategischen Regel scheitern. Technologien und Strategien sind unwirksam, wenn die Aussagen, die sie implizieren oder voraussetzen, unwahr sind. Normen hingegen 'stimmen' nicht, wenn die Unterstellung falsch ist, daß ihr Geltungsanspruch von den Angehörigen mindestens faktisch anerkannt wird" (ebd.). Die Erfüllungsbedingung einer normenregulierten Handlungen zugrunde liegenden Absicht ist daher die Orientierung *an einer bestehenden Norm*, was auch das explizite Verstoßen gegen eine Norm einschließt. Die Intention einer solchen Handlung ist dann nicht erfüllt, wenn der Handelnde sich in Bezug auf das Bestehen einer Norm irrt, wenn er also für sein Handeln eine Norm als vermeintlich gegeben voraussetzt, diese jedoch nicht von Angehörigen als solche anerkannt wird. Dagegen kann eine normenregulierte Handlung auch absichtlich gegen eine bestehende Norm verstoßen und trotzdem oder deswegen erfolgreich sein.

Dramaturgisches Handeln meint das mehr oder weniger gezielte Enthüllen der eigenen Subjektivität durch den Handelnden: „Unter dem Gesichtspunkt drama-

---

[187] Wir erinnern uns daran, dass ein „einsamer Aktor" nicht eine Robinsonade bedeutet, sondern sich lediglich auf einen Handelnden bezieht, der in seinem Handeln unabhängig von Interaktionen agiert, nicht jedoch gesellschaftlich und historisch ungebunden.

[188] Wir können annehmen, dass sich psychologische Kompetenztheorien, die ein Regelsystem zum Handeln postulieren bzw. eine innerpsychische Regulation, vor allem auf diese beiden Handlungstypen beziehen.

[189] „Normen drücken ein Wissen aus, das sich in Form reziproker Verhaltenserwartungen explizieren läßt. Indem S_1 einer Norm x folgt, erfüllt er Erwartungen, die alle Angehörigen S_1, S_2... S_n hinsichtlich seines Verhaltens in der gegebenen Situation s aufgrund der Tatsachen, daß 'x' gilt, hegen dürfen. 'Angehörige' nennen wir einfachheitshalber die Mitglieder einer Gruppe, für die eine Norm Geltung hat." (Habermas 1989b: 280)

turgischen Handelns verstehen wir eine soziale Interaktion als Begegnung, in der die Beteiligten ein füreinander sichtbares Publikum bilden und sich gegenseitig etwas vorführen“ (Habermas 1987a: 136). Es geht zumeist nicht um ein spontanes Ausdrücken von Gefühlen etc., sondern um die Steuerung von sozialen Interaktionen dadurch, dass der Handelnde den Interaktionspartnern einen begrenzten Einblick in seine Innenwelt ermöglicht. Dramaturgisches Handeln kann dabei durchaus anderen, bspw. strategischen Handlungszielen dienen (vgl. Habermas 1989a: 581); an anderer Stelle beschreibt Habermas es als „in gewisser Weise parasitär“, weil es „einer Struktur zielgerichteten Handelns“ aufsitze (Habermas 1987a: 136), also eine besondere Form teleologischen Handelns darstellt bzw. dieses in Interaktionen ergänzt.[190] Das gilt zumindest in den Fällen, in denen dramaturgisches Handeln seinen Zweck nicht in sich selbst trägt, der Aktor also nicht von seinem eigenen Spiel gefangen ist (vgl. auch ebd.: 140). Die hinter diesem Handlungstyp stehenden Intentionen richten sich auf das erfolgreiche Explizieren der Subjektivität, d.h. die Erfüllungsbedingung einer solchen Absicht ist das Sich-selbst-verständlich-Machen für andere. Gelingt das nicht, bspw. weil der Handelnde nicht in der Lage ist, seine Gefühle auszudrücken, dann könnten die Interaktionspartner an der Wahrhaftigkeit nicht nur der Darstellung, sondern auch der Gefühle selbst zweifeln.

Der Umstand, dass dramaturgisches Handeln oftmals in andere Handlungstypen eingebettet ist, hat zur Folge, dass sich die Absicht solchen Handelns zumeist als Handlungsabsicht im Sinne Searls präsentiert, sie also die Folge einer vorausgehenden Absicht eines anderen Handlungstyps ist. Mit anderen Worten: In den meisten Fällen wird man seine Subjektivität nicht um des Preisgebens Willen preisgeben, sondern um andere, übergeordnete Ziele zu verfolgen, bspw. um eine Verständigung zu erzielen, Missverständnisse auszuräumen oder ihnen vorzubeugen usw. Die Intention des dramaturgischen Handelns in solchen Situationen bleibt jedoch auf das Sich-selbst-verständlich-Machen gerichtet, ist aber eingebettet in die (vorausgehenden) Absichten bspw. teleologischen oder strategischen Handelns.

Kommunikatives Handeln schließlich bezeichnet die Verständigung mindestens zweier Akteure über eine Handlungssituation mit dem Ziel der Koordination ihrer Handlungen (Habermas 1987a: 128); es dient also als ein „Mechanismus der Handlungskoordinierung“ (ebd.: 141). Dieser Umstand kann allerdings auch für andere Handlungstypen gelten:

[190] In einigen Ansätzen der Instruktionspsychologie finden wir eine ähnliche Form des Handelns, bspw. im „Cognitive Apprenticeship“-Ansatz, in dem die Explikation von expertenimmanenten Problemlösungsstrategien als Methode eine bedeutende Rolle spielt (vgl. auch Gerstenmaier und Mandl 1995: 877).

„Auch das strategische Handlungsmodell *kann* so gefaßt werden, daß die über egozentrische Nutzenkalküle gesteuerten, durch Interessenlagen koordinierten Handlungen der Interaktionsteilnehmer durch Sprechhandlungen *vermittelt* sind. Für normenreguliertes wie für dramaturgisches Handeln *muß* sogar eine Konsensbildung zwischen Kommunikationsteilnehmern unterstellt werden, die im Prinzip sprachlicher Natur ist. Aber in diesen drei Handlungsmodellen wird Sprache in jeweils anderen Hinsichten *einseitig* konzipiert." (Habermas 1987a: 141f.)

Im strategischen Handeln wird Sprache als Handlungskoordinierung benutzt, um andere zu beeinflussen, damit die Handlungsziele des Handelnden erreicht werden können. Es geht um die „Auslösung perlokutiver Effekte" (Habermas 1987a: 143), also das gezielte Verwenden von Sprache, um andere zu etwas, bspw. zu einer Handlung zu bewegen. Beim normenregulierten Handeln ebenso wie beim dramaturgischen Handeln wird Sprache vorausgesetzt, beim ersteren als Medium zur Überlieferung kultureller Werte und Träger eines gesellschaftlichen Konsenses, beim letzteren als „Medium der Selbstinszenierung" (ebd.: 142). Kommunikatives Handeln dagegen bedient sich der Sprache nicht einseitig zur Verwirklichung von Zielen, zur Selbstinszenierung oder zur Reproduktion eines gesellschaftlichen Konsenses, sondern nutzt sie zur gleichzeitigen Verständigung zweier Akteure zur Aushandlung von Situationsdefinitionen. Auch kommunikatives Handeln ist dabei an die Intentionen der Handelnden gebunden. Diese richten sich auf erfolgreiche Handlungskooperation, auf das Zusammenfügen der „Zwecktätigkeiten der Beteiligten zur Interaktion" (ebd.: 143). Die Erfüllungsbedingungen solcher Intentionen sind daher erfolgreiche Interaktionen, also interaktionistisch regulierte Handlungen: „Die Art von Interaktionen, in denen *alle* Beteiligten ihre individuellen Handlungspläne aufeinander abstimmen und daher ihre illokutionären Ziele *vorbehaltlos* verfolgen, habe ich kommunikatives Handeln genannt" (ebd.: 395).

Allen Handlungstypen liegt also das teleologische Handeln mehr oder weniger durchgängig zu Grunde. Auch kompetentes Handeln ist als ein solches zielgerichtetes zu verstehen. Nach unseren Untersuchungen der Kapitel 4 und 5 bezeichnet es darüber hinaus vor allem solches Handeln, dass sich auf einen sozialen Kontext bezieht. Wir können daher an dieser Stelle bereits festhalten, dass für eine genauere Darstellung kompetenten Handelns die beiden Typen „normenreguliertes" und „kommunikatives" Handeln in Betracht kommen.

6.3.2 Weltbezüge

Wir haben gesehen, dass die jeweiligen Handlungstypen unterschiedliche Arten von Absichten berühren. Grundlegend für alle ist jedoch das teleologische

Handeln und damit Intentionen, die sich auf die Veränderung von etwas in einer Welt richten. Normenreguliertes, dramaturgisches und kommunikatives Handeln sind eingebunden in letztlich zielorientiertes Handeln (vgl. auch Habermas 1989a: 576). Die Unterschiede zwischen den einzelnen Handlungstypen sind durch unterschiedliche Weltbezüge begründet.

Teleologisches Handeln bezieht sich auf *eine* Welt, und zwar die objektive. In ihr versucht der Handelnde, seine Ziele zu verwirklichen, auf sie beziehen sich seine Intentionen und Meinungen. In dieser Hinsicht ist die Beziehung zwischen Handelndem und objektiver Welt zweiseitig: Im Bezug auf seine Meinungen (Ansichten, Erkenntnis etc.) versucht er, existierende Sachverhalte und die eigene Konstruktion von Welt in Übereinstimmung zu bringen, indem er letztere anpasst[191]. Searle spricht in diesem Zusammenhang von der „Geist-auf-Welt-Ausrichtung" (Searle 1991: 118). In Bezug auf Intentionen will der Handelnde in der objektiven Welt „erwünschte Sachverhalte zur Existenz" bringen (Habermas 1987a: 130), also die Gegebenheiten der Welt an seine Absichten anpassen. Das entspricht einer „Welt-auf-Geist-Ausrichtung" nach Searle (1991: 118). In beiden Fällen kann der Handelnde erfolgreich sein oder nicht, und in beiden Fällen ist dieser Umstand durch andere beurteilbar. So kann eine Handlung scheitern oder eine Erkenntnis sich als Irrtum herausstellen. Die Kriterien der Beurteilung teleologischen Handelns sind daher Wahrheit (in Bezug auf Meinungen etc.) und Wirksamkeit (in Bezug auf Handlungen) (Habermas 1987a: 130).[192]

Auch das strategische Handeln setzt nur die objektive Welt voraus. Zwar bezieht sich dieser Handlungsbegriff nicht mehr auf einen einzelnen, sondern auf mindestens zwei Akteure, diese handeln jedoch nach egozentrischen Nutzenkalkülen und in Erwartung und Berechnung der Entscheidungen anderer. Sie beziehen sich damit nicht auf einen normativen Kontext oder auf eine Innenwelt, sondern in Erweiterung des teleologischen Handlungsmodells auf die objektive Welt (vgl. Habermas 1987a: 131f.; Habermas 1989a: 576ff.).[193]

Im Gegensatz zu den Einwelt-Begriffen teleologischen und strategischen Handelns ist normenreguliertes Handeln auf zwei Welten bezogen: die objektive und die soziale Welt. Die objektive Welt fungiert als allgemeine Grundlage des Handelns, das auch im Falle normenregulierten Handelns zielgerichtet ist. Es wird jedoch ergänzt um die Bezugnahme auf einen gemeinsamen normativen Kontext, an dem sich das Handeln dergestalt beurteilen lässt, dass es sich erfolgreich an

191 Vgl. auch das Konzept der Viabilität im Konstruktivismus (bspw. bei Glasersfeld 1998).

192 Wahrheit meint an dieser Stelle keinen philosophischen Wahrheitsbegriff, sondern die durch andere überprüfbare Übereinstimmung von Meinungen, Ansichten etc. mit Gegebenheiten in der Welt.

193 Diesen Weltbezug des teleologischen und strategischen Handelns finden wir in vornehmlich psychologischen Kompetenztheorien in ihrer Ausrichtung von Kompetenz auf Tätigkeiten wieder.

einer bestehenden Norm orientiert (positiv oder negativ): „Das normative Handlungsmodell geht davon aus, daß die Beteiligten sowohl eine objektivierende Einstellung zu etwas, das der Fall ist oder nicht der Fall ist, wie auch eine normenkonforme Einstellung zu etwas, das, ob nun zu Recht oder zu Unrecht, geboten ist, einnehmen können" (Habermas 1987a: 135).[194]

Auch mit Bezug zur sozialen Welt ergeben sich unterschiedliche Richtungen der Bezugnahme, nach denen normenregulierte Handlungen durch Dritte beurteilt werden können. In der „Geist-auf-Welt-Ausrichtung" solchen Handelns kann überprüft werden, ob die vom Handelnden vorgenommene Orientierung an bestehenden Normen erfolgreich war, ob seine Handlungen also mit bestehenden Normen übereinstimmen. In der „Welt-auf-Geist-Ausrichtung" versucht der Handelnde, Normen für sein Handeln zu rechtfertigen. Das ist der Beurteilung durch andere dahingehend zugänglich, dass sie prüfen können, ob diese Normen gerechtfertig und als legitim anerkannt werden können (Habermas 1987a: 133f.). Normenreguliertes Handeln kann also normenorientiert oder normenerzeugend sein. Die Beurteilungsmaßstäbe sind hierbei die Richtigkeit des Bezuges und die Rechtfertigungsfähigkeit von Normen.

Dramaturgisches Handeln gründet sich ebenfalls auf zwei Weltbezüge, den der Innenwelt und den einer Außenwelt, die sich als objektive Welt präsentiert (Habermas 1987a: 140). Die Expression der Innenwelt kann dabei vom aufrichtigen Ausdrücken von Gefühlen, Wünschen etc. bis zur strategisch eingesetzten Selbstdarstellung reichen. Unterschiedliche Ausrichtungen dramaturgischen Handelns gibt es aufgrund des Bezugs zur jeweils eigenen subjektiven Welt nicht, trotzdem lässt es sich (bedingt) durch dritte beurteilen, und zwar am Kriterium der Wahrhaftigkeit:

> „Auch im Falle dramaturgischen Handelns ist die Beziehung zwischen Aktor und Welt einer objektiven Beurteilung zugänglich. (...) Angesichts einer Selbstdarstellung stellt sich die Frage, ob der Aktor die Erlebnisse, die er hat, zum geeigneten Zeitpunkt auch äußert, ob er *meint*, was er *sagt*, oder ob er die Erlebnisse, die er äußert, bloß vortäuscht. Solange es sich dabei um Meinungen oder Absichten handelt, ist die Frage, ob jemand sagt, was er meint, eindeutig eine Frage der Wahrhaftigkeit. Bei Wünschen und Gefühlen ist das nicht immer der Fall. In Situationen, wo es auf die Genauigkeit des Ausdrucks ankommt, ist es manchmal schwer, die Frage der Wahrhaftigkeit von der der Authentizität zu trennen. Oft fehlen uns die Worte, um zu sagen, was wir fühlen; und das wiederum rückt die Gefühle selbst in ein fragwürdiges Licht." (Habermas 1987a: 139)

---

[194] Wie unsere Untersuchungen in Kapitel 5 ergeben haben, ist ein solches Handeln typisch für das Handeln von Arbeitnehmern in Organisationen, die mit Hilfe von Macht oder Einfluss geleitet werden.

Das kommunikative Handeln schließlich bezieht sich zugleich auf alle drei Welten, die objektive, die subjektive und die soziale. Die Akteure verständigen sich vor dem Hintergrund ihrer gemeinsamen Lebenswelt über Handlungsoptionen in einer Situation, also über etwas in einer der drei formalen Welten. Dafür ist es notwendig, die Handlungssituation zu deuten und über die Deutung einen Konsens zu erzielen. Habermas spricht davon, dass die Handelnden „ihre Handlungspläne auf der Grundlage gemeinsamer Situationsdefinitionen aufeinander abstimmen können" (Habermas 1987a: 385). Dabei benutzen sie Sprache, um Bezüge zu den jeweiligen Welten aufzubauen, verwenden Sätze verständigungsorientiert. Das geschieht nicht in der Form der anderen Handlungstypen, in denen sie direkt auf eine oder mehrere der Welten Bezug nehmen, um die jeweiligen Ziele durchzusetzen (also im Sinne der Überzeugung anderer bei strategischem oder dramaturgischem Handeln, bzw. der Rechtfertigung bei normenreguliertem Handeln). Vielmehr ist der Gebrauch der Sprache im Falle kommunikativen Handelns reflexiv: „Die Sprecher integrieren die drei formalen Weltkonzepte, die in den anderen Handlungsmodellen einzeln oder paarweise auftreten, zu einem System und setzen dieses gemeinsam als Interpretationsrahmen voraus, innerhalb dessen sie eine Verständigung erzielen können" (ebd.: 148). Sie *berufen* sich demnach nicht nur auf etwas in einer oder in mehreren der Welten, sondern gehen davon aus, dass ihre Äußerungen von den anderen Beteiligten bestritten werden können. Die Handlungskoordinierung durch Verständigung tritt dann ein, wenn sie sich „über die beanspruchte *Gültigkeit* ihrer Äußerungen einigen" (ebd.), d.h. durch die wechselseitige Anerkennung von Geltungsansprüchen, durch das Erzielen eines Einverständnisses.

Konkret äußert sich ein Sprecher mit Bezug zu mindestens einer Welt. Das geschieht vor dem Hintergrund seines Wissens über die Beurteilbarkeit seiner Äußerung durch andere, also durch die Erhebung des Anspruchs auf Wahrheit bzw. Wirksamkeit (objektive Welt), Richtigkeit des Bezugs bzw. Rechtfertigungsfähigkeit der Norm (soziale Welt) sowie Wahrhaftigkeit (subjektive Welt). Dadurch, dass er solcherlei Ansprüche geltend macht, gibt er den Beteiligten die Möglichkeit, eine rational motivierte Stellungnahme abzugeben (Habermas 1987a: 148). Im Verlaufe kommunikativer Handlungssituationen werden so gegenseitig Geltungsansprüche vorgebracht, die bestritten oder angenommen werden können und in einem Akt der Verständigung über die Situation münden. Kommunikatives Handeln erschöpft sich allerdings nicht in einem solchen Akt der Verständigung, sondern dieser stellt lediglich den Prozess der Handlungskoordinierung dar. Kommunikatives Handeln bedeutet m.a.W. nicht nur die *Verständigung* der Beteiligten selbst, sondern eine durch Sprechhandlungen *einverständlich* koordinierte Interaktion vor dem Hintergrund der gemeinsam geteilten Lebenswelt und mit Bezug zu den drei formalen Welten (vgl. Habermas 1987a: 151).

6.3.3 Verständigung und Einverständnis

Damit eine Verständigung über Handlung überhaupt möglich wird, muss der angebotene Sprechakt ein illokutionärer Akt sein. In der Sprachphilosophie wird in Bezug auf Sprechakte zwischen lokutionären, illokutionären und perlokutionären Akten unterschieden. In lokutionären Akten werden Sachverhalte thematisiert, ein Sprecher drückt einen Umstand oder eine Tatsache aus: „Es ist der Fall, dass x". Mit einem illokutionären Akt vollzieht der Sprecher eine Handlung, anstatt lediglich eine Feststellung zu machen. Ein solcher Akt ist zumeist an der Verwendung eines performativen Verbs zu erkennen wie „befehlen", „versprechen" etc.: „Hiermit befehle ich dir...". Perlokutionäre Akte schließlich bedeuten das Bewirken von etwas in der Welt durch den Vollzug einer Sprechhandlung. Mit perlokutionären Akten soll ein Effekt bei einem oder mehreren Gegenübern erreicht werden.

Die Unterscheidung zum illokutionären Akt ist dabei in dem Umstand gegeben, dass der Sprecher dort seine Absichten offen legt, im perlokutionären Akt jedoch verschleiert. Perlokutionäre Akte können daher Bestandteil strategischer Handlungen sein. Die Unterscheidung zwischen den einzelnen Sprechakten charakterisiert Habermas in Anlehnung an Austin so: „*etwas* sagen; handeln, *indem* man etwas sagt; etwas bewirken, *dadurch daß* man handelt, indem man etwas sagt" (Habermas 1987a: 389).

Mit dieser Charakterisierung wird ersichtlich, warum kommunikatives Handeln sich nicht auf perlokutionäre Sprechakte erstrecken kann: In einem illokutionären Akt gibt der Handelnde sein Ziel und seine Intention preis, in einem perlokutionären Akt kann das Handlungsziel nur über die – nicht veröffentlichte – Intention erschlossen werden. Diesem Problem sind wir in der Diskussion über den Zusammenhang von Handlungen und Intentionen mehrfach begegnet, hier bietet sich nun eine Auflösung dafür: Wenn (Sprech-)Handlungen als illokutionäre Akte auftreten, dann können die Intentionen des Handelnden identifiziert werden, weil dieser sie preisgibt. Beabsichtigte perlokutionäre Effekte können dagegen nicht aus der Handlung abgelesen werden, weil es für den Erfolg von Perlokutionen konstitutiv ist, dass der Handelnde seine Ziele verbirgt:[195]

[195] Es scheint daher aussichtslos zu sein, aus einer Handlung auf die Intentionen des Handelnden und damit auch auf seine intentionalen Zustände wie Willen, Meinungen etc. schließen zu wollen, was wir im Rahmen der Diskussion um die Verwendungsweise des Kompetenzbegriffs in der beruflichen Bildung und vor allem in der Weiterbildung (Kapitel 2) verschiedentlich kritisiert haben.

> „Das illokutionäre Ziel, das ein Sprecher mit einer Äußerung verfolgt, geht aus der für Sprechhandlungen konstitutiven Bedeutung des Gesagten selbst hervor; Sprechakte sind in diesem Sinne selbstidentifizierend. Der Sprecher gibt mit Hilfe des illokutionären Aktes zu erkennen, daß er, was er sagt, als Gruß, Befehl, Ermahnung, Erklärung usw. verstanden wissen will. (...) Hingegen geht das perlokutionäre Ziel eines Sprechers, wie die mit zielgerichteten Handlungen verfolgten Zwecke überhaupt, aus dem manifesten Gehalt der Sprechhandlung nicht hervor; dieses Ziel kann nur über die Intention des Handelnden erschlossen werden. So wenig beispielsweise ein Beobachter, der einen Bekannten über die Straße eilen sieht, erkennt, warum dieser sich so beeilt, so wenig kann ein Hörer, der eine an ihn gerichtete Aufforderung versteht, damit schon wissen, was der Sprecher, indem er das äußert, *sonst noch* bezweckt.“ (Habermas 1987a: 390f.)

Eine Verständigung ebenso wie erst recht ein Einverständnis sind aber nur möglich, wenn die Handelnden ihre Intentionen offen legen. Andernfalls überzeugte, überredete usw. Ego den oder die anderen Beteiligten, um ganz eigene, mit der Kommunikation intendierte, aber nicht preisgegebene Zwecke zu verfolgen, und in diesem Fall können wir schwerlich von einem Akt der *Verständigung* sprechen, noch erwarten, dass Alter sein Einverständnis erklärt. Verständigung zur Handlungskoordinierung und Einverständnis sind also nur auf der Basis illokutionärer Akte möglich. Unter einer *Verständigung* ist dabei zu verstehen, dass Ego ein Sprechaktangebot mit illokutionären Zielen an Alter richtet und dieser es als gültig akzeptiert. *Einverständnis* bedeutet, dass die an der Interaktion Beteiligten den Geltungsanspruch, den Ego mit seiner Äußerung erhebt, anerkennen (vgl. Habermas 1987b: 184; Habermas 1987a: 412).

Diesen Fall können wir unter mehreren Aspekten betrachten. Egos Absicht (1), die sich auf die illokutionären Aspekte seiner Handlung bezieht, ist erfüllt, weil Alter keine Kritik (2) an Egos Aussage geübt hat, sondern zustimmt. Somit ist es zu einer Verständigung über eine Situationsdefinition (3) gekommen, die wiederum in weitere Aktivitäten bzw. Verbindlichkeiten (z.B. koordinierten Handlungen) (4) münden kann, und zwar dann, wenn Ego und Alter ein Einverständnis erzielen, wenn also Alter Egos Geltungsanspruch bestätigt.

(1) Die Intentionen bei kommunikativen Handlungen beziehen sich zum einen auf die Erzielung eines Einverständnisses und im Weiteren auf eine interaktiv koordinierte Handlung. Damit eine Verständigung möglich ist und ein Einverständnis zustande kommen kann, ist es notwendig, dass Ego tatsächlich nur illokutionäre Ziele verfolgt. „Gewiß können im kommunikativen Handeln jederzeit Handlungsfolgen eintreten, die nicht beabsichtigt sind; sobald aber die Gefahr besteht, daß diese dem Sprecher als intendierte Erfolge zugerechnet werden, sieht dieser sich zu Erklärungen und Dementis, gegebenenfalls zu Entschuldigungen genötigt,

um den *falschen Eindruck* zu zerstreuen, die Nebenfolgen seien *perlokutionäre Effekte*" (Habermas 1987a: 396). Diese Offenheit bezieht sich jedoch nur auf die Interaktion selbst. Auf anderen Ebenen – z.B. bei an der kommunikativen Handlungssituation nicht beteiligten Personen - können durchaus perlokutive Effekte erzielt werden, ohne die Verständigung und das Einverständnis zu gefährden. Das Primat der Transparenz der Intentionen bezieht sich nur auf die an der Interaktion beteiligten Personen. So können sich zwei Handelnde vor einem nur ihnen bekannten Hintergrund verständigen und dabei gezielt einen Dritten täuschen, der nicht vollständig über die Situationsdefinition aufgeklärt ist.

Das Einverständnis bezieht sich allerdings nicht auf die Intentionen selbst, sondern nur auf die Einvernehmlichkeit von Handlungen. Natürlich können auch einvernehmlich vorgenommene Handlungen mit unterschiedlichen Intentionen verbunden sein, sie können (und werden zumeist) sogar unterschiedlichen Zielen dienen. Für eine Verständigung über koordinierte Handlungen ist es daher lediglich notwendig, dass die Beteiligten die gegenseitig offen gelegten Intentionen akzeptieren und im Zuge der gemeinsamen Situationsdefinition feststellen, dass ihre Ziele und Absichten nicht konkurrieren. Dann ist auf dieser Basis ein Einverständnis möglich.

(2) Die Möglichkeit der Ablehnung illokutionärer Sprechaktangebote bezieht sich auf die Kritisierbarkeit der formalen Weltbezüge. Indem Ego und Alter im kommunikativen Handeln ein Einverständnis erzielen, bewegen sie sich in allen drei formalen Welten gleichzeitig: „Es liegt in der kommunikativen Absicht des Sprechers, (a) eine im Hinblick auf den gegebenen normativen Kontext *richtige* Sprechhandlung zu vollziehen, damit eine als legitim anerkannte interpersonale Beziehung zwischen ihm und dem Hörer zustande kommt; (b) eine *wahre* Aussage (bzw. *zutreffende* Existenzvoraussetzungen) zu machen, damit der Hörer das Wissen des Sprechers übernimmt und teilt; und (c) Meinungen, Absichten, Gefühle, Wünsche usw. wahrhaftig zu äußern, damit der Hörer dem Gesagten Glauben schenkt" (Habermas 1987a: 413).

Auf einer der drei Ebenen (a) soziale Welt, (b) objektive Welt und (c) subjektive Welt kann Alter Egos Ansprüche auf Richtigkeit, Wahrheit und Wahrhaftigkeit kritisieren und gegebenenfalls ablehnen. Nur wenn Alter auf allen Ebenen zustimmt, kann es zu einem Einverständnis kommen. Lehnt er dagegen nur eine Ebene ab, bspw. weil er nicht davon überzeugt ist, dass Ego seine wahren Absichten preisgibt, oder weil er der Ansicht ist, dass Ego sich in Bezug auf etwas in der objektiven Welt irrt, gelingt die gemeinsame Situationsdefinition und damit die Verständigung als Voraussetzung für das Einverständnis nicht. Habermas erläutert das mögliche Scheitern recht plakativ anhand einer Szene auf einer Baustelle:

> „Der ältere Bauarbeiter, der einen jüngeren und neu hinzugekommenen Kollegen zum Bierholen schickt und verlangt, er möge sich auf die Socken machen und in ein paar Minuten zurück sein, geht davon aus, daß den Beteiligten, hier dem Adressaten und den in Hörweite befindlichen Kollegen, die Situation klar ist: das bevorstehende Frühstück ist das *Thema*, die Versorgung mit Getränken ist ein auf dieses Thema bezogenes *Ziel*; einer der älteren Kollegen faßt den *Plan*, den 'Neuen' zu schicken, der sich aufgrund seines Status dieser Aufforderung schlecht entziehen kann. Die informelle Gruppenhierarchie der Arbeiter auf der Baustelle ist der *normative Rahmen*, in dem einer den anderen zu etwas auffordern darf. Die Handlungssituation ist *zeitlich* durch die Arbeitspause, *räumlich* durch die Entfernung des nächsten Ausschanks von der Baustelle definiert." (Habermas 1987b: 185)

Dieses Szenario stellt eine Situation dar. Die Deutungen dieser Situation durch die Beteiligten müssen hinreichend übereinstimmen, damit es zu einer Verständigung kommen kann. Dafür ist es notwendig, dass die Handelnden in den Bezügen zur objektiven Welt (den objektiven Gegebenheiten der Situation wie Zeitpunkt, Ort, Thema, räumliche Gegebenheiten, wie die Entfernung zum nächsten Ausschank), zur sozialen Welt (der normative Kontext, in dem die informelle Gruppenhierarchie bekannt und anerkannt ist und der Ältere den Jüngeren zum Bierholen schicken darf) sowie zu den jeweiligen subjektiven Welten (Aufrichtigkeit des Wunsches nach Bier zum Frühstück etc.) ein Stück weit übereinstimmen und nicht einen oder mehreren als ungültig zurückweisen.[196] Der jüngere Bauarbeiter könnte bspw. bestreiten, dass er 'dran' ist mit Bierholen, weil ihm die Hierarchie noch nicht bekannt ist oder er sie nicht akzeptiert (Richtigkeit). Auch könnte er darauf hinweisen, dass in erreichbarer Nähe kein Ausschank ist, so dass die Aufforderung undurchführbar wird (Wahrheit). Schließlich könnte er argwöhnen, dass es gar nicht die Versorgung der Frühstückspause mit Bier ist, die den Älteren veranlasst hat, ihn fortzuschicken, sondern ein anderer Grund, bspw. Schikane (Wahrhaftigkeit). In allen Fällen käme es auf der Grundlage der bestehenden Situationsdefinitionen nicht zu einem Einverständnis und damit nicht zu einer daran anschließenden Handlung. Vorausgesetzt wird in einer solchen Situation, „daß die Situationsdefinitionen, die jeweils den Hintergrund einer aktuellen Äußerung bilden, intersubjektiv gelten" (Habermas 1987b: 187).

(3) Die Voraussetzung dafür, dass ein Einverständnis überhaupt möglich wird, ist also, dass die Beteiligten in Bezug auf die Definition einer Situation so weitgehend übereinstimmen, dass nicht grundlegende Deutungsunterschiede eine Verständigung verhindern. Wir haben den engen Bezug zwischen Absicht, Handlungen und Situationen bereits in 6.2.3 ansatzweise betrachtet. An dieser Stel-

[196] Die Situation ist nicht gleichzusetzen mit den raum-zeitlichen Gegebenheiten, sondern besteht aus den *Deutungen* der einzelnen an der Situation Beteiligten.

le wollen wir den Situationsbegriff selbst und seinen Zusammenhang zu kommunikativen Handlungen und Absichten etwas genauer untersuchen. Habermas beschreibt „Situation" in Anlehnung an Schütz als einen „Ausschnitt aus *lebensweltlichen Verweisungszusammenhängen*" (Habermas 1987b: 187). Das, was eine Situation als Bestandteil der Lebenswelt bedeutsam macht, ist ein Thema, das einer oder mehrere der Akteure angeben. Habermas verortet dann die Entstehung eines Themas in den Interessen und Handlungszielen der Beteiligten (Habermas 1989a: 589). Letzterem Aspekt werden wir nicht folgen, bedeutete er doch, dass für ein Thema und damit eine Situation eine vorausgehende Absicht bereits präsent sein müsste, dass Handelnde auf der Grundlage vorgängig gefasster Zwecke eine Situation wahrnähmen und daraufhin Handlungspläne bildeten.[197] Wie wir in 6.2.3 gesehen haben, lässt sich eine solche Vorgehensweise nicht für alle, sondern im Gegenteil nur für wenige Formen menschlichen Handelns annehmen. Vielmehr wollen wir den oben begonnenen Argumentationsweg wieder aufnehmen und auf dieser Grundlage versuchen, den Situationsbegriff zu fassen.

Wir haben erwähnt, dass eine Situation für den Handelnden dadurch Bedeutung bekommt, dass er seine Aufmerksamkeit darauf lenkt. Dieses Lenken der Aufmerksamkeit resultierte aus präintentionalen Aspekten, aus der Biografie des Handelnden und seiner gesellschaftlichen Bedingtheit (vgl. auch Habermas 1992: 146). Das heißt, dass das Thema, das die Situation aus der Lebenswelt ausgrenzt, zumeist nicht im Zusammenhang mit Handlungszielen aufkommt – also die Handlungsziele das Thema steuern –, sondern im Gegenteil die Handlungsziele sich aus der Situation erst ergeben, während das Thema auf Interessen, Meinungen und anderen intentionalen Zuständen (vgl. Searle 1991: 15) beruht.[198] Die Ausgrenzung der Situation aus der Lebenswelt durch das Thema bedeutet nun, dass ein bestimmter Abschnitt der Lebenswelt Relevanz bekommt. Der Lebenswelt kommt so in Bezug auf Handlungssituationen eine doppelte Bedeutung zu: „In Richtung auf den Situationshorizont hat die Lebenswelt damit eine kontextbildende, in Richtung auf den Bereich des Thematisierbaren überhaupt eine horizontbildende Funktion" (Dietz 1993: 90). Die horizontbildende Funktion meint dabei, dass nur vor dem Hintergrund der Lebenswelt selbst Themen aufkommen können, dass alles Thematisierbare innerhalb des Horizontes der Lebenswelt existiert.

Die Situation gibt den Handlungsspielraum der Akteure vor und trägt damit zur Selektion möglicher Handlungsalternativen bei: „Zur Situation gehört alles, was

[197] Wovon Habermas allerdings explizit ausgeht in seiner Theorie des kommunikativen Handelns.

[198] Natürlich gibt es auch den Fall des im Voraus geplanten und vielleicht auch strategischen Handelns, bei dem das Thema auf dieser Grundlage gewählt wird. Aber wie wir weiter oben festgestellt haben, stellt dies eher einen Sonderfall als die Regel dar.

sich als *Beschränkung* für entsprechende Handlungsinitiativen bemerkbar macht" (Habermas 1989a: 589). Nun haben wir es an dieser Stelle mit einer gewissen Doppeldeutigkeit des Situationsbegriffs zu tun, denn wir sprechen einerseits von der *Erzeugung* von Situationen durch themengeleitetes Beschränken der Lebenswelt, andererseits jedoch auch davon, dass die Situation selbst bereits präsent ist, die Aufmerksamkeit darauf gelenkt wird und sie handlungsleitend wirkt etc. Diese Doppeldeutigkeit lässt sich jedoch auflösen. *Situation* meint immer zugleich Lebenswelt, ist daher als Teilmenge von Lebenswelt ständig präsent: „Die kommunikativ handelnden bewegen sich stets *innerhalb* des Horizonts ihrer Lebenswelt; aus ihm können sie nicht heraustreten" (Habermas 1987b: 192). Die Lebenswelt als unhintergehbarer Bestandteil enthält potentiell unendlich viele Situationen. Diese Komplexität wird reduziert durch das Aufbringen von Themen und damit durch die Selektion eines Teils der Lebenswelt als Situation. In diesem Moment wird der gewählte Ausschnitt der Lebenswelt bedeutsam für die an der Handlungssituation Teilnehmenden, d.h. im Moment der Bedeutsamwerdung wird die Situation erst zur Situation. Für die Akteure bedeutet dann diese Selektion, diese *Erzeugung* von Situationen, dass sie ihr Handeln an dem Horizont der Situation ausrichten. Reicht es darüber hinaus, definieren sie die Situation neu.

Die Definition einer Situation geschieht dabei nicht im Sinne einer scharfen Abgrenzung, sondern in Form der Bildung eines Horizontes, also eines eher fließenden Überganges der aktuellen Situation zu anderen möglichen Situationen: der Horizont verschiebt sich mit dem jeweiligen Thema (Habermas 1987b: 187). Wiederum am Beispiel von Habermas' Baustellenszene wird dieser Umstand deutlich: „Das zeigt sich, sobald der Bauherr mit einem Kasten Bier erscheint, um die Arbeiter bei Laune zu halten; sobald der Gastarbeiter (der in dem Beispiel nicht versichert ist, M.V.), als er sich anschickt, Bier zu holen, unglücklich von der Leiter stürzt; sobald das Thema der neuen Kindergeldregelung aufkommt; oder sobald der Architekt mit einem Beamten der Kreisverwaltung erscheint, um die Zahl der Stockwerke zu prüfen. In diesen Fällen verschiebt sich das Thema und mit ihm der Horizont der Situation, das heißt: der *situationsrelevante Ausschnitt der Lebenswelt*, für den im Hinblick auf aktualisierte Handlungsmöglichkeiten ein Verständigungsbedarf entsteht" (Habermas 1987b: 188).

Die einzelnen handlungsleitenden oder handlungsbeschränkenden Bestandteile einer Situation können dann den formalen Welten zugeordnet werden (vgl. Dietz 1993: 91). Mit Hilfe dieser Zuordnung, der Objektwerdung von Teilen der Lebenswelt – die ansonsten nur als „Selbstverständlichkeiten" existieren und erst durch die Situation in das Bewusstsein treten – in den formalen Welten, können sich die an der Situation Partizipierenden über Handlungen verständigen: „Mit den formalen Weltkonzepten können Sprecher und Hörer die möglichen Referenten ihrer Sprechhandlungen so qualifizieren, daß sie sich auf etwas Objektives, Normatives oder Subjektives beziehen können“ (Habermas 1987b: 191; vgl. auch Habermas 1989a: 590). Dieses Bezugssystem bildet die Grundlage für Verständigungsprozesse. Im Falle kommunikativen Handelns integrieren die Beteiligten die formalen Welten, indem sie eine Verständigung mit Bezug zu allen drei Welten suchen. Haben sich die Akteure über die Definition der Situation und deren Implikationen verständigt, kann es schließlich zu einem Einverständnis und damit zu einverständlichen Handlungen kommen.

Die Handlungssituation stellt sich also dar als Reflexion über Teile der Lebenswelt. Auf der Grundlage dieser Reflexion bilden sich die Absichten und die Handlungsziele der Akteure aus. Wesentlich für diesen Umstand sind die handlungsleitenden und handlungsbeschränkenden Aspekte der Situation. Sie geben den Rahmen vor, in dem Absichten bzw. Ziele entstehen. Das bedeutet nicht, dass die Situation als Entität den Handelnden Ziele oder Absichten aufoktroyiert. Als Bestandteil der Lebenswelt ist sie immer schon im Hintergrund präsent: „Aus der situationszugewandten Perspektive erscheint die Lebenswelt als ein Reservoir von Selbstverständlichkeiten oder unerschütterlichen Überzeugungen, welche die Kommunikationsteilnehmer für kooperative Deutungsprozesse benutzen“ (Habermas 1987b: 189). Diese Selbstverständlichkeiten bilden die Grundlage, auf der Intentionen und Ziele entstehen. Die Situation bringt den relevanten Teil der Lebenswelt ins Bewusstsein und beschränkt in diesem Sinne mögliche Intentionen und Ziele.

(4) „Mit der sprachlichen Bezugnahme auf die objektive, soziale und subjektive Welt wird von den Beteiligten eine Situationsbestimmung vorgenommen, die für die Koordination ihrer Handlungspläne und damit für eine einvernehmliche Zwecktätigkeit als Grundlage dient“ (Dietz 1993: 92). Nach der Reflektion über die Situation und dem illokutionären Akt eines oder mehrerer Beteiligter kommt es also zur Verständigung über die Situationsdefinition. Gelingt diese Verständigung, einigen sich die Akteure auf eine gemeinsame Situationsbestimmung und auf eine einvernehmliche Handlungskoordinierung, erzielen also ein Einverständnis. „Einvernehmliche Handlungskoordinierung“ bedeutet nicht unbedingt gemeinsame Handlungen, sondern lediglich die Verständigung über die jeweiligen Intentionen und über etwaige Handlungsfolgen (ebd.). Kann ein Einverständnis nicht erreicht werden, bleiben die beiden Möglichkeiten der Aushandlung einer Situationsdefinition und des Übergangs zu strategischem Handeln.

Zu kommunikativem Handeln kommt es demnach nur, „wenn sich die Aktoren darauf einlassen, ihre Handlungspläne intern aufeinander abzustimmen und ihre jeweiligen Ziele nur unter der Bedingung eines sei es bestehenden oder auszuhandelnden *Einverständnisses* über Situation und erwartete Konsequenzen zu verfolgen“ (Habermas 1992: 144). Ein solches Einverständnis konstituiert einen „illokutionären Bindungseffekt“ (ebd.: 68), d.h. mit der Annahme eines illokutionären Sprechaktangebotes gehen die Beteiligten eine auf diesen Akt bezogene Handlungsverpflichtung ein (vgl. Habermas 1987a: 392). Im Beispiel der Bauarbeiter könnte das folgendermaßen aussehen: Der Angesprochene erkennt die Gruppenhierarchie an, weiß um das Ritual des Frühstücksbieres, betrachtet die Aufforderung zum Bierholen als aufrichtig und stimmt damit in die Situationsdefinition ein. Dann hat er keine (rational begründete) Möglichkeit, die Aufforderung zum Bierholen abzulehnen. Aus der erfolgreichen Verständigung und dem so erzielten Einverständnis resultiert demnach für ihn die Verpflichtung zu einer Handlung, zumindest unter rationalen Gesichtspunkten. Wir deuteten sein Verhalten dann als irrational, wenn er trotz des Einverständnisses sich weigerte, der Aufforderung nachzukommen. Dann wäre der Angesprochene in der Pflicht, Begründungen für sein Verhalten zu geben, die sich – im Fall rationalen Verhaltens – auf die Situationsdefinition beziehen müssten.

Sollte ein Einverständnis nicht ohne weiteres zustande kommen, können die Beteiligten ihre Ziele auf das Erreichen eines Konsenses richten. Das bedeutete ein Aushandeln der Situationsbestandteile in den formalen Welten und damit den Versuch, die kommunikative Handlungssituation zu retten. Im Falle eines solchen Diskurses würden zunächst die Aspekte der Verständigung und der Handlungskoordination von einander getrennt, um ein Einverständnis „in hypothetischer Einstellung“ ohne die Berücksichtigung von Handlungszwängen – dem Ergebnis der illokutionären Bindungseffekte – zu ermöglichen (Dietz 1993: 92). Gelingt es auf diese Weise, zu einer gemeinsamen Situationsdefinition zu kommen, kann ein erneuter Versuch verständigungsorientierten Handelns unternommen werden.

Lassen sich die Probleme der gemeinsamen Situationsdefinition nicht beheben, weil es bspw. grundlegende Differenzen über Deutungen oder Missverständnisse in Bezug auf die Gültigkeit einzelner Weltbezüge gibt, dann können Akteure zu strategischem Handeln übergehen. Dabei beziehen sie sich in ihren Handlungen nicht mehr auf ein mögliches Einvernehmen, sondern versuchen, ihre Ziele allein zu erreichen, auch mit Hilfe perlokutionärer Akte: „Im strategischen Handeln bezieht sich der Akteur allein mit dem Anspruch der Wirksamkeit in objektivierender Einstellung auf seine Umgebung – auch auf andere Akteure“ (Dietz 1993: 92). Die Orientierung seiner Handlungen ist hier nicht mehr auf eine Verständigung gerichtet, sondern auf das Durchsetzen seiner Ziele: „Während im strategischen Handeln einer auf den anderen empirisch, mit der Androhung von Sanktionen oder der Aussicht auf Gratifikationen *einwirkt*, um die erwünschte Fortsetzung einer Interaktion zu *veranlassen*, wird im kommunikativen Handeln einer vom anderen zu einer Anschlußhandlung *rational motiviert*, und dies kraft des illokutionären Bindungseffekts eines Sprechaktangebots“ (Habermas 1992: 68). Zwar kann aus der Sicht eines Handelnden die strategische Vorgehensweise die effektivere sein, allerdings muss dafür vorausgesetzt werden, dass seine Situationsdefinition tatsächlich die richtige ist. Irrt er sich, dann ist die Wahrscheinlichkeit hoch, dass einige der in 6.2.1 dargestellten Nebenaspekte von Intentionalität eintreten und die Handlungsfolgen u.U. negativ beeinflussen.

Habermas beschreibt zwei Risiken, die Handelnde zu vermeiden suchen: „das Risiko der *fehlschlagenden Verständigung*, also des Dissenses oder des Mißverständnisses, und das Risiko des *fehlschlagenden Handlungsplanes*, also des Mißerfolgs. Die Abwendung des ersten Risikos ist eine notwendige Bedingung für die Bewältigung des zweiten. Die Beteiligten können ihre Ziele nicht erreichen, wenn sie den für die Handlungsmöglichkeiten der Situation erforderlichen Verständigungsbedarf nicht decken können – jedenfalls können sie ihr Ziel dann nicht mehr auf dem Wege kommunikativen Handelns erreichen“ (Habermas 1987b: 194). Sollte die Situation eine Verständigung erfordern und ein Akteur schert aus diesem Verständigungsprozess aus, dann kann sich damit also die Wahrscheinlichkeit des Misserfolgs erhöhen.[199]

6.4 Kompetentes Handeln und Kompetenz

Mit den bisher gewonnenen Erkenntnissen über theoretische Aspekte menschlichen Handelns können wir uns nun wieder der Untersuchung unserer Begriffe „kompetentes Handeln“ und „Kompetenz“ zuwenden. Wir werden die bisher gewonnenen Erkenntnisse über Absichten, Handlungen, Situation und Kommunikation zusammenfassen und sie in Verbindung bringen mit den Grundlagen zu kompetenten Handeln und Kompetenz.

Die Untersuchungen zu den Veränderungen in Wirtschaft und Gesellschaft sowie den dort angesprochenen, neuen Anforderungen an Menschen in Verbindung mit unseren Untersuchungen zu Organisationen führten uns zu der Feststellung, dass kompetentes Handeln sich darin äußert, selbständig, selbstverantwortlich, kreativ, selbstorganisierend und flexibel Entscheidungen zur Reduktion von Komplexität zu treffen. Diese Beschreibung klingt zunächst weit entfernt von der Darstellung Noam Chomskys, tatsächlich geht jedoch auch die Definition linguis-

[199] Die Beispiele aus Wirtschaft und Politik, die Misserfolge aufgrund mangelnder Verständigungsbereitschaft demonstrieren, sind zahlreich. Allerdings gibt es auch den umgekehrten Fall, dass ein Einzelner sich über die Situations- oder gar Weltdeutungen vieler anderer hinweg setzt und gerade deswegen erfolgreich ist, bspw. Kolumbus, dessen Situations- und Weltdeutung der der meisten seiner Zeitgenossen überlegen war. Es bleibt die Frage, ob er sich zuvor an einem entsprechenden Aushandlungsprozess, einem herrschaftsfreien Diskurs, beteiligt hatte.

tischer Kompetenz darin auf. Denn auch das Generieren von Sprache und das Agieren in sprachlichen Interaktionen erfordern die Kriterien der Selbständigkeit, Selbstverantwortlichkeit, Kreativität, Selbstorganisation und Flexibilität. Außerdem stellt das Generieren von Sprache eine Selektion von möglichen Sprachverwendungen (im Sinne von Wort- und Satzkombinationen) dar und reduziert damit die Komplexität möglicher sprachlicher Interaktionen.[200]

Allerdings postulieren wir bei einer solchen Beschreibung von kompetentem Handeln (Performanz) nicht mehr eine Kompetenz als diese Performanz erzeugendes Regelsystem. Diesen mehr psychologischen Zugang zu Kompetenz und kompetentem Handeln haben wir im Verlauf unserer Untersuchung zu Gunsten einer philosophischen Handlungstheorie verlassen. Diese betrachtet weniger psychische Vorgänge bei Handlungen, sondern versucht, Handlungen aus ihrer Struktur heraus zu beschreiben. Das schließt natürlich eine psychologische Betrachtung der Phänomene „Kompetenz" und „kompetentes Handeln" nicht aus. Vielmehr haben wir einen alternativen Zugang gewählt, weil die Entwicklung des Kompetenzbegriffs gezeigt hat, dass für eine theoretische Beschreibung seine aktuelle Verwendungsweise über die Untersuchung der psychischen Vorgänge beim Handeln hinaus auf die Analyse der situativen Handlungsbedingungen hinweist.

Die Voruntersuchungen zeigten, dass sich kompetentes Handeln eher weniger auf einen einsamen Aktor bezieht, sondern mehr auf soziales Handeln, auf das Gestalten der sozialen Umwelt und Bewältigen von Situationen. Für eine handlungstheoretische Beschreibung kompetenten Handelns kommen daher vor allem solche Ansätze in Betracht, die die Interaktivität des Handelns betonen, die sich neben der objektiven auch auf die soziale Welt beziehen. Nach der Analyse von Habermas sind das normenreguliertes und kommunikatives Handeln. Normenreguliertes Handeln wurde beschrieben als Handeln in Orientierung an einem normativen Kontext. Das kann sowohl bedeuten, dass der Handelnde sein Handeln in der Bezugnahme auf bestehende Normen rechtfertigt, als auch dass er als Begründung 'neue' Normen angibt, über deren mögliche Rechtfertigung die an der Situation Beteiligten urteilen können. In beiden Fällen handelt der Akteur jedoch einseitig von sich aus auf eine soziale Umwelt bezogen. Die Beteiligung anderer an einer Handlungssituation hat beim normativen Handeln keinen Einfluss auf das Handeln selbst, sondern lediglich darauf, ob das Handeln in Bezug auf den normativen Kontext rechtfertigungsfähig war – und darauf, ob bei Ausbleiben der Rechtfertigungsfähigkeit Sanktionen erfolgen, bspw. in betrieblichen Kontexten, wenn ein Arbeitnehmer entgegen bestehenden betrieblichen Normen handelt. Der

[200] Im Prinzip sind die Kombinationsmöglichkeiten von Lauten, Buchstaben, Wörtern und Sätzen unendlich vielfältig. Das Erzeugen von Kombinationen, die von anderen verstanden werden können, reduziert diese Vielfältigkeit und schließt unverständliche Kombinationen weitgehend aus.

Bezug des Handelnden zur Handlungssituation und ihren Beteiligten ist einseitig und nicht reflexiv, ebenso wie der Gebrauch von Sprache in dieser Handlungsform (vgl. Habermas 1987a: 142).

Es stellt sich die Frage, ob und in welchem Zusammenhang normenreguliertes und kompetentes Handeln stehen. Wenn kompetentes Handeln sich darin äußert, selbständig, selbstverantwortlich, kreativ, selbstorganisierend und flexibel Entscheidungen zur Reduktion von Komplexität zu treffen, dann können wir annehmen, dass normenreguliertes Handelns in der Form der Orientierung an bestehenden Normen allenfalls Teil kompetenten Handelns sein kann, es aber keinesfalls ausmacht. Zwar kann solches Handeln zur Reduktion von Komplexität beitragen, allerdings weniger auf der Ebene der Organisation. Denn die Orientierung an bestehenden Normen bedeutet, dass Komplexität auf der Ebene der Subsysteme der Organisationsmitglieder dadurch reduziert wird, dass sie in die Hierarchie zurückgegeben und damit im Organisationssystem bewahrt wird.

Wenn ein Mitarbeiter sein Handeln durch den Verweis auf bestehende betriebliche Normen rechtfertigt – bspw. eine dringliche Aufgabe, die ein Arbeiten über die betrieblich geregelte Arbeitszeit hinaus erforderte, mit dem Hinweis nicht fertig stellt, dass die tägliche Arbeitszeit um 17.00 Uhr endet –, dann reduziert er die Komplexität in seinem unmittelbaren Arbeitsbereich, weil er nicht selbstverantwortlich und selbständig entscheidet, sondern die Begründung für sein Handeln der bestehenden Norm entnimmt. Dadurch erhöht er jedoch die Komplexität in der Organisation, da diese nun anderweitig für die Erledigung der Arbeit Sorge tragen muss.[201]

Auch die zweite Form normenregulierten Handelns – die normenerzeugende - erfüllt nicht das, was wir bisher als die Grundlage kompetenten Handelns identifiziert haben, und zwar auf Grund der fehlenden Reflexivität. Handeln, in dem man sich an Normen orientiert, die nicht Teil eines bestehenden normativen Kontextes sind, bedeutet, dass der Handelnde zunächst nur voraussetzt, dass die von ihm als Orientierung angegebene Norm bei den anderen Beteiligten einer Handlungssituation rechtfertigungsfähig ist. Damit erfüllt er zwar den Anspruch des selbstorganisierten, des kreativen und des selbstverantwortlichen Handelns, trägt jedoch nur dann zur Reduktion von Komplexität bei, wenn die von ihm angegebene Norm tatsächlich rechtfertigungsfähig ist. Allerdings ist auch hier sein Handeln und seine Kommunikation einseitig von ihm ausgehend zu betrachten, denn die Orientierung an der Norm dient letztlich nur der Aufrechterhaltung der eigenen

[201] Das Handeln ist auch deswegen nicht selbstverantwortlich, weil der Mitarbeiter sich jederzeit auf die bestehende Norm der Arbeitszeit berufen und Sanktionsversuchen seitens der Organisation mit dem Hinweis auf die konfligierenden Normen der Aufgabenerledigung und der Arbeitszeit, deren Widersprüchlichkeit er nicht zu vertreten hat, begegnen kann.

Rationalität. Normenreguliertes Handeln bedeutet nicht, dass sich ein Akteur vor seiner Handlung vergewissert, dass die Norm, an der er sich orientiert, auch tatsächlich in seinem sozialen Kontext anerkennungsfähig ist, und er erst nach einer erfolgten Klärung sein Handeln daran ausrichtet oder es gegebenenfalls verändert. Vielmehr gibt er lediglich als Begründung für die Rationalität seines Handelns eine noch nicht bestehende Norm an und tritt dann in den Diskurs darüber ein. Ein solches Vorgehen trägt nur bedingt zur Klärung der Handlungssituation und zur Reduktion von Komplexität bei. Ist die Norm nicht rechtfertigungsfähig, erhöht sein Handeln sogar die Komplexität, anstatt sie zu reduzieren. Wir können daher normenreguliertes Handeln in beiden Formen allenfalls als einen Bestandteil kompetenten Handelns betrachten.

Damit liegt es nahe, kompetentes Handeln im Rahmen kommunikativen Handelns zu betrachten. Diesem ist der soziale Aspekt immanent, gleichzeitig stellt es sich als zielorientiertes Handeln dar.[202] Allerdings ist nicht jedes kommunikative Handeln zugleich kompetentes Handeln, vielmehr könnte man kommunikatives Handeln als übergeordneten Rahmen betrachten, von dem als dessen noch näher zu spezifizierender Spezialfall kompetentes Handeln zu unterscheiden wäre. Um die spezifizierenden Merkmale kompetenten Handelns zu charakterisieren, müssen wir uns noch einmal die Ergebnisse unserer bisherigen Untersuchungen vergegenwärtigen.

Die Beschäftigung mit den Hintergründen der zunehmenden Diskussion um eine besondere Handlungsfähigkeit des Menschen kumulierte in der Feststellung, dass es einen Trend weg von Gemeinschaften hin zu einer Konzentration auf das Individuum und seine Fähigkeit zur selbständigen und aktiven Gestaltung seiner Lebens- und Arbeitswelt[203] gebe. Gleichzeitig bringen veränderte Lebens- und Arbeitanforderungen die Notwendigkeit zur Orientierung an Teams mit sich. Diese sich zunächst widersprechenden Punkte finden ihre Synthese in der Verlagerung der Verantwortlichkeit für Handeln auf das Individuum selbst. Auch die Betrachtungen über Organisationen als soziale Systeme legen nahe, dass moderne Organisationsformen mit veränderten Steuerungsmechanismen darauf angewiesen sind, dem Einzelnen Verantwortung nicht nur zuzumuten, sondern auch die dafür notwendigen Freiräume zu gewähren. Das bedeutet, dass es um eine Selbständigkeit in der Verantwortlichkeit sowie um Selbstorganisation bei gleichzeitiger Ausrichtung an gemeinschaftlichen Handeln geht.

Selbständigkeit und Selbstorganisation verweisen auf die intentionalen Aspekte des Handelns. Auch wenn wir von sozialem Handeln, von sozialer Eingebunden-

---

202 Ein Aspekt, der wesentlich ist für unseren Betrachtungsrahmen der beruflichen Bildung.

203 Wobei hier mit „Lebenswelt“ zunächst nicht die Habermassche Lebenswelt gemeint ist, sondern die persönliche und soziale Umwelt des Einzelnen.

heit des Handelnden sowie von einvernehmlich koordinierten Handlungen sprechen, steht an erster Stelle der Handelnde als Individuum. Ihm kann die Rolle des Erzeugens von Handlungen nicht abgenommen werden. Wir haben gesehen, dass sich Handeln in die Bereiche teleologisches, strategisches, normatives, dramaturgisches und kommunikatives Handeln klassifizieren lässt. Die einzelnen Handlungstheorien finden sich innerhalb dieser Kategorien wieder. Jedoch ist allen gemein, dass sie teleologisches Handeln zur Grundlage haben, d.h. ein intentionales, zielgerichtetes[204] Agieren eines Einzelnen mit verschiedenen Bezügen. Wenn wir nun kompetentes Handeln als eine besondere Form kommunikativen Handelns betrachten, dann stellt sich die Besonderheit zum einen in der Berücksichtigung einiger der intentionalen Aspekte dar, und zum anderen darin, Situationen kompetent zu bewältigen und darüber hinaus kommunikative Situationen selbst zu erzeugen. Letzteres gilt vor allem vor dem Hintergrund unserer Untersuchungen in Kapitel 4. Dort hatten wir festgestellt, dass die gesellschaftlichen und wirtschaftlichen Hintergründe für eine zunehmende Beschäftigung mit einer besonderen Handlungsfähigkeit des Menschen darin münden, dass der einzelne zunehmend auf sich selbst verwiesen wird und darauf, seine Umwelt aktiv zu gestalten.

6.4.1 Kompetentes Handeln und intentionale Aspekte

Wir haben gesehen, dass kompetentes Handeln sich in der aktiven Gestaltung der jeweiligen Umwelt äußert, dass es im Sinne der Bewältigung und Erzeugung von Situationen erfolgreiches Handeln bedeutet. Um den Erfolg einer solchen Handlung sicher zu stellen, ist es notwendig, die einzelnen intentionalen Aspekte – unbeabsichtigte und kontraintentionale, paraintentionale, periintentionale, präintentionale und subintentionale Aspekte des Handelns (vgl. Brandtstädter und Greve 1999)[205] – soweit wie möglich im Handeln zu berücksichtigen. Wir sprechen *nicht* von kompetentem Handeln, wenn eine Handlung mehr zufällig gelingt, obschon eine Reihe von Nebenfolgen aufgetreten sind, die der Handelnde nicht berücksichtigt hat und die nur ausnahmsweise den Erfolg einer Handlung nicht verei-

[204] Wobei intentionales Handeln ohnehin immer auch Zielgerichtetheit bedeutet, denn Intentionalität bedeutet die Verbindung zwischen Geist und Welt (in Form von Geist-auf-Welt- oder Welt-auf-Geist-Ausrichtung) und damit – im Falle von Intentionen – die Orientierung an den Erfüllungsbedingungen einer Handlung.

[205] Kontraintentionale Aspekte sind solche, die der Ausführung einer Absicht entgegenstehen, als periintentional wurden bewusst in Kauf genommene Nebenfolgen einer Handlung bezeichnet. Paraintentional sind Aspekte, die nicht in der Absicht selbst liegen, aber auch nicht als unbeabsichtigt gelten können, weil sie unbewusst als Absicht vorhanden sind, während präintentional auf intentionale Zustände verweist, die die Geschichtlichkeit von Absichten begründet. Als subintentional wurden schließlich die allen Handlungen zu Grunde liegenden physiologisch-physikalischen Prozesse bezeichnet.

telt haben. Allerdings haben wir auch festgestellt, dass ein wesentlicher Teil der Handlungen nicht auf einem vorher sorgfältig ausgearbeiteten Handlungsplan beruht. Das gilt auch für kompetentes Handeln, das zwar auf einem solchen Plan beruhen kann, aber nicht muss. Die Berücksichtigung der einzelnen intentionalen Aspekte in einem Handlungsplan könnte u.U. bedeuten, dass eine zeitraubende Fehlerantizipation dem Handeln vorausgehen müsste, ein Vorgang, der den Einzelnen in diesem Fall vermutlich letztlich handlungsunfähig machte.[206]

Das gilt jedoch nur unter der Prämisse, dass der Handelnde als einsamer Aktor fungiert. Betrachten wir kompetentes Handeln als einen Teilbereich kommunikativen Handelns, so ist die Definition einer Handlungssituation – und damit die Antizipation von Handlungsfolgen – nicht unbedingt ein einsamer Akt, sondern sie geschieht in der Interaktion mit anderen. Der soziale Aushandlungsprozess ermöglicht es, dass mögliche Nebenfolgen von Absichten im kommunikativen Prozess erkannt und beachtet werden können. Das gilt für kontra- und periintentionale sowie für unbeabsichtigte Aspekte einer Handlung. Bei einer gemeinsamen Situationsdefinition und bei dem Bestreben, ein Einverständnis für gemeinschaftlich koordinierte Handlungen zu erzielen, kann der Mechanismus der Handlungskoordination einen wesentlichen Beitrag dazu leisten, kontraintentionale und unbeabsichtigte Aspekte einer Handlung ausschließen zu helfen. Im Falle periintentionaler Aspekte ist der Aushandlungsprozess geradezu konstitutiv, denn nur über die *Verständigung* von bewusst in Kauf genommenen Nebeneffekten, die nicht eigentlich den Fokus der Absicht bilden, ist ein Einverständnis überhaupt möglich – andernfalls begeben sich einer oder mehrere der Aktoren in die Gefahr, dass ihre Handlungen als perlokutionäre Akte missverstanden werden und ihnen strategisches Handeln unterstellt wird (vgl. auch Habermas 1987a: 396).

Die para-, prä-, und subintentionalen Aspekte von Absicht können dagegen nicht ohne weiteres in Aushandlungsprozessen zum Gegenstand gemacht werden. Als paraintentional wurden solche Aspekte bezeichnet, die nicht eigentlich in der Absicht des Handelnden lagen, aber sich auch nicht als unabsichtlich darstellen lassen.[207] Sie finden sich vor allem in Handlungsabsichten wieder, weniger in vorausgehenden Absichten. Ihnen kann in der Reflexion der Situation entgegengesteuert werden – sofern sie als unerwünscht antizipiert werden. Paraintentionale Aspekte als Bestandteil von Handlungsabsichten treten im kommunikativen

[206] Tatsächlich werden in einem Handlungsplan nicht bereits alle Teilhandlungen detailliert geplant, sondern im Verlaufe der Handlung werden bei auftretenden Handlungsproblemen Alternativen gesucht. Es wäre zunächst also lediglich auf der Ebene der Teilhandlungen nötig, die intentionalen Aspekte zu beachten, was bei entsprechend komplexen Handlungssituationen den Handelnden trotzdem vor Probleme stellen könnte.

[207] Wir erinnern uns an das Beispiel des Autofahrers, der aus Gewohnheit (und mangelnder Aufmerksamkeit in der Situation) an einer Ampel geradeaus fährt, obwohl er 'eigentlich' abbiegen wollte.

Handeln zumeist erst nach dem Akt der Verständigung auf, im Rahmen der einvernehmlich koordinierten Handlung. An diesem Punkt ist der Handelnde darauf verwiesen, sich seiner 'tatsächlichen' Intentionen stets bewusst zu bleiben und so paraintentionals Aspekte zu vermeiden, damit wir von kompetentem Handeln sprechen können.[208]

Die Berücksichtigung von prä- und subintentionalen Aspekten im Handeln stellt den Aktor vor anders gelagerte Probleme. Präintentionale Aspekte treten nicht erst im Handlungsvollzug auf, sondern sind bereits Bestandteil der Definition der Situation, liegen ihr zu Grunde. Wir haben gesehen, dass eine Situation einen Ausschnitt der Lebenswelt darstellt, der durch ein Thema bestimmt wird. Dieses Thema beruht u.a. auf präintentionalen Aspekten, auf der Biografie des Handelnden und auf gesellschaftlichen Strukturen und Erfahrungen, in die der Aktor eingebettet ist, die ihn beeinflussen und in deren Rahmen eine Handlungssituation nur entstehen kann. Dabei sind diese Aspekte weitgehend der Kontrolle des Handelnden entzogen: „Emotionen, Präferenzen, Einsichten, Einstellungen, die die Intentionsbildung beeinflussen, lassen sich ihrerseits nicht als intentional herbeigeführte Eigenzustände verstehen" (Brandtstädter und Greve 1999: 201). Eine Kontrolle präintentionaler Aspekte zur Sicherstellung eines Handlungserfolges kann es daher nicht in der Form von Absichtlichkeiten geben.

Allerdings kann der Handelnde sich seiner Emotionen[209], Präferenzen etc. bewusst werden, er kann im Vorfeld oder im Rahmen einer Situationsdefinition über sie reflektieren und sie gegebenenfalls im Aushandlungsprozess durch dramaturgisches Handeln zum Gegenstand machen bzw. offen legen. Damit ist er zumindest ein Stück weit in der Lage, einen Teil der Präintentionalitäten zu steuern, indem er entscheidet, welche davon er für die Situation zulässt und welche nicht. Darüber hinaus ermöglicht er so den anderen, seine Intentionen besser zu verstehen, und erleichtert auf diese Weise den Prozess der Verständigung.

Subintentionale Aspekte bilden eine Kategorie für sich. Unter ihnen werden die physiologisch-physikalischen Prozesse verstanden, die Bestandteil jeder Handlung sind, sich aber weitgehend der intentionalistischen Kontrolle des Handelnden entziehen (Brandtstädter und Greve 1999: 203ff.), also bspw. die Kontraktion eines Muskels oder das Hervorbringen von Lauten. Als Phänomen an sich haben sie noch keine Bedeutung, sie bekommen eine solche erst im Rahmen spezifi-

208 Wobei paraintentionale Aspekte nicht unbedingt den Erfolg einer Handlung behindern. Neuere Untersuchungen aus dem Bereich des Sports zeigen, dass die erste, spontane Handlungsweise, die gerade nicht auf Reflexionen über Handlungsalternativen beruht, oftmals die situativ richtige ist (o.A. 2004).

209 Der Umgang mit Emotionen ist im Rahmen der Bildung ein zunehmend an Bedeutung gewinnendes Thema, beeinflussen diese doch auch den Lernprozess selbst (vgl. bspw. Gläser-Zikuda 2001: 37ff.; Standop 2001: 38ff.). Für den Hinweis auf diese Quellen danke ich Bettina Siecke.

scher Kontexte (Situationen, Regeln, Institutionen). Searle bezeichnet sie als Teil der Erfüllungsbedingung von Absichten. Eine Handlung wäre gescheitert, wenn zu ihr nicht das Erlebnis[210] des Handelns gehörte. Er erläutert diesen Umstand anhand des Beispiels eines Patienten im Krankenhaus, der versucht, seine Hand zu bewegen: „Begriffe wie 'versuchen', 'gelingen' und 'scheitern' sind auf dieses Erlebnis in einer Weise anwendbar, in der sie es auf die Erlebnisse, die der Patient hat, wenn er bloß seine Hand sich bewegen sieht (ohne dass er die Hand absichtlich bewegt hat, also z.B. in dem jemand anderes die Hand bewegt, M.V.), nicht sind. Dieses Erlebnis mit seinen phänomenalen und logischen Eigenschaften nenne ich das Erlebnis des Handelns, und ich behaupte nicht, daß es ein charakteristisches Erlebnis gibt, das allen absichtlichen Handlungen gemeinsam ist, sondern vielmehr, daß es zu jeder bewußt absichtlichen Handlung das Erlebnis des Vollziehens dieser Handlung gibt, und daß dieses Erlebnis einen intentionalen Gehalt hat" (Searle 1991: 121).

Voraussetzung für das Gelingen einer Handlung ist also, dass in Folge der Absicht die Handlung tatsächlich stattfindet. Dazu gehören jedoch die subintentionalen Aspekte, also gerade die physiologisch-physikalischen Prozesse, die die Handlung ausmachen, sie jedoch nicht bereits darstellen: „... wenn etwa die Muskeln (Neuronen, Neurotransmitter) nicht funktionieren und die unseren Intentionen korrespondierenden Effekte zustande bringen, dann kommen eben Handlungen wie 'das Fenster schließen', 'Fritz grüßen', ja selbst 'Unterlassungshandlungen', die in der intentionalen Nichtausführung derartiger Handlungen bestehen, nicht zustande" (Brandtstädter und Greve 1999: 204).[211]

Da subintentionale Aspekte sich einer Steuerung durch den Handelnden weitgehend entziehen, kann der Handelnde sie nur insofern in seinem Handeln berücksichtigen, als er seine Intentionen auch anhand der eigenen psychisch-physischen Fähigkeiten 'ausrichtet'. Das bedeutet, dass subintentionale Aspekte die Wahrnehmung bzw. Erzeugung einer Situation beeinflussen (vgl. Joas 1996: 236). Für kompetentes Handeln spielen sie dabei keine andere Rolle als für jedes andere

[210] „Erlebnis" ist hier so zu verstehen, dass eine Handlung nur dann als Erfüllung einer Absicht angesehen werden kann, wenn der Handelnde die zu der Absicht der Handlung gehörenden Veränderungen in einer Welt wahrnehmen kann. Wenn jemand z.B. die Absicht hat, seinen Arm zu heben, dann ist diese Absicht genau dann erfüllt, wenn sich in Folge seiner Absicht sein Arm hebt und der Handelnde dieses Armheben wahrnimmt. Ganz ähnlich beschreiben auch Deci und Ryan das, was sie im Rahmen ihrer Motivationstheorie als „Bedürfnis nach Kompetenzerleben" bezeichnen: Die Erfahrung, kompetent zu sein, bedeutet „being reliably able to achieve desired outcomes and to experience effectance in action" (Deci und Ryan 1991: 268).

[211] Das Problem des Zusammenhangs zwischen den physiologisch-physikalischen Prozessen und den Intentionen ist Teil der sehr umfangreichen Diskussion des „Leib-Seele-Problems" (vgl. ebd. und Schischkoff 1991: 425f.), derer wir uns im Rahmen dieser Arbeit nicht annehmen werden.

Handeln auch: sie sind die Grundvoraussetzung für das Gelingen jeder Handlung, jedoch keine besondere Auszeichnung kompetenten Handelns. Insofern wäre es verfehlt, jemanden kompetenter als einen anderen zu nennen, nur auf Grund physischer Überlegenheit. Das entspräche auch kaum unseren bisherigen Erkenntnissen über Kompetenz, die dieses Konzept eher im Mentalen als im Körperlichen verorten.

6.4.2 Bewältigung von Situationen als kompetentes Handeln

Wir haben kompetentes Handeln im Anschluss an unsere Voruntersuchungen als selbständiges, selbstverantwortliches, kreatives, selbstorganisierendes und flexibles Treffen von Entscheidungen zur Reduktion von Komplexität beschrieben und es als besondere Form kommunikativen Handelns ausgewiesen. Zum einen fällt darunter die Berücksichtigung intentionaler Aspekte, zum anderen die Bewältigung und die Erzeugung kommunikativer Situationen. Die beiden letzteren gilt es nun noch zu explizieren.

Situationen werden als Ausschnitt der Lebenswelt durch ein Thema erzeugt. Im Beispiel der Bauarbeiter waren das z.B. das gemeinsame Frühstück, das Erscheinen des Bauherren mit einem Kasten Bier, der Unfall des Gastarbeiters usw. Dadurch, dass diese Themen aufkamen, wurde die Komplexität der Lebenswelt – und damit die Komplexität oder besser die Vielfalt möglicher Handlungen – reduziert, da aus den potentiell unendlich vielen möglichen Situationen einige wenige selektiert wurden. Aber alle diese Momente sind den Handelnden zunächst äußerlich, es sind keine Situationen, die durch ein von ihnen selbst eingebrachtes Thema selbständig erzeugt wurden, sondern durch von außen eintretende Ereignisse. Die Strukturierung eines aktuellen Teils der Lebenswelt kann somit zum einen durch äußere Ereignisse geschehen, zum anderen kann sie jedoch auch von den Handelnden selbst erzeugt werden. Im ersteren Falle ist die Handlungssituation dann bereits präsent und muss von den Beteiligten entsprechend definiert werden, im letzteren ist sie erst durch die Wahl eines Themas zu generieren. Beides trägt auf seine Art zur Reduktion von Komplexität bei.

Betrachten wir zunächst den Fall einer extern erzeugten Situation. Hier äußert sich kompetentes Handeln darin, dass die Beteiligten in der Lage sind, die mit der Situation verbundenen Handlungsprobleme zu bewältigen. Das entspricht der 'klassischen' Beschreibung von Kompetenz und Performanz, wie wir sie in zahlreichen Konzepten bereits angetroffen haben. Handlungstheoretisch betrachtet bedeutet die Bewältigung von Situationen, dass die Akteure zu einer gemeinsamen Situationsdefinition gelangen und einvernehmlich koordinierte Handlungen durchführen. Dazu müssen sie Entscheidungen kommunizieren und zwar in Bezug zu den drei formalen Welten (objektive, subjektive und soziale Welt). Am Beispiel der Selektion von Kommunikation in Organisationen werden diese Bezüge deutlicher. Wir haben in Kapitel 5.6 gesehen, dass sich kompetentes Handeln in Organisationen als selbständige und selbstverantwortliche Selektion von Kommunikation darstellt. Diese Selektion soll die Komplexität von Entscheidungsmöglichkeiten reduzieren. Die Entscheidungen selbst können sich auf alle drei formalen Welten (objektive, subjektive und soziale) beziehen, ihre Kommunikation soll die Anerkennung der Rationalität des Handelnden sicherstellen. Im Rahmen von Arbeit kann der Bezug zur objektiven Welt bspw. in der Auswahl eines für eine konkrete Aufgabe geeigneten Werkzeugs liegen oder darin, mit welcher Strategie man einem schwierigen Kunden begegnet. Bezüge zur sozialen Welt ergeben sich bspw. im Rahmen des normenorientierten Umgangs mit Kollegen, Vorgesetzten oder Kunden (corporate identity) oder des Orientierens an betrieblichen Gepflogenheiten wie Arbeitszeiten und Pausen. Entscheidungen in Bezug zur subjektiven Welt können im Ausdruck von Emotionen, die mit Anforderungen einer Arbeitssituation konfligieren, bestehen, so z.B. wenn Anweisungen von Vorgesetzten in Bezug auf Aufgabenerfüllung mit den eigenen Wertvorstellungen nicht übereinstimmen.[212]

Welche dieser Entscheidungen in den kommunikativen Aushandlungsprozess zur Situationsdefinition und zur Verständigung einbezogen wird, unterliegt der Selektion des Einzelnen. Gleichzeitig können die über die Kommunikation von Entscheidungen vorgenommenen Weltbezüge von den anderen Beteiligten an einer Handlungssituation in den Kriterien Wahrheit, Richtigkeit und Wahrhaftigkeit kritisiert werden.[213]

Nehmen wir als Beispiel eine Kaufhausszene: Eine Kundin möchte einen vor einigen Tagen gekauften Mantel umtauschen. Dafür betritt sie das Kaufhaus, in dem sie den Mantel gekauft hat, und steuert auf den Servicebereich zu, an dem eine Verkäuferin die Reklamationen bearbeitet. Nachdem sie ihr Anliegen erläutert und als Begründung angegeben hat, dass sie versehentlich den Mantel in einer falschen Farbe gekauft habe, übergibt sie der Verkäuferin den Mantel, die ihn daraufhin auf Gebrauchsspuren untersucht. An dieser Stelle setzen wir voraus, dass es eine Norm gibt, die das Umtauschen ungebrauchter Kleidung als zulässig erklärt. Bei der Untersuchung stellt die Verkäuferin fest, dass der Mantel auf dem

[212] Beispiele dafür könnten sein: angeordnete illegale Müllentsorgung, Betrug an Kunden etc. In vielen solcher publik gewordenen Fälle können wir beobachten, dass sich die Arbeitnehmer bei entsprechenden Anweisungen ihres Vorgesetzten auf normenreguliertes Handeln zurückgezogen und den inneren Konflikt mit sich selbst ausgetragen haben.

[213] Die Kriterien waren: „Wahrheit" als Übereinstimmung von Behauptungen bzw. proklamierten Handlungsergebnissen mit der objektiven Welt, „Richtigkeit" als korrekte Bezugnahme auf bestehende Normen sowie Wahrhaftigkeit als glaubwürdige Expression.

Ärmel einen Fleck bekommen hat. Von diesem Moment an gibt es mehrere Möglichkeiten der Definition der Situation:

(a) Die Verkäuferin sieht sich angesichts des Flecks von der Situation überfordert und bittet ihren Vorgesetzten dazu, der über Annahme oder Verweigerung der zurückgebrachten Ware entscheiden soll. Sie weicht damit der Situationsdefinition aus.

(b) Die Verkäuferin kritisiert den Bezug zur objektiven Welt, indem sie der Kundin erklärt, dass die Ware offensichtlich gebraucht und daher vom Umtausch ausgeschlossen sei. Aufgrund der Kritik an der Wahrheit bestreitet die Verkäuferin die Richtigkeit der Orientierung an der Norm. Es kommt zunächst zu keiner gemeinsamen Situationsdefinition.

(c) Die Verkäuferin zweifelt die Wahrhaftigkeit der Aussage an, dass der Kundin die Farbe nicht gefalle, und lehnt den Umtausch bspw. mit der Vermutung ab, dass diese den Mantel nur zu einem bestimmten Anlass getragen habe und ihn nun nicht mehr benötige, weswegen die Kundin ihn umtauschen wolle. Als Begründung für ihre Vermutung könnte sie den Fleck angeben (Bezug zur objektiven Welt) und darauf hinweisen, dass gebrauchte Kleidung nicht umgetauscht werden könne (Bezug zur sozialen Welt). Auch hier kommt es zunächst zu keiner gemeinsamen Definition der Situation.

(d) Die Verkäuferin tauscht den Mantel trotz des Flecks ohne weiteres um. Sie erkennt damit die Situationsdefinition der Kundin vorbehaltlos an. In diesem Fall haben sich die Beteiligten auf eine Situationsdefinition geeinigt, indem sie Dritten gegenüber (nämlich dem Kaufhaus) strategisch gehandelt haben – die Verkäuferin vermeidet Unstimmigkeiten mit der Kundin und die Kundin bekommt den gewünschten Umtausch trotz der Kenntnis des Makels.

Betrachten wir diese verschiedenen Möglichkeiten unter dem Aspekt kompetenten Handelns, dann ergeben sich daraus unterschiedliche Schlussfolgerungen.

Zu (a): Das Herbeirufen des Vorgesetzten trägt in keiner Weise zur Reduktion von Komplexität innerhalb der Organisation bei. Im Gegenteil wird die Komplexität dadurch erhöht, dass die Verkäuferin die Entscheidung in die Hierarchie zurück verlagert. Von kompetentem Handeln können wir in diesem Fall eher weniger sprechen, wenn wir davon ausgehen, dass eine Verkäuferin im Servicebereich eines Kaufhauses grundsätzlich mit den Grundlagen des Umgangs mit Reklamationen vertraut ist.[214] Das Handeln in (d) ist dagegen deutlich schwieriger zu beurteilen. Zunächst sind die Probleme der Situation offenbar bewältigt worden, die

[214] Auch intuitiv beurteilten wir ein solche Handlungen wohl meist nicht als kompetent. Allerdings zeigt sich an dieser Stelle auch, dass kompetentes Handeln graduell ist. Es kann durchaus kompetent sein, wenn man die Bewältigung einer Situation, der man sich nicht gewachsen fühlt, anderen überträgt, anstatt durch eigenes Unvermögen zu scheitern. Das verweist auf den Zusammenhang

Kundin ist zufriedengestellt und bleibt daher vielleicht dem Kaufhaus als Kundin erhalten. Die Verkäuferin hat eine Entscheidung getroffen und kommuniziert, die zur Bewältigung der Situation beigetragen hat. Und sie hat gleichzeitig, indem sie selbständig gehandelt hat, die Komplexität in der Organisation zumindest nicht erhöht. Trotzdem können wir nicht ohne weiteres sagen, dass sie kompetent gehandelt habe. Von einem Beobachterstandpunkt aus gesehen könnte man sagen, dass die Situationsdeutungen der beiden fehlerhaft waren, weil sie gemeinsam sowohl in den Bezügen zur objektiven als auch zur subjektiven Welt Fehler gemacht haben. Allerdings trifft das auch in vielen Fällen zu, in denen wir ohne Zögern trotzdem von kompetenten Handeln sprächen, denn die Situationsdefinition kann sich nur auf das begrenzte Vermögen der Einzelnen zu ihrer Deutung stützen und nicht von einer möglichen Metadeutung ausgehen, die alle relevanten Aspekte einer Situation zuverlässig erfasst. Das machte kompetentes Handeln auf Grund der beschränkten Fähigkeiten des Menschen nahezu unmöglich.

Wir könnten auch der Verkäuferin mangelnde Orientierung an den Organisationszielen vorwerfen und damit die Handlung als inkompetent ablehnen. Das stellte uns dann allerdings vor genau die Probleme, die wir in Kapitel 2 an den bisherigen Konzepten kritisiert haben, nämlich die fragwürdige Einbeziehung fremdgesetzter Normen und Werte in den Begriff der Kompetenz. Wir sähen dann nämlich von dem Umstand kompetenten Handelns ab und gingen auf die Ebene der normativen Beschreibung einer Fähigkeit „Kompetenz“ über. Die Lösung dieses Problems scheint mir eher in der Berücksichtigung intentionaler Aspekte zu liegen. Indem die Verkäuferin den Mantel trotz Mängel umtauscht, nimmt sie in Kauf, dass die Kundin diese Erfahrung an andere weitergibt und mehr Kunden mit ähnlichen Fällen die gleiche Vorgehensweise versuchen. Außerdem riskiert sie Sanktionen ihres Arbeitgebers, wenn der Fleck entdeckt wird. Die mangelnde Berücksichtigung solcher periintentionalen Effekte verhindert, dass wir die Handlung der Verkäuferin als kompetent klassifizieren können.[215]

von Qualifikation und kompetentem Handeln: Von einer entsprechend qualifizierten Verkäuferin können wir kompetentes Handeln in Form der Bewältigung einer Handlungssituation erwarten.

[215] Wir sollten nicht der Versuchung erliegen, der Verkäuferin auf Grund dieses Handlung mangelnde Kompetenz zu unterstellen. Wie wir mehrfach betont haben, lässt sich nicht von einer Handlung auf eine dahinterstehende Kompetenz schließen. Allerdings können wir beurteilen, ob eine Handlung kompetent war oder nicht, was einen Unterschied zur Beurteilung der Existenz oder Nichtexistenz einer Fähigkeit ausmacht. Möglicherweise hat ihre Handlungsweise gute Gründe (Ärger mit dem Kaufhaus, sie will es ihrem Vorgesetzten 'heimzahlen' etc.), ohne dass wir bereits davon ausgehen können, dass sie in ähnlichen Situationen immer so handelte. Zur Beurteilung ihrer Kompetenz müsste sie zuerst ihre Intentionen offen legen. Wir gehen also bei der Beschreibung kompetenten Handelns vom Handelnden aus und nicht vom Kontext, obschon das Handeln nicht ohne Berücksichtigung des Kontextes gedeutet werden kann. Wir vermeiden lediglich, die Beurteilungskriterien dem Kontext zu entnehmen.

Im Falle von (b) kommt es zunächst zu keiner gemeinsamen Situationsdefinition, daher ist ein Verständigungsprozess nötig, wenn einvernehmliche Handlungen angestrebt werden. Zwar könnte die Verkäuferin mit der Feststellung des Makels die Interaktion beenden und die Kundin mit der Ware wegschicken. Aber auch hier wie in Fall (d) sprächen wir eher nicht von kompetentem Handeln. Dieser Fall ist sehr ähnlich gelagert wie das Autofahrerbeispiel aus 2.2. Die Organisation, also das Kaufhaus, bescheinigte der Verkäuferin u.U., dass sie kompetent gehandelt habe, indem sie den Umtausch verweigerte. Sie hat auch durch das Treffen und Kommunizieren eigener Entscheidungen die Komplexität in der Organisation nicht erhöht, vielleicht sogar verringert, und zwar letzteres, wenn sich diese Handlungsweise im Kaufhaus als Norm durchsetzt, ihre Entscheidung also die Komplexität in der sozialen Welt reduziert. Allerdings wird sie die Kundin damit eventuell verärgern und für das Kaufhaus verlieren sowie u.U. auch einen Teil des Bekanntenkreises der Kundin, wenn diese das Verhalten dort als kundenunfreundlich kommuniziert. Abgesehen davon, dass die Verkäuferin damit die Komplexität in der Umwelt der Organisation erhöht, trifft auch hier zu, dass sie die periintentionalen Aspekte ihrer Handlung nicht berücksichtigt hat, z.B. den möglichen Verlust einer oder gar mehrerer Kunden.[216]

Eine Möglichkeit der Verständigung bestünde darin, dass Kundin und Verkäuferin in einen Diskurs über die Situation einträten. Die Verkäuferin kritisiert den objektiven und normativen Bezug der Kundin (Ware ist nicht ungebraucht, fälschliche Berufung auf Norm des Umtauschs). Die Kundin wiederum kritisiert den objektiven Bezug der Verkäuferin, indem sie angibt, dass der Mantel zwar einen Fleck hat, trotzdem jedoch nicht gebraucht wurde. Willigen beide in diese veränderte Definition der Situation ein, dann kann es im weiteren kommunikativen Verlauf zu einer Verständigung über Handlungen kommen. So könnte die Verkäuferin die Kundin auffordern, den Mantel zunächst reinigen zu lassen, und im Gegenzug die Rücknahme zusichern. In Bezug auf unsere Kriterien haben wir es hier mit einer kompetenten Handlung zu tun. Wir können davon ausgehen, dass eine Vielzahl intentionaler Aspekte Beachtung gefunden haben. Die Komplexität innerhalb der Organisation wurde reduziert, ebenso wie die Komplexität in Bezug auf die formalen Welten, und die Handlung ist durch Selbständigkeit, Kreativität, Selbstorganisation, Selbstverantwortlichkeit und Flexibilität gekennzeichnet.

[216] Wir können davon ausgehen, dass es in einem Kaufhaus die reziproken Verhaltenserwartungen gibt, Kunden nicht durch das eigene Handeln zu verlieren. Im Sinne dieser Norm und der in ihrem Kontext möglichen Sanktionen für die Verkäuferin (wenn auf Grund ihres Verhaltens das Kaufhaus zu viele Kunden verliert, könnte Entlassung drohen) liegt es nahe anzunehmen, dass die Beachtung solcher periintentionalen Aspekte im Interesse der Verkäuferin selbst liegen.

Die Möglichkeit (c) war bestimmt durch die Kritik an der Wahrhaftigkeit der Aussage der Kundin. Trifft diese Vermutung zu und sieht die Kundin ihr Versäumnis ein, so sind beide zu einer gemeinsamen Situationsdefinition und zu einem Einverständnis gekommen, und als darauf folgende Handlungen verweigert die Verkäuferin den Umtausch und die Kundin nimmt den Mantel wieder mit. Auch hier können wir mit Bezug auf unsere Kriterien von kompetentem Handeln sprechen.[217] Ist die Vermutung dagegen unberechtigt, dann liegen unterschiedliche Situationsdefinitionen vor. Die Kundin sieht sich im Recht, einen Gegenstand umzutauschen, der offensichtlich irrtümlich gekauft wurde, und zweifelt damit die Aussage der Verkäuferin bspw. auf der normativen Ebene an (wenn wir davon ausgehen, dass allgemein eine Übereinkunft dahingehend besteht, dass irrtümlich gekaufte Dinge umgetauscht werden dürfen). Die Verkäuferin erkennt diese Norm allerdings prinzipiell an, sieht jedoch auf Grund ihrer Zweifel auf der dramaturgischen Ebene die Situation anders, nämlich nicht als normalen Umtausch, sondern als unberechtigten Umtauschversuch, was wiederum zu einer Ablehnung auf der normativen Ebene führt, da der Bezug der Kundin zu dieser Norm dann fälschlicherweise vorgenommen wird. In diesem Fall kommt es zunächst nicht zu einer gemeinsamen Situationsdefinition und damit auch zu keiner Verständigung und zu keinen einvernehmlichen Handlungen. Wie in (b) bestünde auch hier die Möglichkeit, zu einem Diskurs über die Situationsdefinition überzugehen und so zu einverständlichen (und wie bspw. in (b) kompetenten) Handlungen zu kommen, oder aber sich auf strategisches Handeln zu verlegen.

Die Bewältigung einer Situation selbst ist, wie wir an den Beispielen gesehen haben, noch kein ausreichendes Kriterium für kompetentes Handeln. Selbst wenn im Rahmen kommunikativen Handelns ein Einverständnis zu Stande kommt, klassifizierten wir es damit nicht in jedem Fall als kompetent, sondern erst, wenn ihm zusätzliche Eigenschaften zukommen. Das Bewältigen selbst ist nichts anderes als „Handeln" an sich (vgl. Habermas 1987b: 193). Ob es zu erfolgreichem oder zu kompetentem Handeln kommt, bleibt in der Bewältigung einer Situation zunächst unklar. Allein der Umstand, dass eine Situation als Handlungssituation erkannt und in Handeln überführt wurde, sagt nichts über die Qualität der Handlung aus, sondern erst das Zutreffen weiterer Kriterien, wie wir sie im Laufe unserer Untersuchung herausgearbeitet haben.

Wir haben in den letzten Abschnitten dabei etwas getan, was wir am Anfang dieses Kapitels zunächst kritisiert haben: Wir haben den Umstand, ob eine Handlung kompetent ist oder nicht, anhand von Kriterien beurteilt. Allerdings haben wir vermieden, den handelnden Personen auf Grund der erlebten Handlungen

---

[217] Auch wenn die Kundin sicherlich enttäuscht über den Ausgang der Situation sein wird, kann sie der Verkäuferin kaum unterstellen, dass ihre Handlung nicht kompetent war.

Kompetenz zuzuschreiben oder abzuerkennen. Tatsächlich haben wir versucht, aus den Untersuchungen zu den gesellschaftlichen und organisatorischen Aspekten von Kompetenz sowie anschließend mit Bezug darauf aus der Handlungstheorie Kriterien zu gewinnen, anhand derer wir Handlungen in der Form der Bewältigung von Situationen als kompetent bezeichnen können. Diese Kriterien sind weitestgehend *kontextunabhängig*, d.h. sie unterliegen nicht allein der Interpretation eines Beobachters. Wäre das der Fall, dann hätten wir in unseren Beispielen divergierende Beurteilungen des Handelns der Verkäuferin – einerseits durch die Kundin, andererseits durch bspw. einen Vorgesetzten. Die Kriterien beziehen sich lediglich auf handlungstheoretische Argumente und beschreiben kompetentes Handeln aus dieser Metaebene der Beobachtung heraus. Das Kriterium des Erfolgs einer Handlung meint daher nicht den Erfolg im Hinblick auf einen bestimmten Kontext (also in unserem Beispiel das Zufriedenstellen des Arbeitgebers oder der Kundin), sondern lediglich das Erzielen eines Einverständnisses über die Definition einer Situation und damit einhergehender, wechselseitiger Handlungsverpflichtungen (allerdings unter Berücksichtigung der intentionalen Aspekte).

6.4.3 Kompetenz als „Erzeugung“ von Situationen

Die bisher erarbeiteten Aspekte bezogen sich auf „kompetentes Handeln“. Wir haben im Verlauf unserer Untersuchung eine Trennung zwischen diesem und dem Begriff „Kompetenz“ vorgenommen und uns im weiteren auf die Erarbeitung handlungstheoretischer Grundlagen für die Beurteilung kompetenten Handelns konzentriert. Im nun folgenden letzten Schritt werden wir versuchen, auch den Begriff „Kompetenz“ mit Hilfe unseres Instrumentariums zu beschreiben. Wesentlich dafür ist der Begriff der „Situation“, dessen Betrachtung wir dafür noch einmal aufnehmen.

Situationen können durch andere erzeugt werden oder durch den Handelnden selbst, d.h. wir können vor Situationen gestellt werden oder sie hervorrufen. Kompetentes Handeln zeigt sich dann zum einen in einer spezifischen Form der Bewältigung von Situationen, zum anderen in ihrer Erzeugung selbst. Wenn wir davon ausgehen, dass kompetentes Handeln auch das aktive Gestalten der Umwelt meint, dann erschöpft es sich nicht in der Bewältigung *vorgefundener* Situationen: „Competence implies control over environmental factors – both physical and social. People with this motive do not wish to wait passively for things to happen;[218] they want to be able to manipulate their environment and make things

[218] Allerdings haben wir festgestellt, dass auch das Bewältigen von extern erzeugten Situationen kompetentes Handeln bedeuten kann.

happen" (Hersey und Blanchard 1972: 34). Dieses Manipulieren[219] der Umwelt und Hervorrufen von Geschehnissen ist das Ergebnis der Erzeugung von Situationen.

Situationen[220] stellen einen Ausschnitt der Lebenswelt dar, der durch ein Thema generiert wird. Dieses Thema beruht auf präintentionalen Aspekten des oder der Handelnden. Durch die Ausgrenzung eines Teils der Lebenswelt bekommt dieser Teil Bedeutung als Horizont für Handlungsmöglichkeiten. Aus der Reflexion über die Situation bilden sich dabei die Intentionen der Handelnden. Wie ist das Erzeugen von Situationen nun vorstellbar? Prinzipiell können wir von zwei Konstellationen ausgehen: (1) Eine Situation wird durch ein Thema neu erzeugt und (2) eine neue Situation wird aus einer anderen heraus durch das Verschieben des Horizontes der Situation hergestellt.

Da Situationen immer Bestandteil der Lebenswelt sind und die Lebenswelt sowohl kontext- als auch horizontbildend ist, scheint das Erzeugen von Situationen lediglich ein Verschieben des Situationshorizontes zu sein. Diesen Fall haben wir in unserem Kaufhausbeispiel gesehen, als die Verkäuferin der Kundin den Vorschlag machte, den Mantel zu reinigen und ihn dann zurückzunehmen. Damit hat sie den Horizont der Situation verschoben und eine veränderte Situation erzeugt, die jedoch unmittelbar an die vorherige angeschlossen ist.

Wir befinden uns die meiste Zeit in Situationen und bewegen uns von einer zur anderen, ohne aus ihnen herauszutreten. Daher findet die Erzeugung neuer Situationen auch zumeist aus einer bestehenden heraus statt. Nur vor dem Hintergrund der unhintergehbaren Lebenswelt, deren Bestandteil Situationen sind, sind Themen und damit Situationen denkbar (vgl. auch Habermas 1987b: 192). Allerdings bedeutet die Unhintergehbarkeit der Lebenswelt und das Eingebundensein in Situationen nicht, dass neue Situationen nur als Anschluss an bestehende zu denken sind. Neue Situationen können auch einen anderen Ausschnitt der Lebenswelt thematisieren, der keine unmittelbare Verbindung zu dem jeweils aktuellen hat. Das bedeutet, dass eine neue Situation zwar aus einer bestehenden heraus geboren wird, diese dabei aber nicht unbedingt als Verschiebung des Horizontes der bestehenden Situation auftreten muss, sondern lediglich vor ihrem Hintergrund erzeugt wird.

Situationen sind als Bestandteil der Lebenswelt ständig präsent. In diesem Sinne bedeutet die 'Erzeugung' nicht das Schaffen einer vorher nicht existierenden

---

[219] Wobei „manipulieren" hier nicht unbedingt mit strategischem Handeln gleichzusetzen ist.

[220] Unter einer Situation im Sinne des Ausschnittes aus der Lebenswelt ist dabei keine raum-zeitliche Gegebenheit zu verstehen, sondern ein Teil der „Lebenswelt als ein Reservoir von Selbstverständlichkeiten oder unerschütterlichen Überzeugungen, welche die Kommunikationsteilnehmer für kooperative Deutungsprozesse benutzen" (Habermas 1987b: 189).

Situation, sondern das Aufmerksamwerden auf und Thematisieren von potentiell ohnehin bestehenden. Dieses Aufmerksamwerden resultiert aus biografischen, aus präintentionalen Aspekten, beruht auf intentionalen Zuständen wie Interessen, Meinungen etc. Das bedeutet aber auch, dass das Erzeugen von Situationen kein intentionaler Akt ist. Denn wenn das Lenken der Aufmerksamkeit aus präintentionalen Aspekten hervorgeht, dann kann es nicht selbst wieder Gegenstand von Intentionen sein, ebenso wenig wie das 'Bilden' von Intentionen selbst ein intentionaler Akt ist. Ich kann nicht *beabsichtigen*, dass ich auf etwas aufmerksam werde. In diesem Sinne 'passiert' das Erzeugen von Situationen.

Nun können wir allerdings nicht annehmen, dass ein Thema, das eine Situation aus der Lebenswelt ausschneidet, ohne Zutun eines Handelnden aufkommt. Gehen wir davon aus, dass Situationen nicht nur extern (bspw. durch Naturkatastrophen, Unfälle etc.) thematisiert werden, dann muss die Aktivität des Thematisierens durch ein Individuum erfolgen. Das Thematisieren ist dabei nicht identisch mit dem Wahrnehmen der Situation, wohl aber sind beide wechselseitig aufeinander verwiesen. Wir sehen hier wieder die Dualität zwischen dem Wahrnehmen und dem Erzeugen einer Situation, die wir schon in Kapitel 6.3.3 angesprochen haben. Sowohl Situationen als auch Themen sind Bestandteile der Lebenswelt. Vor dem Hintergrund der je eigenen biografischen Geprägtheit nimmt ein Einzelner Situationen wahr, werden Bestandteile der Lebenswelt subjektiv bedeutsam. Entäußert er diese Wahrnehmungen, so thematisiert er gleichzeitig einen Ausschnitt der Lebenswelt als Situation.

Das Wahrnehmen ist jedoch kein intentionaler Akt, es entspringt den Vorerfahrungen und intentionalen Zuständen. Daher können wir davon sprechen dass das Erzeugen einer Situation 'passiert'. Auch das Aufbringen eines Themas ist nicht von vornherein mit Handlungsintentionen verbunden[221], denn wir haben gesehen, dass Intentionen in der Mehrzahl der Fälle innerhalb einer Situation entstehen durch die handlungsleitenden und handlungsbeschränkenden situativen Bedingungen. Das bedeutet, dass eine Situation meist nicht als potentielle Handlungssituation konstituiert wird, sondern zunächst nur als subjektiv bedeutsamer Ausschnitt der Lebenswelt. Erst dann geschieht die Definition der Situation und damit die Zuordnung zu den formalen Welten. Komplexität wird damit auf zweierlei Weise reduziert: zum einen durch die Reduktion der Komplexität der Lebenswelt in Erzeugung einer Situation, zum anderen durch die in der Definition erfolgte Zuordnung zur objektiven, subjektiven und sozialen Welt.

Das, was jemanden eine Situation wahrnehmen und thematisieren, also erzeugen lässt, ist das, was ich „Kompetenz" nennen möchte. Zu unterscheiden ist da-

[221] Obschon das – bspw. bei strategischem Handeln – auch der Fall sein kann.

von das kompetente Handeln, das in der Bewältigung einer Handlungssituation stattfindet. Kompetenz ist damit die Summe präintentionaler Aspekte, die den einzelnen die Komplexität der Lebenswelt reduzieren lässt und so die Grundlage für kompetentes Handeln bildet. Dabei ist Kompetenz nicht kausal bestimmend für kompetentes Handeln, ebenso wenig wie Intentionen die Kausalursache für Handlungen sind (vgl. Brandtstädter und Greve 1999: 187). Es gibt zwar einen Zusammenhang zwischen Kompetenz und kompetentem Handeln in der Form, dass Kompetenz der Grund ist, warum ein Akteur in der Lage ist, kompetent zu handeln. Wäre sie jedoch kausal bestimmend, dann müsste das bedeuten, dass jede Handlung, die wir nicht als kompetent identifizieren können, auf mangelnde Kompetenz des Handelnden schließen lässt. Dass das nicht der Fall ist, haben wir im Laufe der Arbeit verschiedentlich gesehen.

Kompetenz in dieser Beschreibung bedeutet, dass ihre Entstehung auf die Biografie des Handelnden rekurriert. Das, was ihn zur Wahrnehmung und Thematisierung von Situationen befähigt, ist damit auf seine Bildungs- und Sozialisationsprozesse bezogen. Dies verweist auf den Entwicklungscharakter von Kompetenz, den wir in nahezu allen Kompetenzkonzepten vorfinden. Allerdings ist Kompetenzentwicklung kein intentionaler Akt, man kann nicht beabsichtigen, seine eigene Kompetenz zu entwickeln. Denn wir haben gesehen, dass die Erfüllungsbedingung einer Absicht eine Handlung ist, die in der Ausführung der Absicht besteht.[222] Wenn Kompetenz jedoch auf die Biografie des Handelnden verweist und auf die präintentionalen Aspekte, auf seine intentionalen Zustände, die selbst nicht Gegenstand von Absichten sind, dann existiert keine Handlung, die die Erfüllungsbedingung der Absicht, die eigene Kompetenz zu entwickeln, repräsentieren könnte. Das gilt allerdings für viele Lehr-Lernprozesse. Es bedeutet lediglich, dass sich die Entwicklung von Kompetenz in Lehr-Lernprozessen nicht sicherstellen, dass sich Kompetenz nicht trainieren lässt. Um dem Entwicklungscharakter und dem Bildungs- und Sozialisationsbezug zu entsprechen, könnten allerdings geeignete Freiräumen und Möglichkeiten geschaffen werden, um die Wahrscheinlichkeit der Entwicklung von Kompetenz zu fördern.[223] Die Frage, ob und wie Kompetenz messbar ist, ist genau so zu beurteilen wie die Frage nach der Messbarkeit von Bildung.

Kompetentes Handeln allerdings ist als solches beurteilbar anhand der im Laufe dieser Arbeit entwickelten Kriterien. Auch das ihm zu Grunde liegende Umgehen

[222] Wenn ich jemandem befehle, den Raum zu verlassen, dann ist die Handlung, die meine Absicht erfüllt, das Verlassen des Raumes *in Befolgung meines Befehls* (vgl. Searle 1991).

[223] Wie eine solche Förderung der Entwicklung von Kompetenz gestaltet werden kann, soll hier nicht weiter Gegenstand sein, sondern ist im Weiteren noch zu untersuchen. Denkbar wären dafür Ansätze selbstgesteuerten Lernens sowie bildungstheoretische Zugänge.

mit einzelnen intentionalen Aspekten ist nicht wie Kompetenz auf das Individuum allein verwiesen, sondern kann bspw. im Rahmen von Handlungsstrategien Gegenstand von Erziehungs- und Bildungsprozessen, ja sogar von Trainings sein. Mit anderen Worten: Das *kompetente Bewältigen* von Situationen lässt sich prinzipiell in intentionalen Prozessen erlernen, dass *Erzeugen* von Situationen nicht. Da Kompetenz jedoch die Grundlage kompetenten Handelns darstellt, muss der Einzelne zunächst Kompetenz besitzen, um daraufhin kompetent handeln zu können. Fassen wir den Kompetenzbegriff so, wie wir es hier getan haben, dann heißt das aber auch, dass jeder Mensch Kompetenz besitzt, allerdings in unterschiedlicher Ausprägung. Jeder kann also prinzipiell Situationen 'erzeugen'. Wäre das nicht der Fall, dann wären wir nicht handlungsfähig, weil wir Situationen gar nicht wahrnehmen und thematisieren könnten.

Das bedeutet gleichzeitig, dass jeder Mensch grundsätzlich in der Lage ist, kompetent zu handeln, wenn auch in unterschiedlichem Maße, je nachdem, wie 'ausgeprägt' seine Kompetenz ist. Die Förderung kompetenten Handelns stößt damit an die Grenze der jeweils individuell vorhandenen Kompetenz, ohne dass sie zu deren Entwicklung wesentlich beitragen könnte. Unabhängig davon kann das Fördern kompetenten Handelns trotz dieser Unsicherheit einen Anteil dazu leisten, den in den vorderen Kapiteln dieser Abhandlung aufgeführten Handlungsproblemen in Wirtschaft und Gesellschaft ein Stück weit zu begegnen.

7 Zum Abschluss

Kompetenz hat im Laufe seiner begrifflichen Entwicklung eine Reihe von Veränderungen und Erweiterungen erfahren. Wurde sie im 19. Jhd. in einem Verständnis als Befugnis bzw. Zuständigkeit gebraucht, so hat der Begriff im Weiteren die zusätzliche Bedeutung der Beschreibung eines Regelsystems, das sprachlichem Handeln zu Grunde liegt, und schließlich die einer psychischen Regulation und einer Spezifizierung von Persönlichkeitseigenschaften für das Bewältigen komplexer gesellschaftlicher und betrieblicher Anforderungen bekommen. Unsere Untersuchungen seiner Verwendungsweise in letzterer Hinsicht im Bereich der Weiterbildung und der Berufspädagogik haben dabei ergeben, dass Kompetenz in der Bedeutung von Persönlichkeitseigenschaften mit einigen Problemen behaftet ist, die ein insbesondere theoretisches Überdenken des Bestehenden sinnvoll erscheinen lässt.

Die weitere Untersuchung der Hintergründe unseres heutigen Kompetenzverständnisses in der beruflichen Bildung führte uns zu der Annahme, dass Kompetenz und kompetentes Handeln zwei unterscheidbare und zu unterscheidende Aspekte in dieser Diskussion sind. Wir haben dabei die Ebene der psychischen Regulation von Tätigkeiten, die grundlegend für das moderne Kompetenzverständnis ist, zu Gunsten einer philosophischen Handlungstheorie verlassen. Mit ihrer Hilfe konnten wir einen alternativen Zugang zu Kompetenz und kompetentem Handeln gewinnen. Dieser zeigt uns auf, dass sich „Kompetenz" nicht in einer summarischen Zuschreibung von verschiedenen Persönlichkeitseigenschaften und Fähigkeiten erschöpfen muss, sondern eine jedem Menschen eigene 'Befähigung' zur Erzeugung von Situationen bedeuten kann. Kompetentes Handeln wurde dabei als ein besonderer Aspekt kommunikativen Handelns identifiziert.

Wir haben im Laufe der Untersuchung versucht, weitgehend *innerhalb* des Diskussionsrahmens von Kompetenz in der beruflichen Bildung zu bleiben, abgesehen von den notwendigen handlungstheoretischen Grundlagen. Unser Angebot eines veränderten Verständnisses von Kompetenz ist daher nicht als Gegenentwurf zur bestehenden Diskussion zu deuten. Vielmehr war es unser Ziel, eine theoretische Grundlegung für das Bestehende zu schaffen. Dafür war es zunächst nötig, die aktuellen Diskurse kritisch zu analysieren und die bisweilen verdeckten Implikationen zu explizieren. Es war nicht unser Anliegen, das Kompetenzkonzept selbst als weitgehend ideologisch motiviert zu verwerfen[224], sondern vielmehr sollten neue Zugangsmöglichkeiten entdeckt werden, die dazu beitragen, ein tieferes (und vielleicht einheitlicheres) Verständnis des Begriffs, seiner Konnotationen und seiner Verwendungsmöglichkeiten zu schaffen.

Wenn wir uns die einzelnen Ergebnisse vor Augen führen, dann zeigt sich, dass sich wesentliche Aspekte eines modernen Kompetenzverständnisses in unsere Theorie integrieren lassen. Allerdings müssen sie dann anders als bisher verortet werden. Das, was bislang unter Persönlichkeitseigenschaften für die Befähigung zur Bewältigung komplexer gesellschaftlicher und betrieblicher Anforderungen unter dem Kompetenzbegriff subsummiert wurde, haben wir aus der Verbindung mit der Persönlichkeit herausgenommen und dem Bereich kompetenten Handelns zugewiesen. Unsere Analysen haben ergeben, dass es nicht vorrangig Persönlichkeitseigenschaften sind, die von Wirtschaft und Gesellschaft gefordert werden, sondern eine besondere Art des Handelns, das selbständige, selbstverantwortliche, kreative, selbstorganisierende und flexible Treffen von Entscheidungen zur Reduktion von Komplexität, das dazu beiträgt, dass der Handelnde seine (soziale) Umwelt aktiv steuert.

Unter der Perspektive psychologischer Kompetenztheorien sind in der Diskussion der beruflichen Bildung als Voraussetzungen für kompetentes Handeln, das dort nicht in der vorstehenden Weise beschrieben wird, sondern auf einzelne, tätigkeitsbezogene Gesichtspunkte rekurriert, Aspekte der Persönlichkeit des Handelnden postuliert worden. Diesem Weg haben wir uns nicht angeschlossen, sondern vielmehr neben anderen das Problem des Rückschlusses von Handlungen auf Persönlichkeitseigenschaften thematisiert und eine handlungstheoretische Alternative angeboten. Inwieweit Persönlichkeitseigenschaften für unsere Beschreibung kompetenten Handelns eine Rolle spielen, ist dabei weitgehend offen gelassen und muss von der Psychologie mit ihrem bewährten Instrumentarium untersucht werden. Ziel unserer Betrachtungen war zu zeigen, dass ein Zugang zu kompetentem Handeln ohne diesen Rückschluss möglich ist. Dieser Weg entlastet vor allem die Betroffenen von Kompetenzentwicklung, da im Zuge der Entwick-

224 Eine konsequente und auf die hinter dem Konzept stehenden politischen sowie betrieblichen Motive abzielende Analyse der aktuellen Kompetenzdiskussion hätte durchaus zu einem solchen Ergebnis führen können. Denn es zeigte sich vor allem in der Untersuchung des Kompetenzbegriffs in der Weiterbildung, dass seine momentane Entwicklung dahin geht, Arbeitnehmer möglichst effektiv und unter Nutzung aller mentalen und persönlichen Kapazitäten an betriebliche Erfordernisse anzupassen, wobei ihnen gleichzeitig die Verantwortung für eine solche Entwicklung zugewiesen wird.

lung kompetenten Handelns auf diese Weise kein 'Zugriff' auf Eigenschaften ihrer Persönlichkeit erfolgen muss.[225]

In arbeitspsychologischen Zusammenhängen wurde Kompetenz als innerpsychische Regulation in Bezug auf bestimmte Tätigkeiten konstruiert. Auch dieser Aspekt lässt sich mit unserem Ansatz kompetenten Handelns vereinbaren, abgesehen von dem Umstand, dass wir nicht davon ausgehen, dass es zu jeder Tätigkeitsklasse eine eigene Kompetenz gibt. Verstehen wir jedoch kompetentes Handeln in der hier dargelegten Form, dann schließt das eine Betrachtung der innerpsychischen Vorgänge nicht prinzipiell aus, sie sind jedoch nicht Gegenstand unserer Analyse. Der Bezug von Regulationen oder Schemata auf *eine* Art kompetenten Handelns anstatt einer Vielzahl von unterschiedlichen Kompetenzen könnte allerdings die Betrachtungsweise erleichtern.

Mit Hilfe der Handlungstheorie haben wir versucht zu zeigen, dass die Beschreibung kompetenten Handelns als ein Aspekt kommunikativen Handelns in Verbindung mit der Analyse intentionaler Aspekte leistbar ist. Für den Begriff „Kompetenz" sind wir in diesem Zusammenhang zu einer anderen Darstellung gekommen, als sie bestehende Kompetenztheorien aufzeigen. Sie bezieht sich nicht auf Eigenschaften einer Persönlichkeit, sondern auf eine jedem Menschen eigene Fähigkeit zur Wahrnehmung und Thematisierung von Situationen. Diese liegt kompetentem Handeln zwar zu Grunde, jedoch besteht keine kausale Verbindung zwischen ihr und kompetentem Handeln in der Art, dass bei Ausbleiben kompetenten Handelns auf mangelnde Kompetenz geschlossen werden könnte. Kompetenz meint das Ergebnis von Bildungs- und Sozialisationsprozessen, die Summe biografisch und gesellschaftlich geprägter präintentionaler Aspekte, die den einzelnen in unterschiedlichem Maße in die Lage versetzen, Situationen zu 'erzeugen', also wahrzunehmen und zu thematisieren. Mit dieser Beschreibung haben wir die enge Verbindung zwischen dem Kompetenz- und einem erwachsenenpädagogischen Bildungsbegriff wieder aufgenommen, die wir in Kapitel 2 konstatieren konnten.

Eine Reihe von Aspekten der Diskussion haben wir nicht angesprochen oder allenfalls am Rande erwähnt. Dazu gehören die internationalen, insbesondere die französischen und anglo-amerikanischen Diskurse über „competence" bzw. „competency". Diese stehen in einem anderen gesellschaftlichen und historischen Zusammenhang als die deutschen Kompetenzdebatten. Dieser Umstand hängt auch damit zusammen, dass die deutschen Begriffe „Bildung" und „Beruf", die

[225] Was sich mit Hilfe des Dargelegten nicht leisten lässt, ist eine 'Werteerziehung' der Handelnden im Sinne betrieblicher Werte, wie sie als Anspruch in einigen Kompetenzansätzen implizit vorhanden ist und deren Fragwürdigkeit unter pädagogischen Gesichtspunkten wir verschiedentlich angesprochen haben.

einen wichtigen Ausgangspunkt der Kompetenzdebatte bilden (vgl. Kapitel 2 und 3) im nichtdeutschen Sprachraum kaum vorkommen und ähnlich gelagerte Begriffe nicht mit den entsprechenden historisch gewachsenen Konnotationen verbunden sind. Insofern ist die Kompetenzdebatte im internationalen Rahmen unter einer veränderten, wenn auch nicht divergierenden Perspektive zu sehen, als im deutschen Kontext. International vergleichende Untersuchungen zu Kompetenz stecken dabei noch in den Anfängen. Im Hinblick darauf, dass der Kompetenzbegriff im europäischen und auch im Rahmen der International Labour Organisation eine zunehmend wichtigere Rolle spielt, weil er aufgrund seiner relativen historischen Unbelastetheit eine Möglichkeit eröffnet, vergleichbare berufliche Begrifflichkeiten zu entwickeln, sind weitere Forschungsbemühungen nötig.

In Bezug auf unsere Betrachtungen von Kompetenz und kompetentem Handeln sind im Weiteren die didaktischen Bedingungen und Möglichkeiten zu ihrer Unterstützung respektive ihrer Entwicklung zu untersuchen. Dieser Punkt bedarf noch einiger Aufmerksamkeit und ist im Rahmen dieser Arbeit nicht thematisiert worden. An dieser Stelle sollten lediglich die theoretischen Grundlagen für weitere diesbezügliche Forschungsvorhaben gelegt werden, ein Umstand, dessen weitgehendes Fehlen wir eingangs bei bestehenden Kompetenzkonzepten verschiedentlich bemängelt haben.

Einhergehend mit Überlegungen der pädagogischen Implikationen für ein erweitertes Verständnis unserer zentralen Begriffe ist die Frage des Ob und Wie der Überprüfung oder Messung kompetenten Handelns. Auf Grund der besonderen Bedeutung der verschiedenen intentionalen Aspekte für kompetentes Handeln und angesichts des Umstands, dass sich Intentionen vornehmlich im Rahmen illokutionärer Akte erfassen lassen, wäre hier an die Entwicklung eher qualitativer Instrumente zu denken.

Wir begannen unsere Untersuchung mit der Feststellung: Der Begriff der Kompetenz ist in aller Munde. Wir können sie beenden mit der Annahme, dass das vermutlich auch noch eine Zeit lang so bleiben wird, wenn die Diskussion nicht auf wirtschafts- und betriebspolitische Einengungen des Kompetenzbegriffes beschränkt wird, sondern sich wieder mehr der Förderung des Individuums, seiner Möglichkeiten und seiner Entwicklung zuwendet.

Literatur

Achatz, M.; Tippelt, R. (2001): Wandel von Erwerbsarbeit und Begründungen kompetenzorientierten Lernens im internationalen Kontext. In: Bolder, A.; Heinz, W. R.; Kutscha, G. (Hg.): *Jahrbuch Bildung und Arbeit 99/00. Deregulierung der Arbeit – Pluralisierung der Bildung?* Opladen, Leske+Budrich: 111-127.

Aderhold, J. (2003): Organisation als soziales System. In: Weik, E.; Lang, R. (Hg.): *Moderne Organisationstheorien 2 – Strukturorientierte Ansätze.* Wiesbaden, Gabler: 153-188.

Aebli, H. (1980): Denken, das Ordnen des Tuns. Band 1: Kognitive Aspekte der Handlungstheorie. Stuttgart, Klett-Cotta.

Albrecht, G. (1997): Neue Anforderungen an Ermittlung und Bewertung von beruflicher Kompetenz. In: Arbeitsgemeinschaft QUEM (Hg.): *Kompetenzentwicklung '97. Berufliche Weiterbildung in der Transformation – Fakten und Visionen.* Münster u.a., Waxmann: 85-140.

Alda, H. (2002): Neue Organisation bringt höhere Qualifikation. *IAB-Materialien.* (1): 6-7.

Anscombe, G. E. M. (1986): Absicht. Freiburg (Breisgau); München, Alber.

Aristoteles (1977): Nikomachische Ethik. In: Nestle, W. (Hg.): *Aristoteles – Hauptwerke.* Stuttgart, Kröner: 209-284.

Arnold, R. (1985): Deutungsmuster und pädagogisches Handeln in der Erwachsenenbildung. Bad Heilbrunn/Obb., Klinkhardt.

Arnold, R. (1997): Von der Weiterbildung zur Kompetenzentwicklung. Neue Denkmodelle und Gestaltungsansätze in einem sich verändernden Handlungsfeld. In: Arbeitsgemeinschaft QUEM (Hg.): *Kompetenzentwicklung '97. Berufliche Weiterbildung in der Transformation – Fakten und Visionen.* Münster u.a., Waxmann: 253-307.

Arnold, R. (2002): Die Reflexivität der Kompetenzentwicklung. In: Götz, K. (Hg.): *Bildungsarbeit der Zukunft.* München und Mehring, Rainer Hampp: 239-251.

Arnold, R.; Schüßler, I. (2001): Entwicklung des Kompetenzbegriffs und seine Bedeutung für die Berufsbildung und für die Berufsbildungsforschung. In:

Franke, G. (Hg.): *Komplexität und Kompetenz: Ausgewählte Fragen der Kompetenzforschung*. Bielefeld, Bertelsmann: 52-74.

Baacke, D. (1980): Kommunikation und Kompetenz. Grundlegung einer Didaktik der Kommunikation und ihrer Medien. München, Juventa.

Baacke, D. (1996): Medienkompetenz als Netzwerk. Reichweite und Fokussierung eines Begriffs, der Konjunktur hat. *Medien praktisch.* (2): 4-10.

Bader, R. (1989): Übergreifende Didaktische Aspekte zur Neuordnung der Elektro- und Metallberufe. In: Landesinstitut für Schule und Weiterbildung (Hg.): *Berufliche Bildung. Fachtagung zur Neuordnung der industriellen Elektro- und Metallberufe*. Soest, Soester Verlagskontor: 66-77.

Baecker, D. (1999): Organisation als System. Frankfurt a.M., Suhrkamp.

Baethge, M. (1999): Subjektivität als Ideologie. Von der Entfremdung in der Arbeit zur Entfremdung auf dem (Arbeits-)Markt? In: Schmidt, G. (Hg.): *Kein Ende der Arbeitsgesellschaft. Arbeit, Gesellschaft und Subjekt im Globalisierungsprozeß*. Berlin, Sigma: 29-44.

Baethge, M.; Baethge-Kinsky, V. (1998): Jenseits von Beruf und Beruflichkeit? – Neue Formen von Arbeitsorganisation und Beschäftigung und ihre Bedeutung für eine zentrale Kategorie gesellschaftlicher Integration. *Mitteilungen aus der Arbeitsmarkt- und Berufsforschung.* (3): 461-472.

Baethge, M.; Denkinger, J.; Kadritzke, U. (1995): Das Führungskräfte-Dilemma. Manager und industrielle Experten zwischen Unternehmen und Lebenswelt. Frankfurt a.M., Campus.

Baitsch, C. (1996): Lernen im Prozeß der Arbeit. Ein psychologischer Blick auf den Kompetenzbegriff. *QUEM-Bulletin.* (1): 6-8.

Baraldi, C.; Corsi, G.; Espositio, E. (1999): GLU – Glossar zu Niklas Luhmanns Theorie sozialer Systeme. Frankfurt a.M., Suhrkamp. 3. Auflage.

Baumert, J.; Artelt, C.; Klieme, E.; Neubrand, M.; Prenzel, M.; Schiefele, U.; Schneider, W.; Tillmann, K.-J.; Weiß, M. (Hg.) (2003): Pisa 2000 – Ein differenzierter Blick auf die Länder der Bundesrepublik Deutschland. Opladen, Leske+Budrich.

Beck, K.; Brütting, B.; Lüdecke-Plümer, S.; Minnameier, G.; Schirmer, U.; Schmid: N. (1996): Zur Entwicklung moralischer Urteilskompetenz in der kaufmännischen Erstausbildung – Empirische Befunde und praktische Probleme. In: Beck, K.; Heid, H. (Hg.): *Lehr-Lern-Prozesse in der kaufmännischen Erstausbildung. Wissenserwerb, Motivierungsgeschehen und Handlungskompetenzen.* Stuttgart: 187-206.

Beck, U. (1986): Risikogesellschaft. Auf dem Weg in eine andere Moderne. Frankfurt a.M., Suhrkamp.

Beck, U. (1999): Schöne neue Arbeitswelt. Vision: Weltbürgergesellschaft. Frankfurt a.M., Campus.

Beck, U.; Brater, M.; Daheim, H. (1980): Soziologie der Arbeit und der Berufe. Reinbek, Rowohlt.

Becker, M.; Rother, G. (1998): Pendelschlag von der Qualifikation zur Kompetenz. *QUEM-Bulletin.* (2/3): 10-15.

Berger, P. L.; Luckmann, T. (1999): Die gesellschaftliche Konstruktion der Wirklichkeit. Eine Theorie der Wissenssoziologie. Frankfurt a.M., Fischer. 16. Auflage.

Bernien, M. (1998): Zum Kompetenzbegriff im Verständnis der Unternehmen. *QUEM-Bulletin.* (2-3): 26-33.

Bertram, H. (2000): Arbeit, Familie und Bindungen. In: Kocka, J.; Offe, C. (Hg.): *Geschichte und Zukunft der Arbeit.* Frankfurt a.M., Campus: 308-342.

Birkhan, G. (1986): Handlung. In: Sarges, W.; Fricke, R. (Hg.): *Psychologie für die Erwachsenenbildung- Weiterbildung.* Göttingen u.a., Hogrefe: 246-253.

Blankertz, H. (1982): Die Geschichte der Pädagogik. Von der Aufklärung bis zur Gegenwart. Wetzlar, Büchse der Pandora.

Böhle, F. (1999): Arbeit – Subjektivität und Sinnlichkeit. Paradoxien des modernen Arbeitsbegriffs. In: Schmidt, G. (Hg.): *Kein Ende der Arbeitsgesellschaft. Arbeit, Gesellschaft und Globalisierungsprozeß.* Berlin, Sigma: 89-109.

Böhler, D. (1985): Rekonstruktive Pragmatik. Von der Bewußtseinsphilosophie zur Kommunikationsreflexion: Neubegründung der praktischen Wissenschaften und Philosophie. Frankfurt a.M., Suhrkamp.

Bolton, A.; Brown, R. B.; McCartney: (1999): The Capacity Spiral: four weddings and a funeral. *Journal of Vocational Education and Training.* 51 (4): 585-605.

Bourdieu, P. (1994): Zur Soziologie der symbolischen Formen. Frankfurt a.M., Suhrkamp. 5. Auflage.

Boyatzis, R. E. (1982): The competent manager : a model for effective performance. New York u.a., Wiley.

Brandtstädter, J.; Greve, W. (1999): Intentionale und nichtintentionale Aspekte des Handelns. In: Straub, J.; Werbik, H. (Hg.): *Handlungstheorie. Begriff und Erklärung des Handelns im interdisziplinären Diskurs.* Frankfurt a.M., Campus: 185-212.

Busian, A.; Pätzold, G. (2002): Berufspädagogische Handlungskompetenz – neue Anforderungen an die Akteure? In: Otto, H.-U.; Rauschenbach, T.; Vogel, P. (Hg.): *Erziehungswissenschaft: Professionalität und Kompetenz.* Opladen, Leske+Budrich: 223-238.

Carr, D. (1993): Questions of Competence. *British Journal of Educational Studies.* 41 (3): 253-271.

Chomsky, N. (1964): Current Issues in Linguistic Theory. London u.a., Mouton & Co.

Chomsky, N. (1970): Aspekte der Syntaxtheorie. Berlin, Akademie-Verlag.

Cicero, M. T. (1991): Von den Pflichten. Frankfurt a.M., Insel.

Clement, U. (2002): Kompetenzentwicklung im internationalen Kontext. In: Clement, U.; Arnold, R. (Hg.): *Kompetenzentwicklung in der beruflichen Bildung*. Opladen, Leske+Budrich: 29-54.

Coleman, J. S. (1991): Grundlagen der Sozialtheorie. Band 1: Handlungen und Handlungssysteme. München, R. Oldenbourg Verlag.

Conze, W. (1979): Arbeit. In: Brunner, O.; Conze, W.; Koselleck, R. (Hg.): *Geschichtliche Grundbegriffe*. Stuttgart, Klett: 154-215.

Dasgupta, P. (1988): Trust as a Commodity. In: Gambetta, D. (Hg.): *Trust. Making and Breaking Cooperative Relations*. New York, Basil Blackwell: 49-72.

Davidson, D. (1998): Handlungen, Gründe und Ursachen. In: Davidson, D. (Hg.): *Handlung und Ereignis*. Frankfurt a.M., Suhrkamp: 19-42.

Deci, E. L.; Ryan, R. M. (1991): A Motivational Approach to Self: Integration in Personality. In: Dienstbier, R. A. (Hg.): *Perspectives on Motivation*. Lincoln and London, University of Nebraska Press: 237-288.

Deutscher Ausschuß für das Erziehungs- und Bildungswesen (1960): Zur Situation und Aufgabe der deutschen Erwachsenenbildung. Stuttgart, Klett.

Deutscher Bildungsrat (1970): Strukturplan für das Bildungswesen. Empfehlungen der Bildungskommission. Bonn.

Deutscher Bildungsrat (1974): Empfehlungen der Bildungskommission. Zur Neuordnung der Sekundarstufe II. Konzept für eine Verbindung von allgemeinem und beruflichem Lernen. Stuttgart, Klett.

Dewe, B. (1996): Pädagogische Handlungskompetenz in Theorie und Praxis der Erwachsenenbildung. *Hessische Blätter für Volksbildung.* 46 (3): 289-297.

Dichmann, W. (1998): Arbeitszeitpolitik als Instrument der Beschäftigungs- und Qualifizierungspolitik im Strukturwandel. In: Ministerium für Arbeit, Soziales und Stadtentwicklung, Kultur und Sport des Landes NRW (Hg.): *Arbeitszeit und Strukturwandel*. Düsseldorf: 10-109.

Diekmann, A. (1999): Homo ÖKOnomicus. Anwendungen und Probleme der Theorie rationalen Handelns im Umweltbereich. In: Straub, J.; Werbik, H. (Hg.): *Handlungstheorie. Begriff und Erklärung des Handelns im interdisziplinären Diskurs*. Frankfurt a.M., Campus: 137-181.

Dieterich, R. (1983a): Konzepte der Pädagogischen Handlungstheorie. Überblick über das Themengebiet. In: Dieterich, R. (Hg.): *Pädagogische Handlungskompetenz. Zum Theorie-Praxis-Problem in den Erziehungswissenschaften.* Paderborn u.a., Schöningh: 13-33.

Dieterich, R. (Hg.) (1983b): Pädagogische Handlungskompetenz. Zum Theorie-Praxis-Problem in den Erziehungswissenschaften. Paderborn u.a., Schöningh.

Dietz: (1993): Lebenswelt und System. Widerstreitende Ansätze in der Gesellschaftstheorie von Jürgen Habermas. Würzburg, Könighausen & Neumann.

Dörner, D. (1988): Wissen und Verhaltensregulation. Versuch einer Integration. In: Mandl, H.; Spada, H. (Hg.): *Wissenspsychologie.* München u.a.: 264-279.

Drescher, K. J.; Miller, M. (1995): Kompetenzen schwirren durch die Lüfte, vom Winde verweht. *Zeitschrift für Berufs- und Wirtschaftspädagogik.* 91 (2): 195-204.

Düsterfeld, P. (1978): Predigt und Kompetenz. Hermeneutische und sprachtheoretische Überlegungen zur Fundierung einer homiletischen Methode. Düsseldorf, Patmos.

Elbing, E. (1978): Pädagogische Handlungskompetenz. Entwurf eines Metakonzeptes theoriegeleiteter und wissenschaftsbezogener pädagogischer Praxis. München.

Erpenbeck, J. (1996): Kompetenz und kein Ende? *QUEM-Bulletin.* (1): 9-12.

Erpenbeck, J. (1997): Selbstgesteuertes, selbstorganisiertes Lernen. In: Arbeitsgemeinschaft QUEM (Hg.): *Kompetenzentwicklung '97. Berufliche Weiterbildung in der Transformation – Fakten und Visionen.* Münster u.a., Waxmann: 309-362.

Erpenbeck, J. (1998): Kompetenzentwicklung als Forschungsfrage. *QUEM-Bulletin.* (2/3): 18-23.

Erpenbeck, J.; Heyse, V. (1996): Berufliche Weiterbildung und berufliche Kompetenzentwicklung. In: Arbeitsgemeinschaft QUEM (Hg.): *Kompetenzentwicklung '96. Strukturwandel und Trends in der betrieblichen Weiterbildung.* Münster u.a., Waxmann: 15-152.

Esser, H. (1999): Die Optimierung der Orientierung. In: Staub, J.; Werbik, H. (Hg.): *Handlungstheorie. Begriff und Erklärung des Handelns im interdisziplinären Diskurs.* Frankfurt a.M., Campus: 113-136.

Etzioni, A. (1971): Soziologie der Organisation. München, Juventa. 3. Auflage.

Euler, D. (2001): Manche lernen es – aber warum? *Zeitschrift für Berufs- und Wirtschaftspädagogik.* 97 (3): 346-374.

Faulstich, P. (1997): Kompetenz – Zertifikate – Indikatoren im Hinblick auf arbeitsorientierte Erwachsenenbildung. In: Arbeitsgemeinschaft QUEM (Hg.): *Kompetenzentwicklung '97. Berufliche Weiterbildung in der Transformation – Fakten und Visionen*. Münster u.a., Waxmann: 141-196.

Faulstich, P. (1998): Strategien der betrieblichen Weiterbildung. Kompetenz und Organisation. München, Vahlen.

Fintelmann, K. (1991): Neue Wege in der Berufserziehung. In: Pätzold, G. (Hg.): *Quellen und Dokumente zur Geschichte der Berufsbildung in Deutschland – Die betriebliche Berufsbildung 1945-1990*. Köln, Böhlau: 163-169.

Fischbach, D.; Notz, G. (1980): Ein Versuch, die Psychologische Handlungsregulationstheorie auf Lernprozesse in der beruflichen Bildung anzuwenden. In: Volpert, W. (Hg.): *Beiträge zur Psychologischen Handlungstheorie*. Bern u.a., Huber: 210-225.

Flitner, W. (1957): Allgemeine Pädagogik. Stuttgart, Klett.

Flitner, W. (1982a): Das Problem der Erwachsenenbildung. In: Erlingshagen, K. (Hg.): *Wilhelm Flitner – Erwachsenenbildung*. Paderborn u.a., Schöningh: 81-96.

Flitner, W. (1982b): Extensive und intensive Volksbildung. In: Erlingshagen, K. (Hg.): *Wilhelm Flitner – Erwachsenenbildung*. Paderborn u.a., Schöningh: 201-213.

Frei, F.; Duell, W.; Baitsch, C. (1984): Arbeit und Kompetenzentwicklung. Theoretische Konzepte zur Psychologie arbeitsimmanenter Qualifizierung. Bern u.a., Huber.

Garrick, J. (1998): Informal Learning in the Workplace, Unmasking human resource development. London and New York, Routledge.

Gauvain, H. v. (1868): Der Kompetenz-Konflikt Obertribunal Twesten. Ein rechtsphilosophischer Beitrag. Berlin, Fr Kortkampf.

Geißler, K. A. (1974): Berufserziehung und kritische Kompetenz. Ansätze einer Interaktionspädagogik. München u.a., Reinhardt.

Georg, W. (1992): Bildung und Berufsbildung in Japan. In: Heidemann, W.; Paul-Kohlhoff, A.; Zeuner, C. (Hg.): *Qualifizierung in der Automobilindustrie. Europäische Automobilkonzerne reagieren auf die japanische lean production*. Marburg, Schüren: 40-63.

Georg, W. (1993): Berufliche Bildung des Auslands, Japan: Zum Zusammenhang von Qualifizierung und Beschäftigung in Japan im Vergleich zur Bundesrepublik Deutschland. Baden-Baden, Nomos Verl.-Ges.

Gerstenmaier, J.; Mandl, H. (1995): Wissenserwerb unter konstruktivistischer Perspektive. *Zeitschrift für Pädagogik*. 41 (6): 867-888.

Giarini, O.; Liedtke, P. M. (1999): Wie wir arbeiten werden. Der neue Bericht an den Club of Rome. München, Heyne.

Gidion, G.; Kuwan, H.; Schnalzer, K.; Waschbüsch, E.; Bullinger, H.-J. (2000): Spurensuche in der Arbeit: ein Verfahren zur Erkundung künftiger Qualifikationserfordernisse. Bielefeld, Bertelsmann.

Glasersfeld, E. v. (1998): Konstruktion der Wirklichkeit und des Begriffs der Objektivität. In: Gumin, H.; Meier, H. (Hg.): *Einführung in den Konstruktivismus*. München, Oldenbourg Verlag. 4. Auflage: 9-36.

Gläser-Zikuda, M. (2001): Emotionen und Lernstrategien in der Schule. Eine empirische Studie mit Qualitativer Inhaltsanalyse. Weinheim und Basel, Beltz.

Goleman, D. (2001): Emotionale Intelligenz. München, dtv.

Greinert, W.-D. (1995): Das 'deutsche System' der Berufsausbildung. Geschichte, Organisation, Perspektiven. Baden-Baden, Nomos. 2. Auflage.

Gulick, L. H. (1947): Papers on the science of administration. New York, Inst. of Public Administration. 2. Auflage.

Habermas, J. (1973): Kultur und Kritik. Frankfurt a.M., Suhrkamp.

Habermas, J. (1987a): Theorie des kommunikativen Handelns. Band 1: Handlungsrationalität und gesellschaftliche Rationalisierung. Frankfurt a.M., Suhrkamp. 4. Auflage.

Habermas, J. (1987b): Theorie des kommunikativen Handelns. Band 2: Zur Kritik der funktionalistischen Vernunft. Frankfurt a.M., Suhrkamp. 4. Auflage.

Habermas, J. (1988): Erkenntnis und Interesse. Frankfurt a.M., Suhrkamp. 9. Auflage.

Habermas, J. (1989a): Erläuterungen zum Begriff des kommunikativen Handelns. In: Habermas, J. (Hg.): *Vorstudien und Ergänzungen zur Theorie des kommunikativen Handelns*. Frankfurt a.M., Suhrkamp. 3. Auflage: 571-606.

Habermas, J. (1989b): Handlungen, Operationen und körperliche Bewegungen. In: Habermas, J. (Hg.): *Vorstudien und Ergänzungen zur Theorie des kommunikativen Handelns*. Frankfurt a.M., Suhrkamp. 3. Auflage: 273-306.

Habermas, J. (1990): Vorbereitende Bemerkungen zu einer Theorie der kommunikativen Kompetenz. In: Habermas, J.; Luhmann, N. (Hg.): *Theorie der Gesellschaft oder Sozialtechnologie. Was leistet die Systemforschung?* Frankfurt a.M., Suhrkamp: 101-141.

Habermas, J. (1992): Moralbewußtsein und kommunikatives Handeln. Frankfurt a.M., Suhrkamp. 5. Auflage.

Harney, K. (1995): Erwachsene in der Berufsbildung. In: Arnold, R.; Lipsmeier, A. (Hg.): *Handbuch der Berufsbildung*. Opladen, Leske+Budrich: 75-84.

Harteis, C.; Heid, H.; Bauer, J.; Festner, D. (2001): Kernkompetenzen und ihre Interpretation zwischen ökonomischen und pädagogischen Ansprüchen. *Zeitschrift für Berufs- und Wirtschaftspädagogik.* 97 (2): 222-246.

Hersey, P.; Blanchard, K. H. (1972): Management of organizational behavior: Utilizing Human Resources. New Jersey, Prentice-Hall.

Heydrich, W. (1995): Nachträgliches zur Kompetenz. In: Lauffer, J.; Volkmer, I. (Hg.): *Kommunikative Kompetenz in einer sich verändernden Medienwelt.* Opladen, Leske+Budrich: 223-234.

Heyse, V.; Erpenbeck, J. (1997): Der Sprung über die Kompetenzbarriere. Kommunikation, selbstorganisiertes Lernen und Kompetenzentwicklung von und in Unternehmen. Bielefeld, Bertelsmann.

Hof, C. (2002): (Wie) lassen sich soziale Kompetenzen bewerten? In: Clement, U.; Arnold, R. (Hg.): *Kompetenzentwicklung in der beruflichen Bildung.* Opladen, Leske+Budrich: 153-166.

Horkheimer, M. (1974): Traditionelle und kritische Theorie. Vier Aufsätze. Frankfurt a.M., Fischer.

Humboldt, W. v. (1836): Über die Verschiedenheit des menschlichen Sprachbaues und ihren Einfluß auf die geistige Entwickelung des Menschengeschlechts. Berlin, Königliche Akademie der Wissenschaften.

Husemann, R. (1996): Erwachsenenbildung im Transformationsprozeß. *Zeitschrift für Berufs- und Wirtschaftspädagogik.* 92 (4): 380-399.

Husemann, R.; Vonken, M. (2003): Zeitmuster von Lernzeiten – Befunde aus der empirischen Weiterbildungsforschung. In: Dobischat, R.; Seifert, H.; Ahlene, E. (Hg.): *Integration von Arbeit und Lernen. Erfahrungen aus der Praxis des lebenslangen Lernens.* Berlin, edition sigma: 83-129.

Hyland, T. (1997): Reconsidering Competence. *Journal of Philosophy of Education.* 31 (3): 491-503.

Jansen, R. (2000): Arbeitsbedingungen, Arbeitsbelastungen und Veränderungen auf betrieblicher Ebene. In: Dostal, W.; Jansen, R.; Parmentier, K. (Hg.): *Wandel der Erwerbsarbeit: Arbeitssituation, Informatisierung, berufliche Mobilität und Weiterbildung.* Nürnberg, IAB: 39-65.

Joas, H. (1996): Die Kreativität des Handelns. Frankfurt a.M., Suhrkamp.

Jonas, H. (1995): Das Prinzip Verantwortung: Versuch einer Ethik für die technologische Zivilisation. Frankfurt a.M., Suhrkamp. 12. Auflage.

Jourdan, M. (1983): Kommunikative Kompetenz beim Erzieher und Zögling. In: Dieterich, R. (Hg.): *Pädagogische Handlungskompetenz. Zum Theorie-Praxis-Problem in den Erziehungswissenschaften.* Paderborn u.a., Schöningh: 210-223.

Kade, J. (1983): Bildung oder Qualifikation? Zur Gesellschaftlichkeit beruflichen Lernens. *Zeitschrift für Pädagogik.* 29 (6): 859-876.

Kant, I. (1993): Kritik der praktischen Vernunft u.a. Frankfurt a.M., Suhrkamp. 12. Auflage.

Kemper, M.; Klein, R. (1998): Lernberatung. Gestaltung von Lernprozessen in der beruflichen Weiterbildung. Baltmannsweiler, Schneider-Verlag Hohengehren.

Kern, H.; Schumann, M. (1984): Das Ende der Arbeitsteilung? Rationalisierung in der industriellen Produktion: Bestandsaufnahme, Trendbestimmung. München, Beck.

Kersting, W. (1996): Die politische Philosophie des Gesellschaftsvertrags. Darmstadt, Primus.

Kieser, A. (2002a): Human-Relations-Bewegung und Organisationspsychologie. In: Kieser, A. (Hg.): *Organisationstheorien.* Stuttgart, Kohlhammer. 5. Auflage: 101-131.

Kieser, A. (2002b): Managementlehre und Taylorismus. In: Kieser, A. (Hg.): *Organisationstheorien.* Stuttgart, Kohlhammer. 5. Auflage: 65-99.

Kieser, A. (2002c): Max Webers Analyse der Bürokratie. In: Kieser, A. (Hg.): *Organisationstheorien.* Stuttgart, Kohlhammer. 5. Auflage: 39-64.

Kieser, A. (Hg.) (2002d): Organisationtheorien. Stuttgart, Kohlhammer. 5. Auflage.

Kirchhöfer, D. (1998): Kompetenz und Zuständigkeit. *QUEM-Bulletin.* (2/3): 16-23.

Kleinhenz, G. D. (1998): Zum Wandel der Organisationsbedingungen von Arbeit – Eine Einführung. *Mitteilungen aus der Arbeitsmarkt- und Berufsforschung.* (3): 405-408.

Kliemt, H. (1986): Antagonistische Kooperation: elementare spieltheoretische Modelle spontaner Ordnungsentstehung. Freiburg (Breisgau) u.a., Alber.

Knöchel, W. (1996): Qualifikation, Kompetenz und Weiterbildung. Schwerin, Innovationstransfer- und Forschungsinstitut für berufliche Aus- und Weiterbildung.

Knuth, M. (1998): Von der „Lebensstellung" zur nachhaltigen Beschäftigungsfähigkeit. Sind wir auf dem Weg zum Hochgeschwindigkeitsarbeitsmarkt? In: Bosch, G. (Hg.): *Zukunft der Erwerbsarbeit: Strategien für Arbeit und Umwelt.* Frankfurt a.M., Campus: 300-331.

König, H. (1990): Die Krise der Arbeitsgesellschaft und die Zukunft der Arbeit: Zur Kritik einer aktuellen Debatte. In: König, H.; Greiff, B. v.; Schauer, H. (Hg.): *Sozialphilosophie der industriellen Arbeit.* Opladen, Westdeutscher Verlag: 322-345.

Kuchenbuch, L.; Sokoll, T. (1990): Vom Brauch-Werk zum Tauschwert: Überlegungen zur Arbeit im vorindustriellen Europa. In: König, H.; Greiff, B. v.; Schauer, H. (Hg.): *Sozialphilosophie der industriellen Arbeit*. Opladen, Westdeutscher Verlag: 26-50.

Lehndorff: (1998): Arbeiten in der Just-in-time-Fabrik. In: INIFES (Hg.): *Erwerbsarbeit und Erwerbsbevölkerung im Wandel. Anpassungsprobleme einer alternden Gesellschaft*. Frankfurt a.M., Campus: 223-244.

Lehndorff: (2001): Fabriken mit langem Atem – Der Wandel der betrieblichen Arbeitszeitorganisation in der europäischen Automobilindustrie. *WSI-Mitteilungen*. (6): 373-383.

Lempert, W. (1988): Moralisches Denken. Seine Entwicklung jenseits der Kindheit und seine Beeinflußbarkeit in der Sekundarstufe II. Essen, Neue Deutsche Schule Verlagsgesellschaft.

Lempert, W. (1996): Moralisches Lernen im Beruf. Zur Relevanz der lebensweltlichen Komponente des dualen „Systems". *Zeitschrift für Berufs- und Wirtschaftspädagogik*. 92 (4): 339-349.

Lenk, H. (1977-1984): Handlungstheorien interdisziplinär. 4 Bände. München, Wilhelm Fink Verlag.

Leontjew, A. N. (1982): Tätigkeit, Bewußtsein, Persönlichkeit. Berlin, Volk und Wissen.

Lipsmeier, A. (1978): Didaktik der Berufsausbildung. Analyse und Kritik didaktischer Strukturen der schulischen und betrieblichen Berufsausbildung. München, Juventa.

Lipsmeier, A. (1995): Die didaktische Struktur des beruflichen Bildungswesens. In: Blankertz, H.; Derbolav, J.; Kell, A.; Kutscha, G. (Hg.): *Enzyklopädie Erziehungswissenschaft. Band 9, Teil 1: Sekundarstufe II: Jugendbildung zwischen Schule und Beruf*. Stuttgart, Klett: 227-249.

Lisop, I. (1998): Bildung und/oder Qualifikation bei modernen Produktionskonzepten? Über einige theoretische Ungereimtheiten und falsche Entgegensetzungen. In: Markert, W. (Hg.): *Berufs- und Erwachsenenbildung zwischen Markt und Subjektbildung*. Balmannsweiler, Schneider-Verlag Hohengehren: 33-53.

Luckmann, T. (1992): Theorie des sozialen Handelns. Berlin, Walter de Gruyter.

Ludwig, J. (2002): Kompetenzentwicklung – Lerninteressen – Handlungsfähigkeit. In: Dehnbostel, P.; Elsholz, U.; Meister, J.; Meyer-Menk, J. (Hg.): *Vernetzte Kompetenzentwicklung. Alternative Positionen zur Weiterbildung*. Berlin, Sigma: 95-110.

Luhmann, N. (1989): Vertrauen. Ein Mechanismus der Reduktion sozialer Komplexität. Stuttgart, Ferdinand Enke Verlag. 3. Auflage.

Luhmann, N. (1997): Erziehung als Formung des Lebenslaufs. In: Lenzen, D.; Luhmann, N. (Hg.): *Bildung und Weiterbildung im Erziehungssystem. Lebenslauf und Humanontogenese als Medium und Form.* Frankfurt a.M., Suhrkamp: 11-29.

Luhmann, N. (1999a): Die Gesellschaft der Gesellschaft. Frankfurt a.M., Suhrkamp. 2. Auflage.

Luhmann, N. (1999b): Soziale Systeme. Grundriß einer allgemeinen Theorie. Frankfurt a.M., Suhrkamp.

Luhmann, N. (2000): Organisation und Entscheidung. Wiesbaden, Westdeutscher Verlag.

Maturana, H. R.; Varela, F. J. (1987): Der Baum der Erkenntnis. München, Goldmann.

Max, C. (1999): Entwicklung von Kompetenz – ein neues Paradigma für das Lernen in Schule und Arbeitswelt. Frankfurt a.M., Peter Lang.

McClelland, D. C. (1973): Testing for competence rather than intelligence. *American Psychologist.* 28 (January): 1-14.

Mead, G. H. (1969): Die einzelnen Phasen der Handlung. In: Mead, G. H. (Hg.): *Philosophie der Sozialität.* Frankfurt a.M., Suhrkamp: 102-129.

Mead, G. H. (1997): Mind, Self, and Society from the Standpoint of a Social Behaviorist. Chicago, The University of Chicago Press. 28. Auflage.

Mertens, D. (1974): Schlüsselqualifikationen. Thesen zur Schulung für eine moderne Gesellschaft. *Mitteilungen aus der Arbeitsmarkt- und Berufsforschung.* 7 (1): 36-43.

Messner, H. (1978): Wissen und Anwenden. Zur Problematik des Transfers im Unterricht. Stuttgart.

Meyer, R. (2001): Die Schwierigkeit der inhaltlichen Gestaltung von Humankompetenzen in Wissenschaft und Praxis. *Grundlagen der Weiterbildung.* (4): 184-186.

Negt, O. (1990): Ein neuer Lernbegriff. *Forum Pädagogik.* 3 (1): 24-25.

Nieke, W. (2002): Kompetenz. In: Otto, H.-U.; Rauschenbach, T.; Vogel, P. (Hg.): *Erziehungswissenschaft: Professionalität und Kompetenz.* Opladen, Leske+Budrich: 13-27.

o.A. (2004): Strategie – Der erste Gedanke ist oft der beste. *National Geographic Deutschland.* (1): 16.

Olbrich, J. (2001): Geschichte der Erwachsenenbildung in Deutschland. Bonn, Bundeszentrale für politische Bildung.

Parmentier, K. (2000): Erwerbsarbeit im Spiegel der BIBB/IAB-Erhebung 1999/1992. In: Dostal, W.; Jansen, R.; Parmentier, K. (Hg.): *Wandel der*

Erwerbsarbeit: Arbeitssituation, Informatisierung, berufliche Mobilität und Weiterbildung. Nürnberg, IAB: 9-38.

Picot, A.; Dietl, H.; Franck, E. (1999): Organisation: eine ökonomische Perspektive. Stuttgart, Schäffer-Poeschel. 2. Auflage.

Pöhler, W. (1985): Humanisierung der Arbeit. In: Ropohl, G. (Hg.): *Arbeit im Wandel. Technische Entwicklung, Beschäftigung und Arbeitsorganisation*. Berlin, Erich Schmidt: 115-121.

Putz-Osterloh, W. (1988): Wissen und Problemlösen. In: Mandl, H.; Spada, H. (Hg.): *Wissenspsychologie*. München u.a., Psychologie Verlags Union: 247-263.

Reuther, R.; Leuschner, H. (1997): Kompetenzentwicklung für den wirtschaftlichen Wandel – Strukturveränderungen der betrieblichen Weiterbildung. Ein ABWF-Programm. In: Arbeitsgemeinschaft QUEM (Hg.): *Kompetenzentwicklung '97. Berufliche Weiterbildung in der Transformation – Fakten und Visionen*. Münster u.a., Waxmann: 365-394.

Robinsohn: B. (1971): Bildungsreform als Revision des Curriculum und Ein Strukturkonzept für Curriculumentwicklung. Neuwied, Luchterhand. 3. Auflage.

Ropohl, G. (1980): Ein systemtheoretisches Beschreibungsmodell des Handelns. In: Lenk, H. (Hg.): *Handlungstheorien interdisziplinär*. München, Wilhelm Fink Verlag. Band 1: 323-360.

Rosner: (1989): Gesellschaft im Übergang? Zum Wandel von Arbeit, Sozialstruktur und Politik in der Bundesrepublik. Frankfurt a.M., Campus.

Rößer, B. (2000): Die Kommerzialisierung von Gefühlen im Kontext betrieblicher Personalentwicklung – Thesen zur Genese der Konvergenzproduktion. In: Harteis, C.; Heid, H.; Kraft: (Hg.): *Kompendium Weiterbildung. Aspekte und Perspektiven betrieblicher Personal- und Organisationsentwicklung*. Opladen, Leske+Budrich: 235-245.

Roth, H. (1963): Die realistische Wendung in der Pädagogischen Forschung. *Die Deutsche Schule*. 55: 109-119.

Roth, H. (1971): Pädagogische Anthropologie. Hannover, Schroedel.

Rutsch, M. (1980): Handeln in entscheidungstheoretischer Sicht. In: Lenk, H. (Hg.): *Handlungstheorien interdisziplinär*. München, Wilhelm Fink Verlag. Band 1: 223-247.

Saldern, M. v. (1998): Grundlagen systemischer Organisationsentwicklung. Baltmannsweiler, Schneider-Verlag Hohengehren.

Sauer, J. M. (1998): Von der Weiterbildung zur Kompetenzentwicklung als politischer Auftrag. *QUEM-Bulletin*. (2/3): 1-6.

Schischkoff, G. (1991): Philosophisches Wörterbuch. Stuttgart, Kröner. 22. Auflage.

Schmid, G. (2001): Übergangsarbeitsmärkte: Eine investive Form der Arbeitszeitverkürzung. In: Dobischat, R.; andere (Hg.): *Forschungsprojekt: „Zeitpolitik und Lernchancen". Teilbericht 2 zum Abschlussbericht: Wissenschaftliche Expertisen zum Forschungsfeld.* Duisburg, Universität Duisburg: 181-200.

Schulenberg, W. (1976): Ansatz und Wirksamkeit der Erwachsenenbildung. Stuttgart, Enke.

Schulze, T. (1995): Erziehungswissenschaftliche Biographieforschung. In: Krüger, H.-H.; Marotzki, W. (Hg.): *Erziehungswissenschaftliche Biographieforschung.* Opladen, Leske+Budrich: 10-31.

Schwadorf, H. (2003): Berufliche Handlungskompetenz. Eine theoretische Klärung und empirische Analyse in der dualen kaufmännischen Erstausbildung. Hohenheim, ibw.

Searle, J. R. (1991): Intentionalität. Eine Abhandlung zur Philosophie des Geistes. Frankfurt a.M., Suhrkamp.

Sennett, R. (2000a): Arbeit und soziale Inklusion. In: Kocka, J.; Offe, C. (Hg.): *Geschichte und Zukunft der Arbeit.* Frankfurt a.M., Campus: 431-446.

Sennett, R. (2000b): Der flexible Mensch. Die Kultur des neuen Kapitalismus. München, Goldmann.

Seubert, R. (1992): Der Berufsbegriff als Instrument politischer Integration im NS-Staat. In: Geißler, K. A.; Greinert, W.-D.; Heimerer, L.; Schelten, A.; Stratmann, K. (Hg.): *Von der staatsbürgerlichen Erziehung zur politischen Bildung.* Berlin, Bibb: 352-373.

Siebert, H. (1996): Didaktisches Handeln in der Erwachsenenbildung. Didaktik aus konstruktivistischer Sicht. Neuwied u.a., Luchterhand.

Standop, J. (2001): Emotionen und kognitives schulisches Lernen aus interdisziplinärer Perspektive: emotionspsychologische, neurobiologische und schulpädagogische Zusammenhänge – ihre Berücksichtigung im schulischen Bildungsauftrag wie den Forschungen zum Unterrichtsklima und der Klassenführung. Frankfurt a.M. u.a., Peter Lang.

Stragholz, H. (1985): Rückbesinnung auf den Stellenwert des Gutachtens des Deutschen Ausschusses. In: Tietgens, H. (Hg.): *Zugänge zur Geschichte der Erwachsenenbildung.* Bad Heilbrunn/Obb., Klinkhardt: 212-223.

Stratmann, K. (1995): Geschichte der beruflichen Bildung. Ihre Theorie und Legitimation seit Beginn der Industrialisierung. In: Blankertz, H.; Derbolav, J.; Kell, A.; Kutscha, G. (Hg.): *Enzyklopädie Erziehungswissenschaft. Band 9,*

Teil 1: Sekundarstufe II: Jugendbildung zwischen Schule und Beruf. Stuttgart, Klett: 173-202.

Stratmann, K. (1998): Berufs-/Wirtschaftspädagogik. In: Lenzen, D. (Hg.): *Pädagogische Grundbegriffe.* Reinbek, Rowohlt. 1. 5. Auflage: 176-179.

Taylor, F. W. (1913): Die Grundsätze wissenschaftlicher Betriebsführung. München, Oldenbourg.

Theunert, M. (1999): Personalpolitik im Zeichen flexibler Arbeitsorganisation, insbesondere Arbeitsstrukturierung und Arbeitszeitgestaltung. In: Büssing, A.; Seifert, H. (Hg.): *Die „Stechuhr" hat ausgedient. Flexiblere Arbeitszeiten durch technische Entwicklung.* Berlin, Sigma: 175-185.

Volpert, W. (1980): Psychologische Handlungstheorie – Anmerkungen zu Stand und Perspektive. In: Volpert, W. (Hg.): *Beiträge zur Psychologischen Handlungstheorie.* Bern u.a., Hans Huber: 13-27.

Volpert, W. (1999): Wie wir handeln – was wir können. Ein Disput als Einführung in die Handlungspsychologie. Sottrum, Artefact. 2. Auflage.

Vonken, M. (2001): Von Bildung zu Kompetenz – Die Entwicklung erwachsenenpädagogischer Begriffe oder die Rückkehr zur Bildung? *Zeitschrift für Berufs- und Wirtschaftspädagogik.* 97 (4): 503-522.

Vonken, M. (2003): Berufspädagogik als Wissenschaft von der Kompetenzentwicklung. In: Arnold, R. (Hg.): *Berufs- und Erwachsenenpädagogik.* Baltmannsweiler, Schneider Verlag Hohengehren: 44-68.

Voß, G. G.; Pongratz, H. J. (1998): Der Arbeitskraftunternehmer. Eine neue Grundform der Ware Arbeitskraft? *Kölner Zeitschrift für Soziologie und Sozialpsychologie.* 50 (1): 131-158.

Wagner, A. (2000a): Arbeiten ohne Ende? – Über die Arbeitszeiten hochqualifizierter Angestellter. In: Institut für Arbeit und Technik (Hg.): *Jahrbuch 1999/2000.* Gelsenkirchen, Institut Arbeit und Technik: 258-275.

Wagner, G. G. (2000b): Erwerbsarbeit sollte Zukunft haben. In: Kocka, J.; Offe, C. (Hg.): *Geschichte und Zukunft der Arbeit.* Frankfurt a.M., Campus: 215-233.

Wagner, H.-J. (1997): Handlung. In: Wulf, C. (Hg.): *Vom Menschen. Handbuch Historische Anthropologie.* Weinheim, Beltz: 708-718.

Walther, R. (1990): Arbeit – ein begriffsgeschichtlicher Überblick von Aristoteles bis Ricardo. In: König, H.; Greiff, B. v.; Schauer, H. (Hg.): *Sozialphilosophie der industriellen Arbeit.* Opladen, Westdeutscher Verlag: 3-25.

Weber, M. (1980): Wirtschaft und Gesellschaft. Grundriß der verstehenden Soziologie. Tübingen, Mohr.

Weik, E. (2003): Strukturalismus und Poststrukturalismus. In: Weik, E.; Lang, R. (Hg.): *Moderne Organisationstheorien 2 – Strukturorientierte Ansätze*. Wiesbaden, Gabler: 43-91.

Weik, E.; Lang, R. (Hg.) (2001): Moderne Organisationstheorien – Eine sozialwissenschaftliche Einführung. Wiesbaden, Gabler.

Weik, E.; Lang, R. (Hg.) (2003): Moderne Organisationtheorien 2 – Strukturorientierte Ansätze. Wiesbaden, Gabler.

Weinberg, J. (1996): Kompetenzlernen. *QUEM-Bulletin*. (1): 3-6.

White, R. W. (1965): Motivation Reconsidered: The Concept of Competence. In: Gordon, I. J. (Hg.): *Human Development. Readings in Research*. Chicago, Scotty Foreman and Company: 10-23.

Wienskowski, P. (1980): Die Theorie der sozial-kognitiven Entwicklung. Vorarbeiten zu einer kompetenztheoretischen Fundierung schulischer Sozialerziehung. Dortmund, PH Ruhr.

Wieschiolek, H. (1999): „... ich dachte immer, von den Wessis lernen heißt siegen lernen!": Arbeit und Identität in einem mecklenburgischen Betrieb. Frankfurt a.M., Campus.

Wolgast, G. (1996): Zeittafel zur Geschichte der Erwachsenenbildung. Neuwied u.a., Luchterhand.

Wollersheim, H.-W. (1993): Kompetenzerziehung. Befähigung zur Bewältigung. Frankfurt a.M., Peter Lang.

Wollert, A. (1997): Intergenerative Kompetenzbilanz. In: Arbeitsgemeinschaft QUEM (Hg.): *Kompetenzentwicklung '97. Berufliche Weiterbildung in der Transformation – Fakten und Visionen*. Münster u.a., Waxmann: 317-362.

Woodruffe, C. (1992): What is meant by a competency? In: Boam, R.; Sparrow, P. (Hg.): *Designing and achieving competency. A competency-based approach to developing people and orgnaizations*. London et al., McGraw-Hill Book Company: 16-30.

Zündorf, L. (1986): Macht, Einfluß, Vertrauen und Verständigung. Zum Problem der Handlungskoordinierung in Arbeitsorganisationen. In: Seltz, R.; Mill, U.; Hildebrandt, E. (Hg.): *Organisation als soziales System. Kontrolle und Kommunikationstechnologie in Arbeitsorganisationen*. Berlin, Sigma: 33-56.